路德神話

德國如何發明新教改革者？

HOW LUTHER BECAME THE REFORMER

Christine Helmer

克莉斯汀・海默 ———— 著　蔡至哲 ———— 譯

「藉由對路德長期的研究，克莉斯汀・海默對路德神學進行了高度原創性和令人振奮的詮釋，那種塑造路德成為引領現代世界偉大新教改革者的形象，其實是一個世紀前德國歷史學家創造的神話，路德應該更好地被理解為中世紀晚期的人物和天主教的改革者。這個充滿熱情的論證研究，定能吸引兩種不同信仰立場的讀者，也帶來本就該有的辯論。」

——Michael Massing《注定的分歧：伊拉斯謨、路德，為西方思想而戰》（*Fatal Discord: Erasmus, Luther, and the Fight for the Western Mind*）一書的作者

「克莉斯汀・海默以強大的準確性和洞察力，生動呈現出一位中世紀天主教改革者，是如何被神話化為偉大的新教徒改革者。」

——Susannah Heschel 達特茅斯學院 Eli Black 猶太研究教授

目次

推薦文

審視路德原初的立場

洪萬六（天主教輔仁大學附設醫院院牧）

傳統與創新之間存在著張力，也因為傳統與創新的融合，成就了社會的革新與進步；當今社會存在著科技的掌控、各種形式的暴力歧視與環境危機，無不期待二者的互動與融合，以找到變革與因應之道。

馬丁路德的名言「這是我的立場，我別無選擇，求上帝幫助我」，是他在面對神聖羅馬帝國皇帝查理五世視為異端後所發的。到底馬丁路德「這是我的立場」的創新，是否在於與當時傳統的斷裂，或是否有其他特殊的視野？

《路德神話》的作者克莉絲汀・海默，重新檢視路德作為「新教的路德」改革者的歷史和傳說。藉著與二十世紀路德文藝復興思想家的對話，辨認新教路德的立場的根源，如何塑造路德為「基督信仰的改革者」的現代性先驅的英雄形象，並點出此「新教的路德」

帶來的破壞性，尤其在歷史上的醜陋與邪惡面，並增強新教與天主教間對立、互相排斥的信仰，最終伴隨著種族滅絕的反猶主義，護航納粹的大屠殺，希望藉此進行除魅與解毒。

其次，作者以嶄新的視野與論證，修正了路德與所處的中世紀晚期文化的關聯，認為是充滿連續性的，而不是斷裂的，嘗試呈現受壓抑的「天主教的路德」，即路德是「作為天主教的改革者」。一方面是還原路德在中世紀晚期的面貌，一如書中所述「是以激烈的辯論和富有同情心委身，深切關注天主教會真理的人物，正是這位天主教徒路德，堅定地認為使人稱義是上帝獨有的特權，才激怒了中世紀晚期的教會」；另一方面，也是在過去主流傳統「新教的路德」上的創新：「天主教的路德」探索路德作為天主教改革者的立場，回應了普世交談的渴望，即建構與推動當代新教與天主教之間更有意義的關係，而非過去重視新教與天主教根本差異下，帶來的取代或排除其他宗教的傾向。

改革者路德，無論是「新教的路德」或「天主教的路德」，都是在聖經的泉源、察覺個人自身處境與對周遭的關懷，受聖靈的感動下尋找真理，並關切當代生活的時代。誠如作者不斷倡議的對話與改革，作者邀請基督徒透過與基督的互相交換，使基督的「恩典、生命與拯救」改變罪人，將人從「罪惡、死亡和詛咒」的權勢中解放出來，探索路德在當代創新的立場，也啟發讀者正視人類當代的各種不公義與生存危機。

推薦文

改革者路德？路德與敘事主體的神交

林佳和（政治大學法學院副教授）

作為德國人心目中、歷史上最受爭議的日耳曼人（如果不是第一名），作為許多左翼知識份子腦海裡，那個曾經寫下《基督徒的自由》（1520），痛陳農民們所受沉重賦稅之不義，力倡「上帝律法」必然挺大家，最後卻與貴族及資產階級合作，說出「應該掐死、勒死、刺死、打死這些盜匪般的暴力農民，就像每個人都必須砸死一條癲狂之犬般理所當然」的重語，被烙印為「歷史上最有名的背叛者」的奧古斯丁修會修士與神學教授：那位一五一七年在威登堡諸聖堂門前貼出了「關於贖罪券效能的辯論」，所謂九十五條論綱，那位在唯物哲學家費爾巴哈（Ludwig Feuerbach）眼中「將上帝從神壇，搬到人們的心中」之英雄，馬丁路德，其實，從來沒有人忘記他的某些陰暗面。

然而，這終究不是人們心中，那個應該是的馬丁路德。「就像過去歷史告訴我們的，路德啟動中世紀到現代的政治和文化的轉換。人們說，那些形塑現代性的特徵，像是宗教自由和個人自主的價值觀，早在路德一五二〇年那篇《基督徒的自由》的文章中就已經出現。社會契約和民主政治，行會和新的資本主義形式的出現，知識成為公共協商的要素帶來的社會進步，法律對人權的公開保障，對宗教寬容的保證，這些都是被新教歷史學家判定，源於路德的各種現代發展。」（本書導論：歷史和敘事）。路德，根本就是現代性的真正思想起源，不論政治、經濟、文化以及當然的神學（路德宗），人們對於上帝與聖經理解的一切，走過中世紀的黑暗，邁向啟蒙、自由、人權或甚至民主，進步的近代，路德，無疑都是承先啟後。

本書作者，美國西北大學德國與宗教研究教授克莉絲汀．海默，透過迷人但深刻的文字與敘說，精闢地告訴我們，要瞭解馬丁路德，或許應該先問：瞭解誰的、從什麼需求角度出發的馬丁路德。海默從歷史哲學的角度告訴吾人，前述那種「無路德、黑暗亙古、人類今朝猶被髮左衽矣」的讚美詩般之評價，其實始自十九世紀的黑格爾，最終走到令人目眩、來自二十世紀德國的「路德宗教改革突破」、「路德文藝復興」，它誕生於德意志帝國、一次大戰，走到那個令人慨嘆的、所謂「生於革命、亡於民主」的威瑪共和，與那時的德意志崛起、復興，悲劇、苦痛與災難，費希特眼中的「德意志民族與同胞們」，都脫不了關係。三位德國神學家，韋伯、奧圖、賀爾（原名請見本書），「在路德身上看到了現代新教的種子，還有現代性本身。他們在當時的文化和政治脈絡中，撒下了有決定性意義的反天主教種子」（本書前言）。這個軌跡，在納粹以路德作為其反猶主義的宗師（好像也沒完全冤枉他），在眾多學者（如賀爾）以路德宗神學哲學，賦予極權主義政治之正當性，「例外主義源自路德」（本書第四章結尾、第五章），那些爭先恐後的「民族主義傾向之路德宗神學家」、「完全支持納粹德國的德國基督徒，支持他們融合路德宗政治神學和國家社會主義」中，走到了極致。還記得路德一五四三年的作品《猶太人及其謊言》嗎？納粹份子說，大屠殺，當然與路德有關。

這當然不是本「黑路德」之大全：海默只是要告訴我們，「路德（本人）的路德宗」，跟「路德信眾們經營下的路德宗」，就如同馬克思自己的馬克思主義（marxscher Marxismus），終究與方家們的馬克思主義（Marxismus），長得其實差很多。馬克思生前不是說嗎，如果你們要組一個馬克思的什麼團體，我第一個不加入……或許，路德如果復生，也會如此感嘆。海默提醒著我們，也許有時該記得：與其說路德是新教的開創者，不如多思考，他毋寧只是天主教的改革者，而那個韋伯說的除魅化，或許該先用在路德身上。眼望作為天主教的改革者，理應將路德神學放在中世紀晚期的思想中去探討（本書第六章），回到路德的那個初衷——「教會必須始終進行改革」（*ecclesia semper Reformanda*）——如何在世界未來絕望的邊緣，跟著路德，面對如何與神同行的挑戰，這可能是路德可以留給我們的最珍貴遺產。直到今日，面對像新自由主義所帶來的危機，路德，永遠不褪流行。當然，未必是那麼樣的戲劇性，如同海默口中，那些「德意志詮釋者們」之描繪：路德，他真的眼光宏大的開創新教、毀滅天主教（這應該是天大的誤會），那種二十世紀初「改革者路德的敘事」，被操寫為基督教反猶太教式的敘事，或甚至是德國路德宗神學家，在納粹德國時代所採用的現代型反猶太主義那般吃驚，海默的「無情揭露」，令人入迷，但未必是說：路德敘事，只是意識形態的包裝。說穿了，路德是什麼？可能只是現代生活中的某種特定價值觀，讓冷酷的敘事者套入數百年前腦袋容易發脹發熱的路德，海默冷酷地告訴我們這個事實。德國系統理論大師魯曼（Niklas Luhmann）說的，對於觀察的觀察（Beobachtung der Beobachtung），不啻與海默對路德的觀察，以及路德宗眼皮下的路德，巧妙地合致合拍。

一五一七年，馬丁路德發表影響深遠的九十五條論綱。四百年後，一九一七年，瀕臨強弩之末的一次大戰，所謂「路德宗教改革突破」、「路德文藝復興」誕生之際，美國歷史學家霍華德眼中「路德和德國的命運史無前例地緊密結合在一起」的時刻。五百年後，一百年後，二〇一七年，海默這本「法醫式批判史學」（John Witte Jr. 教授之語）出版，「路德如何成為改革者」（Reformer）（他人敘事）、「路德作為天主教會改革者」（reformer）（仿自己敘事）兩個書中核心主軸，觀望縱橫五百年的時間軸，回顧過往，焦慮當下現代，路德始終是路德，就像路德從來不是路德一般，我們每個人，或許都能從路德身上，找到些什麼。只是，海默提醒著我們，千萬別把路德當作另一種別有用心的聖諭天　。

在蔡至哲博士精湛的譯筆下，我們得以更深入地認識路德，如同認識上帝，民族，樂觀與危機的世界，以及我們自己。這是本很棒的著作，不該錯過，不論有志神學探索，或如同我個人，只是著迷於歷史敘事的奧祕趣味。

推薦文

製作馬丁路德

盧省言（台灣師範大學歷史系助理教授）

馬丁路德，一個全世界耳熟能詳的名字。

一般人對於路德的印象大致不脫「改革者」，因為歷史課本上是這樣教的：路德於一五一七年在教堂門口放上了名留青史的「九十五條論綱」（即「關於贖罪券效能的辯論」），從此開啟了讓歐洲陷入長達幾百年的另一波宗教流血衝突，即基督新教以及天主教的戰爭。

歷史教科書上傳達的路德形象正氣凜然，是改革的發起者，更是創造歷史轉捩點的天選之人，而多數人也接受這樣的論述。但歷史學家從來都不是只無條件接受字面論述的一群人，我們總是喜歡在成堆的破碎史料中挖掘出令人大吃一驚的東西，而本書作者克莉絲汀·海默也不例外。海默針對十九及二十世紀的思想史和神學抽絲剝繭，告訴我們路德並非我們今日所描述的發起革命的英雄。事實上，宗教改革是更中世紀的，而天主教會本身就存在著一句格言：*ecclesia semper reformanda*（教會必須始終進行改革）。比起現今被奉為新教開山始祖的路德，他事實上具備更多的天主教特徵。十六世紀事實上是一個改革的世紀，全歐洲都發生不同方式的革新，從英國到法國再到德國和瑞士，還有波希米亞和西班牙。天主教做了許多改革，除了路德，還有依納爵．羅耀拉（1491-1556）、加爾文、亞維拉的德蘭（Teresa of Ávila, 1515-1582）、慈運理和十字架約翰（John of the Cross,1542-1591），都扮演了重要角色。

因此，海默認為，路德的故事可以說成一個神學家因對所處的宗教世界有諸多儀式和神學上的不滿，進而希望天主教「修正」路線。而這些不滿充其量也只在牧靈上和政治上，路德沒有想要創立新教，事實上，路德認為自己還是一個天主教徒。因此，海默納悶，為何今日人們只看到「新教路德」，卻忽略了「天主教路德」呢?天主教的路德去哪了?

從十九世界的德國新教學者蘭克（Leopold von Ranke, 1795-1886）開始，再到卡爾．賀爾（Karl Holl, 1886-1926），書寫路德成為德國歷史主義興起之時最受喜愛的角色，他是改革者，更是德意志之光。海默想要重新發掘那個被遺忘的天主教路德，檢視當代對現代性的詮釋。從討論十六世紀的路德，到批判現代對路德的詮釋，海默的企圖顯而易見——他要打破路德神話，回歸歷史現實。我們也可以說，海默的這本著作完美地體現義大利史學家克羅齊的名言：「所有歷史都是當代史」。

海默在本書中清楚地呈現我們今日所熟悉的偉大改革者路德是如何在十九、二十世紀中被創造出來，如同想像的傳統一般。但海默寫這本書的目的並非是要打破神話，否定路德以及新教存在的意義，而是邀請大家一起來改革，而這點，完美呼應了本書的開頭：海默講述著二〇一七年是如何動盪，卻也是各種全球性議題被熱烈討論的時刻，人們站在改革的浪尖。而二〇一七年正好是馬丁路德「九十五條論綱」的五百週年。從這點來看，海默懷抱的企圖及野心，事實上關懷著當代，他要我們謹記「教會必須始終進行改革」這句話。但要改革的先決條件，是要講述關於自己及社會的事實，而不是為了政治服務的美化，如同後來被推上新教創始人的路德一樣，唯有懷抱真實，才有可能進步。

如果你也不害怕並擁抱事實的醜陋，那你就能成為改革者。

譯者序

距離宗教改革五百年後的今天，馬丁路德的名號對世界不同地區的人們而言，仍然不算不陌生。大體來說，不論你有沒有基督信仰，這個名字都依然如雷貫耳。近代以來，華人知識份子幾乎都對馬丁路德有高度的正面評價。然而，透過本書卻可以幫助我們跳脫對路德形象的一味歌頌，有個不同的反省視野。這本由美國西北大學克莉斯汀・海默（Christine Helmer）教授著作的路德研究，跳出往昔只是對路德和宗教改革成果的歌功頌德式的發言，以歷史學和神學交錯的細膩方法，重新還原路德形象被建構的過程。她特別清楚地呈現了十九世紀末、二十世紀初的德國學者，是如何建立了「新教路德」的形象，也把這個「新教路德」和現代性之間做了強而有力的連結。這種連結一方面有其貢獻，讓現代性的光輝更為燦爛，但也隱含了現代性霸道、驕傲過度、甚至會排除異己、消滅某些少數的黑暗面，因而最終當這種新教路德的形象被納粹完全篡奪，就間接或者直接造成了二戰期間猶太大屠殺的慘劇。海默教授以她細膩又深刻的歷史學、神學、哲學素養，使我們藉由這段思想史發展的歷程得到一個重要提醒，現代性和「新教路德」之間的強而有力結合後的黑暗面需要被深刻反省。因此海默教授提出一個替代的選擇：「天主教路德」，這也成為本書寫作背後最重要的關懷。以上主題其實並不只是在基督信仰內部的提出一種合一與和解的可能，也與每個生活在現代世界或者後現代的我們有關。特別放在臺灣和整個華人社會近代思想史的發展去觀察，也一樣重要。

這是為什麼呢？因為即便基督宗教雖然在華人社會並未取得所謂的宗教多數，但路德的形象卻如前所述，一樣深植在大眾心中。特別是清末民初以來的知識份子，都深受所謂「新教路德」形象的深刻影響。從清末以降，不論是救亡圖存的強烈危機意識裡，或者在變法圖強、高呼革命的氛圍中，大部分的東亞知識份子都有一種對路德的高度崇敬。清末的變法領軍人物康有為，在親歷歐洲看見路德的雕像時，對路德其人還有宗教改革都給予了高度肯定：

> 抵柏林，初出遊，大道中即見路德像，手執書，貌豐睟而有英氣。路德創開新教，今四百年間行遍大地，已逾萬萬人，實為日爾曼第一人才。以儒教之朱子、佛教之慧能比之，撥棄舊教而一統則過之，若法力氣勢之披猖，似尚未能逮彼也。[1]

蓋歐土古今未產教主，而路德乃歐人之為教主者也。雖以亞歷山大、愷撒、拿破崙諸大王關係之大，遠不能比路德。希臘之七賢、近世新學諸哲及夫哥白尼之知地繞日、科侖布之尋美洲、華忒之創汽機、佛羅令士之創電、達爾文之創生理學，皆不能比路德之力之大也。倍根之撥棄數十年舊說，其功雖大，然不如路德倒舊教開新教之力之猛也。……古今人論之，應以路德為人豪第一矣。[2]

嘗論德近世人才，以路德、康得、俾士麥為三傑。路德創新教而撥舊教，為歐土教門之傑第一；康得兼綜心、物二理，集歐土哲理之大成，為哲理之傑第一；俾士麥合日爾曼數十邦為一統，文治武功俱冠歐土，為功業之傑第一。三傑俱生於德，教宗、哲理、功業三者俱占第一，亦足見日爾曼人才之盛矣。[3]

遊歷二十世紀初的德國後，路德在康有為的心目中成了最高等級的人物，視為歐洲近代的「教主」，其歷史定位甚至超過亞歷山大、凱撒、拿破崙等歐洲大帝；甚至哥倫布、

1 康有為，〈德國遊記〉，《康有為全集》第七集（北京：人民大學出版社，2007），頁409。
2 康有為，〈德國遊記〉，頁411。
3 康有為，〈德國遊記〉，頁411。

哥白尼、達爾文都不如路德對世界的影響之大，可見康有為對路德有多麼地看重。由此我們基本上可以確定，海默教授書中所強調，那位由二十世紀初年德國學者所建構出的「新教路德」和相伴而生的「新教德國」，也在中國近代的這位重要思想家康有為的心中，留下了深刻的印象。

而後受到這位維新變法導師「康先生」教育或啟蒙的徒子徒孫們，如梁啟超、譚嗣同，同樣都繼承了對這位「新教路德」的歌頌，梁啟超歌頌自己的老師「康先生」是像路德一樣，真正恢復了「孔教原貌」的「孔教之馬丁路德」，譚嗣同也在仁學中訴說，「吾甚祝孔教之有路德也」。同時他們兩位也都深受這種中古與近代斷裂的歷史觀念的影響，認為路德改革之前的「中世史者，實泰西之黑暗時代也」。放在中國近代維新、變法甚至革命的脈絡下，他們更相信，歷史就是需要經過路德對「舊宗教」，也就是對天主教這種舊有傳統的「破壞」，才能「建設」出「自由」又「現代」的「新宗教」、「新時代」，這樣「破壞一切」的歷史進程，才符合當時最流行的「進化」該有的道理和該走的方向。

於是，這種想要徹底破壞一切舊傳統的風氣，被更為年輕激進一輩的革命者所繼承，到了五四時代、共產革命時代，又變得更為極端徹底，五四青年吳虞就在新青年雜誌上引用路德改教，批判儒家主張階級制度之害，強調要像馬丁路德一樣，對儒家傳統發起革命，造出中國的「新思想、新學說」。不只針對儒家傳統，梁啟超也批評傳統中國的佛教信仰中那種他所謂的「印度之佛教」，好比「羅馬舊教」一般，同樣需要一場「宗教改革」。以上可見，「新教路德」的形象，在中國近代那個「救亡圖存」、「革命」的年代，也發揮了深切的影響。

然而，正如研究中國近代思想史的大家林毓生先生所言，二十世紀中國思想史最顯著的、特有的面貌，乃是對中國傳統文化遺產進行持續和極度的全盤化否定的態度。[4]而這種思想的源頭，實則與孔教之路德康有為、還有其弟子譚嗣同有重要淵源。臺大歷史系的吳展良師，就觀察康有為式的以中式本體論嫁接西式本體論，可以在知識與政治上產生災難性的後果。康有為與譚嗣同的本體論，皆以表面唯物化的至高本體包含強烈的唯心企圖，從而加強他們極強烈的自信與不顧現實的傾向，這一點明顯為毛澤東所繼承。當這種思想加上中國「道論」的絕對性與排他性，就變成了專斷式的「存有本體」性質之爭，同樣也造成政治與學術文化上災難性的後果。[5]

海默教授的這本路德著作，正可作為參照，讓我們換個角度去追溯這段全盤反傳統時代的另一種思想淵源。正如林毓生先生所言，五四運動也罷，「文化大革命」也類似，都

4 林毓生，《中國意識的危機》（臺北：聯經出版社，2020），頁 17-18。
5 吳展良，〈晚清的生元思想及其非啟蒙傾向〉，《臺大歷史學報》第 58 期（臺北，2016），頁 149。

對傳統觀念和傳統價值採取一種嫉惡如仇、全盤否定的立場。而且這兩次文化革命的產生，都基於一種共同的內在設想：如果要進行意義深遠的政治和社會變革，基本前提是要先使人們的價值和精神整體地改變。實現這樣的轉變，便進一步預設有必要激烈徹底地拒斥過去的舊傳統。[6]這與近代康、梁、譚已降的諸多思想家們，對所謂的「新教路德」的思想繼受而且進行去脈絡化與再脈絡化的過程，是否也有重要關連？這正是海默教授這本大作可以帶給我們的重要參照。

時至今日，當年受到「新教路德」形象影響下，那個革命年代的那些二元對立的用字淺詞，如「革命的」vs.「反革命的」等話語，是否真的已經消失了？站在本書對現代性反省的立場看來，也不能這麼樂觀。雖然普世合一、多元包容傾向的力量還是存在，但在東亞世界裡，政治和宗教立場上的基要主義者，實際上排斥其他人作為宗教或者政治他者而存在的聲音也十分強而有力。這些問題都讓這本書所希望帶來反省現代性而作為替代選項的「天主教路德」，值得我們更多去思考。

最後，作為本書的譯者，雖然自身學養如此不足，但鷹出版的編輯成怡夏女士再次接受我對本書的推薦而願意讓我翻譯並出版本書，真的由衷感謝。我也特別感謝克莉斯汀．海默教授在 Coursera 上面開設「路德與西方」（Luther and the West）精彩課程的機緣，才讓我能認識這本書並與她結識。海默教授充滿魅力又有深度內容的講課，讓人欲罷不能，想一次就把所有課程聽完。特別她雖然身處在各種忙碌之中，依然願意用溫暖的文字與我進行信件交流，特別為中文版作序、錄製介紹影片，我更是由衷感謝。最後我也特別想感謝我基督信仰的啟蒙導師，基督教福音宣教會的創辦人鄭明析先生，他雖然是新教徒的成長背景，但卻不會有少數新教徒「恢復主義」的信仰傲慢，特別當他在本世紀初親歷歐洲各地時，深切體認天主教悠久傳統的價值，因而不斷在教會內部的證道中高度肯定普世合一運動，這種思想啟發，讓我在閱讀和翻譯本書時毫無違和感，我也在此深切致謝。受到我邀請而為本書寫下推薦序的幾位我敬重的人物，不論是我大學時代結識的最帥氣神父洪萬六神父，最有魅力和風度的法律學者林佳和老師，以及優秀又美麗大方的歷史系學妹盧省言老師，我也再次真心感謝。

6 林毓生，《中國意識的危機》（臺北：聯經出版社，2020），頁17-18。

中文版作者序

非常榮幸和喜悅能藉由本書與中文世界的讀者對話！

《路德神話》（*How Luther Became the Reformer*）一書要處理宗教在現代世界裡的一些大問題。更明確地說，是要處理二十世紀初德國新教神學家在特定宗教架構下，留給當代的遺產。本書追溯了二十世紀初德國神學家們對十六世紀新教改革者馬丁路德的繼受。各個世代的神學家們，一直都以路德所謂「在基督裡的自由」之明確論述為基準，也熱衷於與路德對話，藉以建構他們自己對文化、宗教、政治和社會的看法。由此看來，我們可以公正地說，從他的時代發展到今日，路德一路伴隨我們同行，並且成為西方神學史的重要部分。

我討論路德繼受的目的，是想呈現這些二十世紀初的德國神學家，是如何將路德用於特定的宗教、神學、文化和政治目的。一九一七年，當新教徒正在慶祝新教改革四百週年之際，德國也輸掉了一次世界大戰。在此同時，大學學術的發展，見證了社會學、經濟學等社會科學的出現，與這些新的研究領域對話的神學家們既關注宗教經驗，也關注這些經驗如何形塑出社會形式。最終，脆弱的威瑪民主崩潰了，德國屈服於法西斯統治。

即使在那樣的時刻，路德仍然是人們關注的中心人物。德國神學家們如此確立了路德之上帝的宗教經驗：一位會以憤怒毀滅罪人的上帝，但也是以愛拯救的上帝。他們還從德國命運的政治術語中看見了上帝的憤怒，並且求問說，路德的愛的神學，是否可以作為戰後德國文化重生的可能。因此，在這種特殊的歷史設定下，路德成為了獨特的宗教、神學和政治思想的代表。路德就在二十世紀初的德國，繼續啟發著這些尋求理解、想脫離這個特殊歷史時刻的憂心忡忡的人們。

二十世紀對新教改革的繼受產生了無法預料的情況。這和宗教與政治之間（幾乎）無法避免的交集有關。正如我在書中所呈現的，路德的上帝之怒和愛的宗教經驗，被作為理解二十世紀之交的德國文化和政治，以及應對這時代的挑戰之框架。然而諷刺的是，在路德原本所屬的時代，卻是要將宗教與世俗權力之間「斷捨離」，藉此改革天主教會。路德看到教會將基督的赦罪福音、掌控永恆生命的權能，與人們屬世的生活相混淆時所帶來的危機。正如路德所批評的，天主教會已陷入世俗的財富和權勢。教會需要錢支付軍費、要在羅馬建造雄偉的聖彼得大教堂，還要維持整個神聖羅馬帝國數千個主教教區和修道院。為了聚斂所需的資金，教會以特定奉獻交換提早脫離煉獄的名目，向那些不懂得如何分辨在基督裡的自由和濫用基督謀利行為的基督徒，兜售贖罪券。路德抗議這種濫用，宣告福音是在基督裡的無條件恩賜。路德堅持不可把教會分賜基督的恩典，用來交換世俗的財富和權勢。但是新教運動很快就變得政治化了。當查理五世皇帝在一五四七年向新教領地宣戰時，他們也只得奮起抵抗。於是很快地世俗的財富和權勢也滲入了新教的福音之中。

自新教改革以來，教會改革就和把在基督裡的拯救、福音的自由，從被世俗所俘虜的教會裡恢復有關。辨別基督和握有金錢和權勢的教會兩者之間，是基督徒改革的永恆公式。對於每個教會的成員來說，改革教會、人人有責，因為教會總是面臨被這個世界的金錢和權勢誘惑的危險。改革的一個關鍵要素，是辨別不同教會從過去承繼的各種想像。這裡我所謂的「想像」，乃是指特定的世界觀，以及隨之而來的情感、記憶、關係性和形象，它們形塑了不同的基督徒群體如何解釋當下發生事件的方式。

觀察部分經驗，以建構整體連貫的意義，想像是有必要的。想像既是傳承下來的，也是被創造的。而無論是傳承在地傳統的社群、還是傳播全球交流傳統的社群，都會左右這些想像。在地傳統體現了共同的社會、宗教和文化情感，而全球傳統則可以讓我們看到基督信仰在世界的跨界移動。舉例來說，我的家鄉加拿大蒙特利爾（Montreal）的一個地方教區，在北美這個以法裔、天主教信仰為主流勢力的區域，廣泛地傳播著一種被德國路德宗（Lutheranism）做出獨特詮釋後的西方基督信仰想像，其實也和當地德國第三和第四代移民周邊文化的互動有關。在世界不同地區，我們也依然能識別出某種全球性的基督信仰想像，全球性的面向也總是被在地文化和習俗影響，這些文化和習俗也影響著基督如何在儀式、話語和聖禮中的同在。

改革的問題，是一個與分析在地和全球想像有關的知識工作，藉以評估世俗的金錢和權勢如何與福音的傳播連結在一起。據我的理解，亞洲基督徒面臨的挑戰，與定位承繼和因襲自歐洲式的想像有關，因為這些傳達了源自歐洲的文化、宗教和政治所綁定的特定價值觀。全球交流下，具有重要意義的價值觀與宗教如何融入在地傳統，也和此息息相關。這些價值觀的差異，取決於這當中相應的神學會如何看待文化調適？是將之視為對福音的破壞抑或是融合？又或許換句話說，神學對於福音與文化之間的最後關係所給出的詮釋到底是如何？是去尊重它，還是去否定？這可能是一次有生命力的相遇，也可能留下全球舞台上權力不對等的印記；通常是以上兩者的結合。

舉例來說，在北美，人們越來越多發現，過去歐洲的傳教團體，特別是經由羅馬天主教和新教教會在整個美洲大陸創立的寄宿學校系統，想消滅土著文化，這些學校以西方宗教和習俗去強制性地同化土著兒童，用暴力強迫這些孩子與父母分開，禁止他們使用母語、必須改換服飾等等。這些學校留給人們的是，原本就只能仰賴內部口傳的文化與母語瀕臨滅絕；另外也陸續發現大量虐待、性侵害和謀殺的證據。在繼受的全球基督信仰想像在神學上對在地文化不屑一顧、傳播福音的方式也是完全拒絕和在地文化融合的情況下，改革的工作，就必須要辨別那種以毀滅性力量傳播福音的邪惡遺產：到底是怎樣的神學幽靈還在當地社群徘徊？尤其是哪些具有毀滅性力量的內容？基督的福音必須從這種破壞個人及其親屬關係的傳播方式中解放出來。

改革的工作識別出一種想像，這種想像同時熟悉全球的趨勢，以及形塑當前基督信仰於在地文化中的轉折。當代基督神學有兩種解釋基督信仰與周圍文化、世界之關係的方法。第一種方法是以基督信仰對抗這個世界。在這種觀點中，信仰創造了一個所謂「新造的人」（參見〈哥林多後書〉五章十七節），而在基督裡新造的人與他所處的世界是對立的。這種主宰一切的神學，擇一種把信仰與世界之間的二分法觀點——或者用路德的神學術語來說，世界被二元劃分成審判罪惡的律法，以及拯救的福音。信仰將依據上帝的審判來決定世界的命運，並且宣告將基督裡的新生命與世界上的舊存在斷開。由此出發，改革的目的就是斷開基督社群與世界之間的明確行動。

第二種方法則建立信仰與世上互惠的關係。這種神學立場認為，信仰總是且不可避免地與世上產生辯證性、對話性的連結，信仰被世界形塑，就像它也形塑世界一樣。所以根本就不存在所謂的「完全斷開」。這種改革工作，是要分辨推動福音傳播時的世俗層面，同時批評那些壓迫福音或使福音立場退讓的事物。在我看來，第二種方法更誠實地面對了在傳播福音的過程中必然產生的世俗層面。神學，就像任何知識實踐一樣，也代表著與其他學科相似的知識和真理的價值觀。像是佈道時提到的當地流行藝人、科技、音響設備等等，都表明了教會和文化兩者之間的重疊性。改革工作正在以第二種方法進行中。當世俗的權勢有可能掩蓋過福音時，必須保持警惕、防微杜漸，這就是神學思維延續辯證傳統的一個重要部分。

在改革工作中，另外特別重要的是能辨別那些影響基督信仰想像的性別、性以及種族議題。這是當今北美的「熱點」問題，因為這些內容被全球基督信仰想像所納入，已經在全球範圍內流傳。因此，全球基督信仰想像也承繼了那些在前近代歐洲及其遙遠的殖民地，已被質疑過的性別／性和種族問題。正如美國威利・詹姆斯・詹寧斯（Willie James Jennings）等黑人神學家所指出的，基督信仰在地理大發現和殖民主義時期的影響下，最重要的核心問題就是「身作為人」到底代表了什麼。如何將擁有其他非基督信仰的種族也視為「人」？他們和歐洲白人之間又如何區分？這些問題使得種族被具體化為主要的分類工具。和歐洲文化和基督信仰中承繼的父權觀念一起，傳播到非歐洲社群的基督信仰想像也受到這些「有問題」的分類之影響。這些遺留加上我前述提到的兩種神學方法的影響和形塑，導致了在地基督社群之間的衝突。改革工作必須從歷史和神學的角度，思考信仰該如何駕馭所謂的「文化」。接著要瞭解，福音該如何使基督徒擺脫世俗的性別／性取向和種族限制，如何以在基督裡的自由為基礎，重新想像這些問題。

因此，改革工作要分析那些繼受的基督信仰想像，及其伴隨而至的歷史和神學，特別是這些神學藉由信仰和文化、教會和世界傳播時。我在本書中進行的特殊修正工作，是呈現二十世紀初期德國新教傳統的獨特遺產，在神學上是如何傾向反猶太主義和反天主教主義，以及如何與民族主義、甚至與法西斯主義連成一線。宗教發展當然不可避免地會與政治連結，因為人類生活在社會制度中，也藉由社會制度而存在。神學工作必須分析這種連結，並思考出方法減少政教連結後的破壞性後果。不同文化和政治環境中的教會改革，會以不同的方式和不同的目的，來駕馭宗教／政治兩者之間的連結。這當中的關鍵是正在進行的神學工作，必須注意福音如何吸引政治資本，並確認它是否有益於福音的傳播，或者它是否導致福音被世俗的財富和權勢中所控制。

從十六世紀的新教改革中承繼下來的那份對改革的主要關懷，是傳揚在基督裡賜下真正自由的福音。基督所賜的福音的自由，是世界需要的，也是還未實現的。這正是恩賜的意義！正如《原子科學家公報》（*Bulletin of Atomic Scientists*）的世界末日時鐘所顯示的，對於一個危機中接近「夜半」的世界來說，這是拯救的信息。在這急迫的時分，改革的希望就是福音將啟發我們創造性地思考：從創造出美麗而具有多樣性之生命的造物主看來，身而為人的意義是什麼？屬於基督的一切在世上歎息的意義又代表了什麼？（〈羅馬書〉八章二十二節）。

圖片出處

前言和致謝

為了明確掌握本書主題，我比平常付出了加倍的努力。過去我致力於對作為中世紀天主教徒和具備哲學能力的路德進行研究。Lexham 出版社於二〇一七年出版的「歷史和系統神學研究」叢書中，重印了我的《三位一體和馬丁路德》（*The Trinity and Martin Luther*，一九九九年首次在德國出版）。我在書中呈現出一種狀況，亦即我們還需要一段時間，才能好好掌握「天主教的路德」。當學術界把焦點放在「新教的路德」之時，「天主教的路德」反而激起我的興趣。我和相關領域的不少同事都發現，路德的提問、批評和神學創新，全都源自並直指曾按立他的中世紀晚期天主教教會。路德神學和他的中世紀哲學和神學遺產之間，存在著多種連續性。舉例來說，當路德嘗試理解三位一體的奧祕時，他探討了中世紀晚期各種三位一體主張的邏輯論爭，甚至路德對聖經的應用也承繼了中世紀的哲學與神學概念。

在對天主教路德的研究中，有個問題持續困擾著我：為什麼天主教的路德過去會被壓抑？為了尋找答案，我翻閱了一百年前路德研究者的研究。在二十世紀轉換時期，德國神學家開始以新的歷史工具和批判分析進行路德研究。韋伯（Max Weber，1864-1920）探討了路德的職業觀。奧圖（Rudolf Otto，1869-1937）在路德的上帝觀中，看到令人敬畏和神祕的神聖威嚴。賀爾（Karl Holl，1866 -1926）從內在發展和歸信的角度，重新建構了路德的宗教傳記。這三位學者都復興了當時的路德研究，他們雖以不同的研究取徑切入，卻都在路德身上看到現代新教的種子以及現代性本身。他們在當時的文化和政治脈絡中，也撒下具決定性意義的反天主教種子。

我嘗試以本書進行雙重修正，因此我將從兩個角度處理特定議題，像是「稱義和祭司身分」。其一，從「路德文藝復興」的角度（譯注：二十世紀初德國學者重新展開的一場與路德相關的學術研究，被稱為路德文藝復興，詳見本書之後章節的詳細介紹），我試圖呈現稱義和祭司身分為何是現代新教的發明；另外，在我自己的路德研究中，我聚焦在路德的歷史和天主教思想上。因此我會以天主教的觀點，來解構那個奠基在現代新教價值觀下的路德。我會盡力把這兩個觀點，一個是歷史結構性的觀點，另一個是解構系譜的觀點，整合成一個連貫的敘述。

二〇一七年將至。正如我在世界各地許多研究路德的同事所回報的一般，跟路德有關的演講、網路論壇文章和論文的需求，遠超過大家的預期。全球各地不同社群，包括學者、教會領袖、藝術家、政治人物、經濟學家和教區的教友，此時都沉浸在這種興奮之中，媒體也跟著炒作，讓所有輿論都圍繞在歡慶路德發表九十五條論綱的五百週年紀念上。與路德有關的書籍以驚人的速度出版，越接近年末還會越發加快腳步。各種研討會、公開活動、音樂會、博物館展覽和教會的教育行程，都在如火如荼進行當中。路德的塑像公仔（手上還有一根沒握緊的羽毛筆，也許這樣才有空間拿啤酒杯）成為摩比公司（Playmobil）有史以來最熱銷的玩具。路德以許多不同形式、在不同場所被人稱頌，眾口一聲都歌頌著路德（有時也有批評）。路德這樣一位對西方價值觀具有深刻影響的人物，是如此充滿魅力。這位路德在當代散文、藝術和商品中，被建構為形塑現代西方、獨具意義的代表性人物。「路德與西方」也是我在線上開放式課程 MOOC「Coursera」（www.coursera.org/learn/luther-and-the-west）的開課主題，是這場路德五百週年紀念活動的前沿和中心。

參與在基督宗教史上最有影響力的神學人物慶賀活動當中，當然是件美好的事，但看到人們未經批判性思考就對路德一味稱頌，也令人感到不安。我發現，那個被選為現代西方代表性人物的路德，與我研究當中那位中世紀晚期天主教神學家的路德，兩者之間有著鮮明對比。隨著慶賀之年將屆，我更加確信，若想合宜地紀念路德對基督神學和西方歷史發展的貢獻，就要思考我為本書設定的兩種觀點。我也越來越清楚瞭解，有必要將

「路德如何成為改革者（Reformer）」的敘事、對路德作為「中世紀晚期天主教會改革者（reformer）」（也就是我的歷史關懷），以及二十世紀初德國神學家如何建構路德成為對現代文化有重要意義之人物，這三種敘事整合起來。這段時期新教神學的歷史研究讓我們瞭解到，為何在我寫書的二〇一七年，人們仍對路德和現代性有這種特殊的敘事。

與尚在期待路德改革紀念年來到的二〇一六年比較起來，二〇一七年的世界也變得截然不同。二〇一七年的地緣政治事件上了新聞頭條，侵蝕著西方的真理、自由和平等價值觀。無法預期的政治情勢與個人對當代社交科技的利用，深刻撼動了西方民主政治。公民論述被即時的輿論所取代，這當中常出現了最尖酸惡毒的內容。講求證據的科學世界，也被建構出的另類事實（alternative facts）所挑戰。新自由主義的特定利益，壓倒了公共福祉。西方社會被撕裂，在這些破口中出現了法西斯主義、種族主義和反猶主義。

綜觀本書的章節，我驚覺自己所聚焦的主題，也就是慶賀路德改革的一百年前，一樣也是關鍵性地緣政治危機的時代。一九一七年當時，就已預告了就在一年後，主宰歐洲數百年的哈布斯堡王朝將會崩潰，德國也將於一九一九年在凡爾賽宮受到羞辱。一次大戰帶來的災難性損失震撼了整個世界，那些聲稱路德屬於他們的地方，成了法西斯主義興起的原爆點（Ground Zero）。

過去兩年美國和世界各地的抗爭也是有目共睹。致力人性尊嚴價值的人們，抗議政治權力的濫用。#BlackLivesMatter 運動抵制白人至上。#MeToo 運動揭露了父權下的性侵文化。近年來，不少青少年加入了 #MarchforLives 運動，他們要求真相，批評政治人物都在講幹話，也要求政治人物必須解決槍枝暴力問題。社運活動、公開示威、致電民選代表，以及基層社區的建設，展現出人們為尋求一個有希望的未來而進行的抗爭。將當前的這些情況與當年威瑪德國（Weimar Germany）放在一起對照，當然稱不上是嚴謹的類比，但我們如何回應氣候變遷，真的能決定地球是否還擁有未來。

最初驅使我寫作本書的問題意識，是為什麼天主教形象的路德被新教形象建構的路德壓抑了超過一百年以上？有鑑於當前的地緣政治動盪，我開始希望這個研究，能藉由路德研究的特殊結構性視野，對現代文化進行理解。如果現代世界仍要追尋人性尊嚴、寬容和氣候正義等願景，那麼伴隨路德和宗教改革願景而來的破壞性面向，就必須被辨別出來。

我在二〇一七至二〇一八學年休假期間在西北大學完成了本書。在波士頓學院猶太基督宗教研究中心的贊助下，我於任職該中心科克蘭（Corcoran）訪問學者期間，特別從聖經翻譯和詮釋的角度，研究了中世紀晚期日耳曼脈絡下的路德反猶主義。我也感謝波士頓學院猶太基督宗教研究中心和神學系兩方，對我的「天主教路德」研究給予了熱情的協助和鼓勵。

在整個計畫中，我更加意識到神學家有必要將他們對真理、社群和知識等重要議題的見識貢獻出來，藉此擴大人文學科、大學以及公共政治領域的視野。我感謝我的丈夫Robert A. Orsi的友誼，在我們的共同生活中給予我多樣化的幫助，像是文字中的珍貴禮物：嚴謹的思維、歷史的複雜性，以及堅定的支持。我感謝Tim Noddings在本書的完稿過程中出色細膩的協助。我也感謝Dan Braden對本計畫無條件的支持；他對這個計畫的付出到了焦慮的程度，才使得這項工作得以跨過死線、順利完成。我也要將本書獻給我的兒子Anthony Orsi，感謝他豐富的熱情與喜樂的愛，還有他對早餐的要求，這些都帶給我極大的感動。

第一章　導論：歷史和敘事

01 慶賀

談及二〇一七年這一整年，它的特別之處包括越來越嚴重且立即性的氣候災難，以及空前的全球性政治變動和文化變遷。新自由主義的既得利益者，挑戰了政府協調公共利益時所扮演的角色；歐盟當中相對新興的國家，即一九八九年後建立的民主國家，開始違背原本對明確開放公共空間的承諾。於此同時，抗爭的力量開始覺醒，挑戰新興的非民主國家和全球秩序以及傲慢的技術官僚。民主的價值被應該要守護它的人咒罵而削弱。公共禮節被汙辱性言語所侵蝕。社交媒體的新科技受到操縱，被用在煽動偏見、散播混亂的種子來奪權之上。地球溫度創下前所未有的新高，極端氣候事件使人們流離失所，造成新的氣候難民。新的社會運動，為女性在職場面對的性侵問題帶來一線光明。社運人士也有跨國性的團結抗爭。這些在二〇一七年發生的動盪和挑戰前所未有，帶來一場關於生活在現代世界意義的深刻辯論。

二〇一七年，也是全世界人們慶祝宗教改革五百週年的一年。沒錯，就是在五百年前左右，也就是一五一七年十月三十一日，一位原本默默無聞的奧古斯丁修會的修道士和神學教授，在德國威登堡教堂的門上釘上一份九十五條論綱之後，很快就發現在他的細膩表達之下，針對天主教會的種種過分行為所做的批評與抗議，快速從拉丁語翻譯成德語，然後出版、複印並傳播到整個歐洲。馬丁路德的抗議文字在整個日耳曼地區，以及鄰近的法國、英國、瑞士和波西米亞等地，被人們的閱讀和討論。很快地，這個位於薩克森州境內易北河上的小村莊，被捲入教宗宏大野心下地緣政治的動盪之中。

教宗良十世（或稱李奧十世，Pope Leo X，1475-1521）是美地奇（Lorenzo de' Medici）的次子，也被稱為「大人物」（Magnificent），是十六世紀最有權勢和影響力的人物。良十世希望在聖城羅馬建造基督宗教世界的中心教堂，這當然需要大量資金。因此就如所有新教學童都熟悉的故事所講述的一般，良十世發放了特別的贖罪券給對建堂計畫做奉獻的人。

就是這個建堂計畫引發路德神學上和現實上的怒火。路德抗爭的危機很快就把美因茨大主教（Archbishop of Mainz）拖下水。這位大主教也隸屬於奧古斯丁修會，為了達成自己的政治野心，他向奧格斯堡的富格銀行家族（Fugger banking family）借錢，以滿足教宗和皇帝查理五世的要求。查理五世當時控制東起波西米亞、西至美洲大陸的領土。在中世紀晚期，天主教教會政治與帝國擴張和經濟剝削的複雜漩渦中，路德以反對贖罪券效用的九十五條論綱，掌握並加劇了這個神學質疑的時刻。[1]

路德對於教會改革的呼籲之後在各個時代中不斷迴響。如今，全世界的基督徒、後基督徒和非基督徒，都在慶賀宗教改革五百週年的紀念日。路德一人挺身而出發出抗議，對現代世界的秩序具有非凡的重要意義。就像過去歷史告訴我們的，路德啟動了中世紀到現代的政治與文化轉換。人們說，那些形塑現代性的特徵，如宗教自由和個人自主性的價值觀，早在路德一五二〇年發表的「基督徒的自由」一文中就已出現；[2]社會契約和民主政治、行會和新資本主義形式的出現、知識成為公共協商要素帶來的社會進步、法律對於人權的公開保障以及宗教寬容的保證，這些現代發展全都被新教歷史學家認定為源自於路德。所以我們要紀念的其實不僅是路德這個人而已，而是他所代表的整個現代。

在普天同慶的同時，也有其他人改以更細膩、甚至更精煉的敏感度「紀念」這年的事

---

1 Luther, *Luther's Works: American Edition*, 31:25-33. Hereafter referred to as *LW*; Luther, *Annotated Luther*, vol. 1, *Roots of Reform*, 34-46. Citations in the 6 vols. of *The Annotated Luther*, ed. Stjema et al., hereafter referred to as *AL*.

2 LW 31:333-77; *AL* 1:474-538.

件。某些歷史神學家謹慎地指出，路德的倡議其實比起過去人們所宣稱的更模稜兩可，並沒有那麼傲慢、挑釁，畢竟路德原本並沒打算要建立新的教會。路德抗議的是中世紀晚期天主教會特定的濫權行為，[3]路德也並未倡導過任何類似現代價值的內容。路德在政治上偏保守，他的熱情是在牧養教會上。路德雖然推動了一些改革，但他同時會看狀況、懂得權變，並適時終止那些他看來過於革命性的行動。許多歷史學家和神學家細膩地將路德的言行和現代性區分開來，特別是在宗教寬容層面，因為路德所有的著作都充滿著與他歧異者之間的醜陋論戰，這當中包括教宗、路德這方的神學家慈運理（Huldrych Zwingli，1484-1531），以及農民、土耳其人和猶太人。他們都是路德憤怒時的潑糞對象。路德晚年，著作中充滿對猶太人的低級諷刺，他的用語極為暴力不堪，這讓路德在一五四三年的一部作品《猶太人及其謊言》（*About the Jews and Their Lies*），特別被國家社會主義者利用來宣傳反猶主義和恐怖大屠殺。[4]

由此看來，二〇一七年的紀念活動，為學者、具普世思想的基督徒，以及參與猶太—基督宗教對話的人們，提供了重新評估路德矛盾遺產的契機。如果路德被視為現代性的先驅，這當中的複雜性就有必要被辨別，包括：西方教會分裂為羅馬天主教和新教這兩個相互排斥的信仰、反自由的奴役興起（最終伴隨種族滅絕的反猶主義），以及大屠殺（Shoah）當中集中營的出現。

慶祝活動會加強神話的建構，紀念活動則促使人們進行更深刻且更深入的重估，兩者都會強化這世界對這位中世紀晚期神學博士的關注。即便過了五百年，馬丁路德仍是一個耳熟能詳的名字，作為個人反對教會濫權的抗議活動而言，這個名字如此輝煌、具攻擊性，而且屹立不搖。與瑞士日內瓦的年輕法國改革家加爾文相比，加爾文對世界歷史的影響可謂更為明顯，從以全球傳播角度看，路德的影響力較為局限也較區域性，因為路德的追隨者並沒有定居在新大陸！然而，作為現代性的煽動者而出現在公眾想像中的不是加爾文，而是路德這位穿著隨便、散發中世紀家庭那種髒髒的氣味、愛生氣的前修道士。同樣地，路德的名聲也比他的修道士同儕阿奎那（Thomas Aquinas，1225-1274）更為響亮，即使阿奎那是為後特倫托時代（post-Tridentine）羅馬天主教會思想文化提供資源的大師。是路德，而非阿奎那或加爾文，成了最暢銷傳記和流行電影的主角。[5]路德對於追溯自由和個人主義源頭的現代史學來說也有獨特影響。在西方所有神學家中，路德以改革者的形象而聞名。

「路德如何成為改革者（the Reformer）」是本書的提問。在全書文本中，當我指的是

3 德國教會歷史學家 Leppin 的馬丁路德傳記在這方面堪稱典範。

4 LW 47:147-306; 也被翻譯成 "About the Jews and Their Lies," in AL 5:455-607; 或見本書第五章。這些參考資料已經使當代歷史學家和神學家，將路德的反猶主義，視為重要的學術研究領域。

5 關於路德的流行傳記，詳見 *Luther*, dir. Till; *Martin Luther*, dir. Pichel.

二十世紀初被建構的路德形象時，我會使用大寫的「改革者」（the Reformer）。小寫的「改革者」（the reformer）則用以表示作為天主教教會成員、曾以同時代的天主教神學和哲學論述對教會提供改革建議的歷史人物。這使得路德和錫耶納的聖加大利納（Saint Catherine of Siena，1347-1380）以及當代的孔漢思（Hans Küng，1928-2021）成了夥伴。歷經數百年，特別是自上世紀一九一七年宗教改革紀念四百年後，路德佔據了世界史上最卓越改革者的地位。本書《路德神話》旨在檢視，路德作為改革者的歷史和傳記是如何與現代性緊密關連，以至於任何現代意識或價值特徵，不論是啟發或是挑戰，都被認為與路德有淵源，包括現代主體和現代國家、國家的現代公民，以及她或他對宗教的態度；此外，還有現代基督教和其他宗教傳統的現代變遷和延伸。過去五百年中，各個不同宗教看起來也都有自己的路德！現代神學關於上帝之死的觀念也宣稱，路德以十字架為中心的基督論是其核心。路德如何與形塑現代西方理論的最重要思想連結，也是本書歷史探索的主題。

晚近的傳記標題反映了我的觀察！這些傳記都宣稱路德重新發現了上帝，並在這個進程裡改變了世界。顯然，路德開始為西方心靈而戰。路德具歷史性意義的行動使他成為歐洲最有名的人！路德是反叛者、叛徒和革命者。整個二〇一七年，這些封號和其他稱號出現在各式書籍的封面上。[6]即使認為路德在現代發展中扮演更矛盾角色的敘事者，也始終在這個主軸上進行論述。路德以一種特殊方式與中世紀基督宗教世界的不幸衰落連結在一起，據說這也為當代生活帶來災難性的後果。二〇一七年文學作品的特色是：路德仍是現代性的象徵，任何其他歷史人物在路德面前都不夠看，現代性的代表人物不是休謨，不是笛卡爾，不是霍布斯，不是康德，不是薄伽丘，也不是任何其他可能的競爭者！

路德如何被形塑為改革者的敘事，是一個歷史提問。或者更精確地說，讓路德成為改革者與兩個問題有關；一是思考何以路德的故事，會被人們說成對現代性而言那麼具關鍵意義？另一個則與路德對中世紀晚期天主教會的真正想法有關。這些問題在路德於威登堡教堂釘上第一顆釘子、首次發聲的那一刻，並未被提出過。換言之，這兩個問題都是歷史的產物。

到了十九世紀初的德國，路德才以現代敘事主角的身分出現。在歷史哲學著作中，哲學家黑格爾（Georg Wilhelm Friedrich Hegel，1770-1831）首次將路德連結到現代性的起源。黑格爾在反思「作為現代人的我們是誰？」問題時，他提出路德的自由思想打通了中世紀和現代。黑格爾建構了一個論述，區分中世紀到現代的不同價值觀。[7]當社會科學作為新學

6 Metaxas, *Martin Luther*; Massing, *Fatal Discord*; Pettegree, *Brand Luther*; Roper, *Martin Luther*; other notable recent biographies include Daughrity, *Martin Luther*; Kaufmann, *A Short Life of Martin Luther*; Gregory, *Rebel in the Ranks*.

7 Peter C. Hodgson 點出在黑格爾的大量著作中，他稱頌路德是在歷史進程中，建構自由意識而帶來新時代的人，詳見"Luther and Freedom," 33-34.

科出現，黑格爾強調路德在現代世界歷史形成過程中的核心地位，這些都被深深刻入德國人的想像之中。神學家開始熱衷於將不同學科整合到歷史研究方法中，他們以新的宗教、社會學和經濟史概念，對他們的中心人物馬丁路德進行歷史研究。藉由這種新型的跨學科研究，學者們認為路德之所以成為宗教改革者，是上帝與人之間特殊相遇經驗的結果；路德因為特殊的宗教經驗成了改革者。路德研究學者將這經驗命名為「路德宗教改革突破」（Luther's Reformation breakthrough），並指出這是中世紀和現代性之間的決定性斷裂。二十世紀轉換之際，這個由德國學術界的路德研究學者所組成的知識群體（後來被稱為路德文藝復興〔Luther Renaissance〕），主導了接下來近百年當中路德如何成為改革者的敘事。

本書的第二個問題也是歷史性的，只是從不同角度出發。這問題是有關路德如何改革中世紀晚期的天主教會。第一個問題是要研究「路德文藝復興」的思想和結構，探討路德作為改革者的現代敘事；第二個問題則是直探路德如何在泛天主教文化的脈絡下，提出與中世紀晚期哲學相關連的改革。在此，我們需要把路德從現代觀念中被視為羅馬死敵的敘事中抽離出來。藉由把路德的抗議更完整地放在他的時代中，我們將看到另一個路德在這個過程中浮現，於是我們可以不再隨意地說路德是第一個反天主教的現代先驅。

兩種探討路德如何成為改革者敘事的方法都是歷史性的。第一個聚焦在一九一七年宗教改革四百年左右的時期；第二個則是把路德神學放在中世紀晚期思想中探討。

當然兩者之間並不容易區分。「路德文藝復興」建立了將路德詮釋為現代改革先驅的主流論述。當路德神學框架中的各個類別，在敘事上都明確把路德視為現代改革者時，要如何研究中世紀晚期的路德呢？當史料編纂和歷史神學都朝向「現代」與「新教」的狀況時，該如何找回天主教的路德呢？因此這場對路德的探究，將與把路德定位為中世紀晚期天主教徒，挑戰對路德文藝復興為代表的敘事詮釋密不可分。結果可能是：我們會發現一個與西方、新教或與現代的宏大敘事並不完全切合的路德。果真如此，那麼對當代而言，緊接而來問題就是：這位路德是否會挑戰我們對現代性的設定和當代處境呢？

02 起源

接下來要談起源。關於起源，聖經始於一個表達介詞：「起初……」（創世記一章一節）。這個文法結構，表達了一個人類目擊者存在之前的時間，人類原本應該只能訴說宣布創世後發生的事件。「起初」是源自上帝的語法，為整本聖經做了前言，並將神聖性賦予世界的源頭。上帝是一切的源頭。即便人的創造被上帝視為好的，受造物仍然違背上帝而發生兄弟相殘的事件，但上帝依然與所有起源同在。起源代表了創新事物的所在，一旦被確立後，就會不斷持續處在一個被詮釋的過程中。

透過檢視起源，我們會發現宗教和其他思想事物一樣，會有一部分故事被當成開端來詮釋。十九世紀初德國神學家施萊爾馬赫（Friedrich Schleiermacher，1768-1834）將這種洞察，轉為宗教研究關鍵方法的前提。施萊爾馬赫對於宗教究竟代表人類哪種經驗很感興趣。宗教是否可以還原為人類政治、文化思想或行為的另一種現象？或者敬虔是人類存在的必要和獨立面向，因而在人類發展時不可或缺？施萊爾馬赫為了回答這問題，論證了宗教與人類意識之間的獨特連結。正如他在《論宗教》（*On Religion*）的著名篇章中所言，宗教是在靈魂「領域」，圍繞著宗教創新的發源地所形成的歷史運動，進而推動了個人和社會的發展。[8]起源事件會激發出宗教感，接著呈現出具歷史意義的社會形式。活躍的人物是事件的中心。摩西、耶穌、佛陀、穆罕默德還有其他聖賢，都因為獨特的宗教經驗而受人崇敬，然後將其他人吸引到各自的崇拜圈裡。一旦他們的周邊影響力和起源經驗被轉為社會形式，宗教就在歷史中被形塑出來。

馬丁路德在基督宗教史上就獲得了這種起源式的地位。他是來自十六世紀中世紀選候薩克森州的神父，在試圖革新天主教的同時開創了新教。路德本人是位傑出的神學家、多產的作家、強大有力的宣教士，同時也是一個粗俗又愛諷刺的名嘴。路德對過去掌握在神學家手上那份基督所賜的自由，有著深刻見解。路德清晰的思路和流利的言語，抓住了平民、神職人員、貴族和敵人的想像和心靈。路德將聖經從原始聖經語言，翻譯成早期的新高地德語（New High German），由此帶給日耳曼人民新的語言禮物。路德為新教徒帶來吟唱讚美歌的快樂；他教導他們用新教理、新方法來禱告；他也堅持教育的重要性，而且不分女孩和男孩，因為這有助於個人和集體的反省和敬虔的培養。

儘管日耳曼信徒視路德為他們的改革者，但路德的生平同時具有世界史的意義。雷雨、修道院，甚至塔中的廁所，都成了敘事的部分內容，深深刻印在大眾心中。電影、繪畫、網站和紙本著作，都以戲劇性的方式描述這些起源事件——一位青年學子獨自在路上，在雷雨中向聖安納（Saint Anne，譯注：聖母馬利亞的母親）迫切祈禱，而後雷雨烏雲回應了他的禱告。為了表達感謝，路德很快從法律轉向神學研究，進入艾福特的奧古斯丁修道院。路德研讀保羅書信後，對上帝寬恕下的公義有了全新領悟。這些早年經歷讓路德在短時間內，從被按立為司鐸時因畏懼而不小心灑出基督寶血的修道士，脫胎換骨成為大膽的宗教領袖。一五二一年四月十六日當路德進入沃爾姆斯（Worms）鎮時，他受到人們高度的擁戴和稱頌。就在此處、在帝國議會上，路德在查理五世前說出了具傳奇色彩的主張：「這是我的立場！我別無選擇！求上帝幫助我！阿們！」（Here I stand. I can do no other. So help me, God. Amen.）這些言語雖然缺乏史料佐證，卻成為個人站在帝國王權前最著名的言

8 Schleiermacher, *On Religion* [1799], 17 (speech 1).

語，[9]也成為個人在面對詛咒和死刑時，向權力說出真話的勇者象徵。此外，這些言語也代表了現代主體性——人不應受到宗教和政治的脅迫，而是應該自由堅定地表達個人信念。

當然，路德並非單獨一人展開行動。前近代歐洲學者，就將路德與他的朋友、同儕以及各種或支持或敵對的對話對象都連結起來。像是墨蘭頓（Philipp Melanchthon，1497-1560）這位希臘的天才學者，就是路德在威登堡圈子中受人景仰的同儕，他著作了重要的神學和學術文本，也是活躍的普世主義者和教育改革者。女性則有茵格斯達（Ingolstadt）的格倫巴赫（Argula von Grumbach，約1492-1554）、聖特拉斯堡（Strasbourg）的卡塔琳娜．澤爾（Katharina Schutz Zell，約1497-1562），以及藉著信件和印刷品推動教會改革的威登堡女性詩人伊麗莎白．克魯西格（Elisabeth Cruciger，約1500-1535）。[10]至於男性，有德國北部的布根汗（Johannes Bugenhagen，1485-1558）、聖特拉斯堡的布策（Martin Bucer，1491-1551）、茨維考（Zwickau）的閔采爾（Thomas Müntzer，約1489-1525）和倫敦的克蘭默（Thomas Cranmer，1489-1556），他們在旅途中走遍被宗教暴力侵害的土地，透過印刷品和演說傳播了路德的觀點。

路德對西方世界來說非常重要，因他佔據了新的基督宗教情感的起源位置，這就是故事通常被訴說的方式。這當中描述了戲劇性的轉變經驗，開啟了嶄新理解上帝與人類之間關係的歷史運動。這不只是一場改革，而是一種創新，這就是敘事的重點。像是調查記者馬辛（Michael Massing）所說的「為西方思想而戰」，就源自於路德的煽動言語。[11]

不過，在此我們要問，路德為何是**創始者**，而非改革者？是什麼關鍵原因，非得將路德定義為西方歷史的原創代表？究竟是對誰而言，以及在怎樣的脈絡或多重脈絡下，作為創始者的路德如此重要？歷史意識假設了中世紀和現代之間的斷裂與區別，路德被視為與前近代接軌的起源人物；而在韋伯的理解中，路德是現代資本主義歷史的過渡人物。[12]本書將提問：路德的哪些思想和經驗被描述成具原創性的？為什麼這個改革者的敘事被賦予了原創性的框架？為什麼新教改革的敘事被描述成西方史上一個原創時刻，而非天主教的延續？或者，為什麼路德的故事成為勝利的現代性斷裂敘事？

事實上，「為何路德成為改革者」的敘事，不必非得將中世紀天主教和現代新教分開。路德的故事也可以被描述成：一位神學家因所處的宗教世界儀式和神學的眾多問題而深受

---

9 詳見 *Deutsche Reichsiagsakten*, ed. Wrede, 581-82; 線上版：https://babel.hathitrust.org/cgi/pt?id =njp.32101068563590;view=1up;seq=6. 我感謝 Barbara Nagel 提醒我要注意這份文本。

10 近年關於女性在宗教改革中的角色的研究，詳見 Matheson, *Argula von Grumbach*; McKee, *Katharina Schiltz Zell*, vol. 1, *Life and Thought*; vol. 2, Writings; McKee, ed. and trans., *Katharina SchUtz Zell: Church Mother*; Stjema, *Women and the Reformation*.

11 Massing, *Fatal Discord*.

12 Weber, *Protestant Ethic* [1920], 44.

困擾，這些問題在他看來具有教牧和政治上的不良影響。十六世紀時，全歐洲各地以不同方式發生了革新，從英國和法國到德國和瑞士，再到波西米亞和西班牙，天主教的諸多改革也發生在特倫特會議（Council of Trent，1545-63）前後。除了路德，還有羅耀拉（1491-1556）、加爾文、亞維拉的德蘭（Teresa of Ávila 1515-1582）、慈運理和十字架約翰（John of the Cross，1542-1591），全都扮演了重要角色。他們全都相信教會能在歷史上存續，取決於推動和持續革新的能力。「教會必須始終進行改革」：以拉丁語來說，是 *ecclesia semper reformanda*。

然而十九世紀德國新教歷史學家蘭克（Leopold von Ranke，1795-1886）卻區隔了東西教會大分裂（譯注：指十一世紀基督教會大分裂）後出現的兩個西方教會刻意區別開來。蘭克認為，一個是宗教改革的成果；另一個，他則用了「反宗教改革」（Counter Reformation）一詞形容，指稱那些留在羅馬天主教會內的神學家。[13]這種二分法將新教改革者視為原創者，而將他們的羅馬天主教同儕視為反動力量，表現出了那段時期的反天主教思想。在這段時期當中，把路德當成現代西方開創性人物的說法，開始主導宗教改革的敘事。但這其實並不是十六世紀的產物。「路德成為西方開創性人物」的敘事，是二十世紀初才有的結果。

這本書預設了我的信念，即路德是歷代改革運動中的天主教改革者，而這些運動本身也延續了好幾世紀。路德是位改革者，他的原創性在於恢復了基督徒對上帝公義和人類能得救援的信念。本書意圖將天主教的改革者從被假定為現代創新者的形象中解放出來，說明為何一百年前路德的敘事能在德國文化中獲得特別的關注，以及這個敘事如何主導現代性的論述，這些將成為本書焦點。一旦二十世紀初建構路德作為改革者的系譜被發掘出來，另一位更具天主教和中世紀風格的路德，就可以獲得救贖，也許也可以拯救我們，再次為了基督徒和危機中的世界奮鬥爭戰。

03 詮釋

本書要處理兩個路德的敘事。第一個是由路德文藝復興創造出來的現代路德。一九一七年，新教改革已過了大約四百年，德國神學家熱衷地將他們的資源投注在發現或創造一個受到特定文化和政治目的吹捧的路德上。這位路德，十九世紀末伴隨著普魯士的擴張，接著在一九一八年後被戰爭摧毀的德國當中，主導了一整個世紀的相關探討，然後在二〇一七年再次出現。第二個路德敘事，則是最近發現可替代第一路德的第二路德。這

13 Eire, "Reformation," 63.

位中世紀晚期的天主教路德，代表了當代的普世福祉。這位天主教路德，是當代的我們對中世紀晚期歷史、哲學和神學進行研究後的成果。

然而，要釐清這兩個路德事實上是有難度的。主流敘事支持現代路德，以致中世紀的路德在兩相對照下被扭曲了。當代的路德形象，與現代路德被特化的特徵如此密不可分，以致完全沒受到質疑。像是「唯因恩典稱義」（justification by grace alone）、「唯獨聖經」（sola scriptura）和「所有信徒皆祭司」（priesthood of all believers）等概念，或許已完全刻印在當代新教徒的意識中，這使得路德在十六世紀使用這些用語的原意在傳播過程中迷失，被欲望、驕傲和特定需求給掩蓋。

那些脫口而出的公式用語，像是「是罪人也是聖徒」或「十字架神學」等，彷彿路德從十六世紀穿越時空而來，直接對著當代呼喊一般。如果這些是識別路德神學創新的標準和項目，我們又該如何將其與另一個更中世紀的路德形象區分開來？

當這位當代所熟知的路德被認為就是原本的路德時，該如何釐清當初的緣由與始末，就更加急迫了。為何路德的言語在譯文中如此唾手可得並廣泛流傳之際，卻還需要努力學習路德作品的原始語言——前近代的德語和中世紀的拉丁語？為何有這麼多易於理解的二手文獻，我們還要閱讀路德的原始文本？為何要以修正過的中世紀晚期敘事，挑戰當前的現代敘事？找回在路德所處的時代佈道和寫作的那位路德，確實是項困難的工作。這需要學習新的或是更新舊有的學術語言和概念框架、研究中世紀哲學和神學，並以敏銳的眼光檢視路德對眾多爭議的回應，才能瞭解這些問題如何與中世紀晚期思想保持連續性。這需要將人們視為理所當然的路德「宗教改革突破」（Reformation breakthrough），與其相應的神學思想特別「括號」起來。這個過程很枯燥，幾乎沒有一個研究機構達成明確共識，要從中世紀的視野來研究路德。

釐清兩個路德之間的關係，涉及不同面向但相關的工作。一個是將路德文藝復興時期文本中掌握到的路德，作為詮釋學研究的對象。這個過程包括研究該時期的史料，辨識學者應用於路德而發展出的分類、所使用的學術方法，以及他們與當時德國政治文化的關係；之所以使用詮釋學的方法，目的在於釐清路德文藝復興時期的學者所創造出的特定路德形象。第二種方法，則要使用路德自己的文本，以語言學和哲學等詮釋學資源，以及與中世紀和教義兩者相關的史料，根據十六世紀的語境檢視路德所使用的言語。之後，再拿這兩種不同歷程的結果進行比較，藉由往返於兩種路德的表述，觀察這當中的差異。某些特定的區分，像是刻意加在路德這位改革者身上的新教／天主教對立，最終會變得不那麼尖銳。被現代性選中的路德，與肩負中世紀基督宗教世界的路德，兩者相比之下其實有巨大差異。有時某些分類，像是所謂無形的教會，很明顯是一種現代創造，這與路德本人對教會修正中世紀教宗權威的呼籲，根本沒有任何關係。甚至即使是所謂的「宗教改革突破」，也不像現代傳記所講的那麼帶有英雄色彩。

這種方法有其風險。最終，路德可能無法再支持現代敘事。這個路德甚至可能挑戰現代性的設定。如果現代性是以一般使用的「自由」和「個人性」等明顯新教用語而被理解，當它們被用來解釋天主教、猶太教和伊斯蘭教為何還存續於現代世界，馬上就不適用了。路德在創造現代方面的貢獻也包含了一些有毒元素，因此我們不僅需要予以慶賀，也需要幫忙解毒。

另一方面，如果路德的原創發明被宣告為分明只是天主教的產物，那麼這對羅馬天主教徒和新教信徒來說，都會是新的挑戰，儘管出於不同理由。天主教徒需要與作為自身改革者的路德競爭，而新教信徒則需重新審視他們對新教認同的預設。此外，區分中世紀和現代的歷史書寫，也需要被修正。二十世紀初，德國系統神學家特勒爾奇（Ernst Troeltsch，1865-1923）早就質疑過這種通用分期，並將前近代視為中世紀的延伸。他認為直至啟蒙運動，才發生了現代性的轉變。[14] 進一步的史學修正，可能會在中世紀和現代之間找到更多相似點；可能的影響是，帶有排他性新教價值觀的現代性單面認同會被糾正。又或者，即便世界末日來到，大家還是繼續堅持那些有著醒目標題、利於銷售書籍裡的線性敘事，作為我們的共同意識。

04 修正

本書預設了路德學術最近的發展，致力於中世紀思想對於理解路德的重要性。過去三十年，這方面的研究一直由部分特定的學者進行，他們希望能夠闡明路德與中世紀晚期文化的關連，遠比我們之前所知的更多。開始發動這問題的著作是奧伯曼（Heiko A. Oberman，1930-2001）於一九六三年出版的《中世紀神學的成果》（*The Harvest of Medieval Theology*）。[15]在這部著作中，奧伯曼改變了學者對路德與中世紀晚期哲學思維方式（唯名論〔nominalism〕）之間關係的看法。奧伯曼闡明了路德改革的特色與中世紀思想之間的連續性，而不是斷裂的。奧伯曼並不把路德對稱義教義的發現描述成突發的「塔中體驗」（tower experience），他認為路德對基督善工的洞察有其悠久歷史，早在中世紀神學家對恩典問題（譯注：基督信仰中上帝如何賜予人救恩的相關問題）的關注中就出現過。

自奧伯曼奠定了修正的基礎後，一些具普世關懷的學者開始特別關注十四世紀後期和十五世紀的思想如何形塑這位改革者。路德曾是艾福特大學（University of Erfurt）的學生，

---

14 Troeltsch, *Protestantism and Progress.*

15 Oberman, *Harvest of Medieval Theology.*

藉由近代拉丁語推廣「現代方法」（*via moderna*）而聞名。這種「現代」哲學「方法」，與方濟會修道士奧坎（William of Ockham，約1287-1347）的遺產有關。奧坎為中世紀哲學當中普遍性與特殊性的相關性問題，提出了獨特的解法。普遍概念的「牛」（cow），與在老麥當勞農場上那隻名叫貝西（Bessie）的反芻母牛，兩者之間有什麼關係？奧坎以「共相是加在現實中存在的個別事物上的心理概念」回答這個問題。人類心靈中「牛」的概念指的是單數的貝西，由此可以提出「貝西母牛」的命題。

奧坎革命性地改變了經院哲學的共相理論，認為共相並非固有於客體的實體，而是我們根據個別事物的相似特徵，進行分類後加諸其上的心理概念。我們的心智收集「牛」的特徵，包括拍打蒼蠅的尾巴、有四個胃、有四隻牛蹄……然後當我們以「牛」來指稱貝西時，這些特徵都包含在其中了。路德在唯名論上的哲學訓練，形塑了他在基督教義上的神學觀念，甚至包括了「因信稱義」的教義。

當我們讓路德與他的前輩奧坎對話，而不是後世大多數路德學者更偏好的未來系譜——與現代路德宗哲學家康德（Immanuel Kant，1724-1804）——對話，反而更可以讓我們看到路德對中世紀晚期思想的關懷。中世紀晚期的神學家也關注神聖救贖的計畫，路德也是。就像路德一樣，他們關心上帝是否對人類罪惡的預知，以及人類在自由意志的美德的犯罪（或不犯罪）的問題。藉由將路德與其先行者連結，顯而易見的是，路德探索的主題幾世紀以來就已困擾著眾多思想家。特別是哲學與神學之間的關係，從十三世紀起就受到熱烈關注。正如許多新教神學家同意的，路德對基督神學真理的委身，並不排除他對哲學的應用。路德的時代與今日情況相仿，即使委身於神學真理，哲學仍有助於定義術語和進行概念區分。中世紀哲學領域的最新研究發展，讓路德學者看清究竟中世紀思想對路德的影響有多深。在路德與中世紀晚期思想家戴伊（Pierre d'Ailly，1350-1420）和比力（Gabriel Biel，約 1420-1495）的生動對話中，激發出路德的神學提問。路德藉由使用中世紀思想家奧古斯丁（Augustine of Hippo，354-430）和賀爾科特（Robert Holcot，約 1290-1349）的思想資源，回應了各種挑戰。在摸索著確立自己信仰的路上，他調整了概念、做出了區別，也使用了邏輯，就像中世紀學者會做的那樣。從路德繼承中世紀遺產的角度觀察，能讓我們對路德神學進行修正，路德的創見也變得不那麼創新，但這並不減損路德對信仰神聖事工的熱情，以及路德在論戰中的激烈程度。

05 繼受

路德對於新教思想的意義，很大程度在於宗教改革的歷史被寫成是路德的接受史（繼受）。每位現代新教思想家，都向路德尋求當時代宗教問題的指引。舉例來說，十八世紀教派主義時代（age of confessionalism，譯注：當時歐洲在宗教改革的影響下，以教派為中心去區分國家或地區）的神學家，就認為路德樹立了以聖經為本的神學標準。這時期的敬虔主義者，以路德的神祕面向深化個人的虔敬。二十世紀初路德文藝復興的支持者，認為路德是集德國文化和宗教造詣於一身的人物，他對上帝的戲劇性經驗創造了現代。簽署國家社會主義綱領的路德宗神學家，重新建構了路德的政治神學，為效忠希特勒政權找到正當性。戰後，神學家認為路德對上帝律法的堅持，對於審判人類自欺和自大的幻想，具有關鍵的意義。

數個世紀以來，路德的形象有過多次變化，每一次都是那些向他尋求指引的思想家，與路德劃出相遇火花的創造性成果。每代人對於路德的觀點，都對各自世代的文化產生了洞察。這些創造性的挪用和再挪用是種接受史，即使是旨在追求歷史準確性的學術努力也一樣，亦即那些旨在恢復歷史中路德原貌的研究。本書特別關注的「路德文藝復興」，就沉浸在德國歷史主義（German historicism，譯注：十九至二十世紀初，德國以史學家蘭克為代表人物的歷史學派，強調對史料研究的重視）的方法中。當時的領導者，包括我接下來聚焦的學者賀爾（Karl Holl，1866-1926）研究了路德早期的文本，由此定位路德時代是從中世紀向現代性飛躍的關鍵時刻。賀爾和其他二十世紀初的路德宗神學家，明確地應用歷史工具來重建路德改革突破的進程。然而，即使這種將史料當作權威的努力，某種程度上仍暴露了這些學術研究者的偏見和假設。一次大戰期間的路德，呈現了當時進行路德研究的神學家本身的文化價值。即使認真致力於追求歷史真確性，也無法避免學者的興趣會隨著時間推移，而影響到路德各種形象的建構。我甚至必須堅持這個極為簡單而明顯的觀點，才能突顯路德在現代西方史中所擁有的神話地位。

這種附加提醒並不必然會違背方法論的信念。詮釋學本質上是個創造性的事業。對過去的任何研究都會產生新的解釋，創造出新的過去。這種對過去的轉向在多大程度上受到規範，是個歷史批判的問題。現在的提問和問題、挑戰和焦慮，直觀地影響了對過去提問的動機。認知藉由並伴隨著概念發生；概念幫我們留意過去的事物。對歷史文本的詮釋，正如二十世紀中葉德國詮釋學理論所指出的，最初是由一種前理解（*Vorverständnis*）所形塑，藉由對文本的研究得到檢視和修正。一個負責任的史學方法，需要擁有一個關鍵工具，協助我們辨別動機、概念和詮釋學預設如何影響我們對過去的理解。

歷史學家使用批判性術語「當代主義」（presentism，譯注：亦即以今論古），來指稱一種渴望與現在產生關連性的歷史方法。雖然對於過去的關注總是受到現在提問的影響，但現在的價值觀若沒有經過批判性的辨識和分析，這種對過去的關注就是「當代主義者」。這種不加批判地將歷史研究與當代關注糾結在一起的狀況，被認為是史學研究中的一種問題，因為它出賣了歷史學這門學科的方法論目標：對過去的批判性研究。特別是對路德的研究，向來都採當代主義者的策略。由於路德被選中成為推動現代敘事的核心人物，加諸在他身上的概念大多是出於現代關注，而非中世紀晚期的。

無論這種敘事被評價為勝利的成果還是悲慘的衰落，這當中呈現出來的當代主義特徵，都必須被批判性地辨別出來。為什麼在宗教改革對西方影響的學術中，當代主義如此讓人陷入其中？這是一個引起關注的理論問題。

本書將針對「路德作為現代性擁護者」的敘事進行批判研究，而這個敘事始於路德文藝復興時期。這個運動的支持者，將路德靈性傳記的微觀歷史，與現代西方的宏觀歷史連結起來。學者之所以做出這樣的連結，是基於他們對德國現代性的提問，這在二十世紀初德國的文化和政治脈絡中十分重要。他們在歷史研究中找到路德的同時，也附加了與他們政治利益相吻合的現代德國特徵。因此，路德文藝復興的遺產，在對路德的詮釋中傳遞了當代主義的危險，這對今日而言十分重要；尤其是在這個當代世界中，現代民主、權利、自由和公共準則的典範，悄然地或者有時並不悄然地被削弱之際，現代性的討論便會援引起源，來檢視其發展和消亡。然而，雖然學者和作家試圖解釋現代性的困境，他們的敘事卻還是強調路德的重要性。以此模式，路德文藝復興的遺留只會繼續存在。

我寫作本書的動機，是為了探索路德的接受史過去如何被創造，以及其後續的發展。路德曾如何發揮作用，以及作為最急迫的政治、宗教和存續問題支點，未來可能如何繼續發揮作用？五百年來，作為理解過去和如何應對現在的想像，路德作品以各種新的詮釋方式受到研究。路德文藝復興之所以特別引人入勝，是因為它引發了路德對現代性具有什麼意義的問題。從這期間的路德研究中，我們可看到二十世紀初的嚮往和焦慮、學術志業和跨學科的創造力，這些都形塑出至今仍然重要的遺產。不過，這本書將聚焦在中世紀晚期的路德上；我以中世紀和天主教路德作為批判性的透鏡，來檢視當代對現代性的詮釋。在負責任的歷史研究和對自我批評的認知之間，需要保持平衡。我自己的批判性關注，挑戰了現代性源自於路德的預設，這個挑戰隨著更多中世紀路德的研究，變得更為確定。我希望本書的歷史評估——一個對準十六世紀的路德，另一個對準路德的現代敘事——能激發讀者同時從批判性和建設性角度詮釋當代世界。

本書的最終目標在於從負責任的歷史觀點重新建構一個路德，在思考對當代而言非常急迫的問題時，帶領我們跨出步伐。我們察覺到人類世界正在加速世界末日的來到。就像我們所知、憑直覺感受到的，人類的邪惡帶來了龐大的道德挑戰。我們意識到現代自由在征服後帶來過多的人口和化石燃料，摧毀了地球並使自然世界破壞殆盡。我們亟需找到有創意和自我批判性的資源，來理解我們掙扎的重要性，並找出前進的道路。想像可行的未來變成相當急迫。

路德也曾遭遇低潮，他也想著末日迫在眉睫。但路德辨識出的神學現實，清楚明確到讓他和許多讀過他著作的人深深著迷。路德認為寬恕是神聖的中心，路德讓基督墜入墮落深淵和悲慘的人類處境中，然後傳揚基督為和平的生活賜下自由。在今天，路德的洞察與十六世紀時一樣迷人，因為他掌握了基督信仰中關於上帝和上帝創世的核心真理。

06 探索

本書對於路德如何成為改革者的提問，將進行一系列不同面向的探討。要回答這個問題，需要對路德文本以及現代作者如何表述他的作品，進行詮釋學的評估；探討學者為何會以某種特定方式詮釋路德，並思考這些詮釋中呈現出的學者本身對歷史、文化問題的自我理解，也反思路德研究的新方法，如何可以同時對當今時代進行診斷，也對修正路徑提出解方。雖然路德無法提供所有批判性或建設性的解答，但針對過去一個世紀路德的接受史進行分析，與對於現代性的理解密切相關。如果其中一種研究方法，可以做為評估現代性矛盾的晴雨表，那麼另一種路德研究可以用來產出當代的新典範。我希望路德研究的其他途徑，有助於我們對於現代進程和現代是否可以被改革的理解——如果我們還有未來的話。

下一章我將開始探索「路德如何成為宗教改革者」（在本書中，將使用「宗教改革者」

一詞來指稱新教改革者，對比於在天主教教會進行改革的「天主教改革者」），聚焦在「稱義的經驗」，以及十九世紀與二十世紀轉換之際，德國學者尋求新的路德研究方法，試圖建構德國獨有的政治和文化精神。當時軍事行動擴大了德國邊界，德國大學也開始成為歷史和社會科學研究最蓬勃的創新中心。在文化議題上，探討「德國在現代世界中的位置」成為全國日常的關注焦點，路德成了當中的關鍵人物。在本章中，我將思考路德學者和路德宗神學家，如何以當時文化、學術和政治價值觀影響下的方法研究路德。該章的重點特別放在路德十六世紀的神學創新——稱義——這個對上帝的新理解上，指出上帝才是赦罪的唯一主權者。雖然稱義一直以來被認為是路德神學的核心，但它在教義或思想的地位，也不該理所當然地被放入十九世紀後期出現的神學歷史方法中。然而作為一種**經驗**，透過強調路德的文化意義，稱義在神學上和更寬廣的文化目的上可以很有成效。我將使用路德學者這個透鏡，包括路德文藝復興的開創者賀爾在內，將稱義視為路德生平的一種經驗。藉由檢視描述路德生平的方式，我將呈現出當時的知識潮流如何在學者的想像中發揮作用，建立起獨一無二的敘事，大膽地將西方帶領進入現代。正如當時的路德學者所承認的，路德肩負起這個重任。

第三章跟本書的主標題一樣，為「路德如何成為宗教改革者」。本章重點是路德文藝復興時期的神學家如何將宗教改革者的頭銜加給路德。換句話說，就如他們所論證的，為什麼他們會特別將路德定義為宗教改革的原型，強調路德與中世紀晚期的天主教會幾乎毫無關係。根據這些學者的說法，宗教改革與路德的**宗教**經驗有關，這種經驗本身被詮釋為現代的**先驅**（*avant la parole*）。在此基礎上，對重估現代性而言，宗教改革作為一種經驗和理念就顯得格外重要。無論是從新教價值的角度，還是作為新的宗教感受力，宗教改革都切合現代的文化精神。在德國政治處境特別脆弱的時刻，路德的宗教改革經驗被評價為現代性的象徵。一次大戰的慘烈屠殺，讓推動宗教改革思想的德國神學家集體受創，在他們寫作的同時，德國也開始重建，卻因一九一九年的凡爾賽條約摧毀了重建的可能。

在第四章「現代性及其矛盾」中，我將聚焦文化神學的視角，以此理解「現代性」的內涵。到目前為止，我都依賴讀者原本的直覺，或者說依賴這個字的最早含意，因為這是一個時常和路德綁在一起的日常用語。但是在這個章節中，我想更精準地檢視路德與「現代性」是如何結合的。二十世紀初路德文藝復興的參與者——著名的韋伯，提出了一套現代性如何興起的敘事。當代思想史家、著名的加拿大哲學家泰勒（Charles Taylor）也使用韋伯的模式，講述了類似的現代性敘事。由此可見，在某種程度上，當代知識份子對於現代性論述的迷戀，比起威瑪共和時代完全不在話下。然而現在也和過去一樣，我們在現代生活中看到深刻而可怕的裂痕，醜陋和恐怖直接被建構在現代性的基礎中。法西斯主義和反猶主義、種族主義和性別歧視，在貪得無厭的資本主義驅動下，將一切化為烏有（譯注：

作者在此引用了二十世紀哲學家博曼〔Marshall Berman，1940-2013〕著作的書名*All That Is Solid Melts into Air: The Experience of Modernity*），而這一切也屬於現代。何以現代性的概念沒能解釋現代性的恐怖面向，是本章的關鍵問題。

反猶主義是我所謂現代性邪惡的重要例子。路德在西歐基督宗教的反猶太論戰中扮演了關鍵角色。在第五章「反猶主義的檢視案例」中，我把宗教不寬容，特別是這當中基督徒對猶太人的仇恨，視為現代性持續存在的一個矛盾。本章檢視了歷史上研究路德反猶著作的不同觀點，每一種都有自己的獨特結論。就在路德文藝復興嘗試將路德反猶主義最小化之同時，隨著希特勒上台，一種嶄新、惡毒的反猶主義卻在德國應運而生。晚近的路德學者已充分意識到路德研究的鴻溝，瞭解研究路德要分別處理路德十六世紀看待猶太人的態度，以及二十世紀初法西斯主義挪用路德反猶的更暴力文本。

我認為，任何一個針對基督徒反猶的研究，都必須認真看待路德是如何浸潤在基督宗教文化系統性的反猶主義。這將使我們轉向將路德運用在強力批判現代性的概念上，而非不假思索地慶祝或紀念路德作為現代性的典範化身。

到了第六章「路德如何成為天主教改革者」，我會以另一種方式來講述路德作為改革者的敘事。這種方法預設了過去數十年中普世主義（譯注：指一九六〇年代後天主教會希冀與基督新教等不同教會之間的合一運動，詳見本書末章的介紹）的發展，以及對中世紀晚期歷史和哲學研究的最新見解。新的路德圖像正是從這些研究中產生，這對改寫現代性的線性進步敘事具有重要意義。這個章節的目的，是呈現路德作為天主教改革者的修正敘事如何可以重新評價現代性，而且這種評估可能更適合解決前幾章中的現代性矛盾。如果我們要對這些矛盾做出充分回應，就必須提出對當前處境更合宜的歷史、神學和概念解釋。當路德被視為對現代性的替代詮釋時，我們可以重新建構我們身為現代人，該如何看待我們的世界，以及宗教在其中的位置等急迫的問題。

本書結尾指出研究中世紀晚期天主教徒的路德，以及重新配置常見的現代新教勝利故事的意義。尤其重要的是，對現代新教的勝利理論的修正——或者就此事而言，是現代的勝利理論——以及那些堅持現代精神和宗教觀念的宗教和新教神學研究的新發展。我認為，對於新教敘事，或者世俗敘事等同新教敘事，進行這樣的重新評估，並面對現代性的複雜、模糊和邪惡的問題時，必須考量到神學上的嚴肅性。路德的創新，在於他令人震撼而清晰地洞察了上帝在基督裡施行的救贖。經過二〇一七年的紀念活動，今日我們對路德的接受，將涉及重新思考該如何在當今世界上，宣揚和聆聽基督信仰中審判和恩典的訊息。

第二章　稱義的經驗

01 改革

路德在去世前一年寫了一篇短文，後來成為他最有名的文字。這篇文章被收錄為路德一五四五年出版的拉丁文版著作前言中。在當中，路德講述了他在幾十年前經歷的事件，發自肺腑的強烈表達讓任何中世紀讀者都感到震撼。「我並不愛上帝！是的，我恨那位公義的上帝，」路德寫道：「祂懲罰罪人，即使我沒有褻瀆上帝，也是大發牢騷，暗自對上帝充滿怒氣。」[1]雖然畏懼也是一種尊敬，就像路德所愛的〈詩篇〉一百一十一篇十節裡寫

---

1 「（我）也是大發牢騷，對上帝大發怒氣，這樣說：事實上，可憐的罪人已因原罪被永遠遺棄，按十誡的律法為各種災害所擊潰，但這好像還不夠似的，真的無須上帝借福音在人類的痛苦上撒鹽，並以福音上帝

道：「敬畏耶和華是智慧的開端」，但路德公然地「恨惡」上帝，在當時非常具有顛覆性。憎恨上帝等同於永遠的詛咒。中世紀的神學家知道上帝要求公義，這是得到永恆救恩應有的條件。但路德卻加碼對賭說，上帝不僅建立了要求順服上帝律法的體系，還創造了必然不順從的人類。面對這種神聖又恐怖的不公義，路德感受到的並非畏懼，而是反抗的恨意。「我被極度痛苦而紊亂的良心所激怒。」[2]在基督信仰史上，從沒有一位神學家敢對神聖命令表達出這種靈性上的叛逆。

但接下來文本中，路德突然改變語氣，描述了意料之外的解放。「在此，我知道自己重獲新生，並穿過敞開的大門進入了天堂。」[3]從地獄一下子到天堂，沒有比這更鮮明的對比了。憎恨上帝的靈魂原本只有一種結局，現在卻出現了完全不同的前景。屬天的恩賜取代了原本該下的地獄；永恆的憐憫取代了苛求的公義。[4]天堂敞開之際，路德看見了上帝，上帝的公義白白賜下，將罪人變為新造的人。公義轉為憐憫，罪人的罪得到赦免，甚至極度怨恨上帝的人也是一樣。上帝公義的動工，造就出注定進天堂的聖徒。

路德的怨恨被解開了。路德的靈魂裡充滿了上帝的愛。中世紀的神學家能理解這種新影響的重要性。上帝既為人類的行為設定了神聖公義的標準，也幫助靈魂裝備美德，使人的內心和意志能朝向救贖的目標前進。在這段旅程中，上帝還特別設立教會輔導人們。上帝的愛是拯救，就像耶穌說的，是「最大和首要的誡命」（〈馬太福音〉二十二章三十八節）[5]。然而在路德的經驗中，成就這誡命的並非靈魂做出的選擇。路德發現在他靈魂當中氾濫的愛，並不是自己順服的結果，而是出於自己無法掌控的上帝恩賜。[6]在一個信仰最崩潰的時刻，上帝引導出一場宗教突破。

到了一五四五年，路德使用成熟的神學語言和哲學詮釋，重構了他年輕時生澀又戲劇化的宗教經驗。路德為此經驗提供了脈絡：他的掙扎是被保羅的〈羅馬書〉所啟發，特別是聖經中有關上帝公義的字詞。路德在他這階段的神學生涯中閱讀了拉丁文聖經，在〈羅馬書〉第一章中找到了 *iustitia dei* 這個詞，翻譯成英文是公義或上帝的義（the justice or

---

的義和怒威脅我們！」（譯注：本書的路德文字之翻譯，皆參考或直接引用中文版《路德文集（卷一至卷五）》（香港：香港路德會文字部，2016）以下不一一注出。）Luther, "Preface to the Complete Edition of Luther's Latin Writings (1545)," in *LW* 34:336-37; 也可見 *AL* 4:491-503.

2 *AL* 版本把這段 LW 34:337 翻譯成「我憤怒又不安地身處動盪之中」見 *AL* 4:501.

3 *LW* 34:337.

4 「由此我即明白，神的義是指：義人可藉著神的恩賜而活，即是靠信心而活。」，*LW* 34:337.

5 在〈馬太福音〉二十二章三十七至三十八節：「耶穌對他說：「你要盡心、盡性、盡意愛主─你的 神。這是誡命中的第一，且是最大的。」耶穌在此是引用〈申命記〉六章五節，回應律法師。英文原著中作者引用的英文聖經版本都是「New Revised Standard Version of the Bible」。

6 路德：「我也用最甜蜜的字眼來頌揚『上帝的義』，我愛這詞的程度和以前我憎恨這詞的程度一樣深刻。」*LW*34:337。

righteousness of God），〈羅馬書〉一章十七節：「因為上帝的義正在這福音上顯明出來。」根據基督教義，公義是一種神聖屬性，是個可以用來定義「上帝是什麼」的特徵。上帝的義或公義，命令人要完全順從。如果像保羅在〈羅馬書〉三章二十三節所說的那樣，「世人（「全體」）都犯了罪，虧缺了神的榮耀」，那麼全人類都會處在神聖的控訴之下。這個「全人類」的哲學邏輯詮釋，將〈羅馬書〉的神聖公義擴大到全人類身上。

之後路德這個早年從怨恨到愛、從逃離到擁抱的轉變經驗，被建構成基督教傳統中的代表性敘事。當然，對路德的掙扎影響甚鉅的新約作者保羅而言，對基督信仰的改宗歸信也很重要。第四世紀後期，奧古斯丁在閱讀〈羅馬書〉後改信基督。路德之後，十八世紀英國聖公會神學家衛斯理（John Wesley，1703-1791）在閱讀路德翻譯的德文新約〈羅馬書〉序言時，感受到「格外的溫暖」。基督宗教史上關鍵大事的歷史，被講述改宗轉換信仰的故事。以〈使徒行傳〉九章三至九節為基礎，保羅的信仰改宗也被視為一種典範，他所寫的〈羅馬書〉被收入聖經當中。一五四五年，路德也大膽地將他的個人經驗，寫入基督宗教的分水嶺時刻當中。

晚近路德學者對於一五四五年的敘事做了歷史性的檢視。這故事可能過於戲劇化，太多複雜的神學和哲學用語，呈現經驗的突發性。路德早年作為聖經講師，表現出的是漸進性的知識覺醒。我們現在熟知的用語，像是「悔改」和「應許」，也都描繪出路德的早年經驗和神學掙扎。[7]然而，一五四五年的敘事之所以成為一般人對路德的預設常識，並非出於可靠的歷史，而是因為它創新表達了路德的宗教改革，是發生在一五一六年或一五一七年間的突發性宗教突破。

這種說法引用了〈羅馬書〉這個路德自一五一五到一五一六年、在威登堡大學冬季學期中專注研究的聖經書卷。路德對〈羅馬書〉前幾章的飛躍性理解，與他一五一七年秋教宗放任鄰近的薩克森發放贖罪券的憤怒相結合。教宗良十世的販售人員分散在美因茨選帝侯（Electorate of Mainz）的領地上，讓這份神聖恩賜變得廉價。路德可能並不知道，這全部的業務都由他所屬的奧古斯丁會修士，勃蘭登堡的阿爾布雷希特（Albrecht of Brandenburg）、馬格德堡大主教（Archbishop of Magdeburg）和哈爾伯施塔特教區（diocese

---

7 當代路德學者 Volker Leppin 討論了另一種說法，這當中路德在寫給約翰內斯·馮·斯陶皮茨的信件中記錄了「懺悔 [poenitentia]」一詞的論爭，然後是對一五一八年發表的九十五條論綱的評論，以便作為「解決方案」。WA 1:525,1-527,15; in Leppin, "God in Luther's Life and Thought," in *Global Luther*, 87-88, esp. 87n21. Leppin 對路德文本的引用來自路德著作的批判性版本：*Kritische Gesamtausgabe*, 67 vols., J. K. F. Knaake et al., 以下簡稱 WA。當代神學家 Oswald Bayer 在他的德文著作《*Promissio*》中記錄了一五一六年到一五二〇年之間這段漫長的歷史發展。路德在這過程中，將上帝寬恕的應許當成行動語言，作為對「改革」的理解。《*Promissio*》的效力取決於它在禮儀脈絡下的口頭宣告。請參閱 Bayer 對路德的研究的英文翻譯，這當中 Bayer 討論了「應許」。Bayer, *Martin Luther*, 44-57.

of Halberstadt）的官員負責。阿爾布雷希特的兄弟、勃蘭登堡的約阿希姆王子（Prince Joachim of Brandenburg），打量一五一四年產生空缺的美因茨大主教一職，提議由阿爾布雷希特擔任此一重要職位；這職位在神聖羅馬帝國皇帝的選舉中佔七票中的一票。布蘭登堡兄弟願意為了得到這個榮譽職付出一切代價。教宗良十世對阿爾布雷希特違背教會法典的賄選行為睜一隻眼閉一隻眼，甚至為了在建設羅馬聖彼得大教堂的過程中謀利，與阿爾布雷希特達成一項財務協議。教宗授權在阿爾布雷希特的轄區內販售聖彼得贖罪券（Saint Peter's indulgence），再加上奧格斯堡富格銀行家族的大量資金，實現了阿爾布雷希特的政治目標和教皇的建堂藍圖。[8]

結束〈羅馬書〉的講課後，路德積累了足夠的知識火力來反對贖罪券的神學錯誤。路德撰寫了探討贖罪券效用的九十五條論綱，接著（據說）他在一五一七年十月三十一日，將九十五條論綱釘在威登堡教堂大門上。當印刷商觀察到這當中有利可圖時，路德的個人經驗一下子就以星火燎原之勢流傳（就像當今網路時代，訊息非常容易被大量轉傳一般）。這些文章被翻譯並傳播到日耳曼各地。

一五一七年，路德的批判抓住了公眾的想像；這在二〇一七年也是一樣。即使擁有學術上的清醒，也無法消除路德帶著改革異象、挑釁地揮著錘子，那種令人著迷的形象。對路德身上天主教遺產的細膩研究，被大量慶賀他的傳記給掩蓋；這些傳記慶祝路德在削弱羅馬全球霸權、重建基督宗教世界，以及啟發個人主義時代上的偉大成就。[9]

對於路德這種特殊形象的關注，可追溯到大約一百年前一九一七年德國慶祝宗教改革四百週年的時刻。當時，有一群路德學者在柏林教會歷史學家賀爾的領導下，嘗試用新的批判性歷史研究工具研究路德。於是，路德不再是基督教義上的系統神學家，而是一位宗教大師。路德對於上帝新穎獨特的經驗，不只是他個人神學的基礎，也成為現代西方的根基。

為什麼這類對路德的早期研究，會成為路德宗教改革的主要敘事，就是本章探討的主題。路德個人經驗敘事之所以出現有它自己的脈絡，涉及到神學學者從十九世紀晚期開始，就嘗試將基督教教義和哲學、當時的新研究法，以及學術分科的新發展互相整合。這個敘事由一群認同文化新教主義（Cultural Protestantism、Kulturprotestantismus）的主流思想家所主導，追溯源自路德文藝復興所啟發的特殊關懷。[10]路德宗神學家，如立敕爾（Albrecht Ritschl，1822-1889）和哈內（Adolf von Hamack，1851-1930）等人，被路德更廣泛的文化

8 這些傳記細節取自 Massing, *Fatal Discord*, 277-85.

9 哥倫比亞大學資本主義和社會研究中心在二〇一七年的一次研討會表達了這個觀點：「個人時代：從五百年前到今天（Age of the Individual: 500 Years Ago Today）。」

10 有關「文化新教主義（Kulturprotestantismus）」的研究，詳見 Barth, "Word in Theology," 136-58.

興趣所吸引，致力於尋找適合的學術方法展開研究。賀爾是該領域的先驅者。在本章結尾，我們將看見當時德國的文化和政治如何進一步被寫入路德的生平當中。這些字句仍深刻影響路德如何成為宗教改革者的敘事。我會以十九世紀末一位日耳曼神學家堅信路德的宗教改革仍有未盡，作為本章的起點。

02 橢圓

路德的故事在現代以百年紀念為標誌。幾世紀以來，路德的生日以及一五一七年新教改革的歷史事件，都以不同理由被紀念著。路德被稱頌為德國人中「最真誠偉大」的人物；[11]在二十世紀德國反猶主義興起之前，人們讚美路德的宗教寬容；[12]而路德以德意志民族「偉大愛國者」的身分登上了政治神壇。[13]

但這些歌功頌德，就像德國路德宗神學家立敕爾，於一八八三年十一月十日在哥廷根大學（University of Gottingen）紀念路德誕辰四百週年發表的著名演說中所說的，還漏掉了一個關鍵部分。[14]立敕爾認為，作為路德敘事核心的宗教原初動力，不僅對理解路德的成就來說很重要，對於指導現代社會、教會和政治的改革來說也很重要。立敕爾說，無論是對神學而言、還是對政治而言，「一個強大的靈性動力」是解鎖路德對教會和世界重要性的關鍵所在。[15]同慶四百週年的還有其他知識領袖，如寫作路德傳記的學者科斯特林（Julius Köstlin，1826-1902），[16]以及將民族政治元素寫入路德個人敘事的特萊奇克（Heinrich von Treitschke，1834-1896）。[17]然而，這時期最著名的神學家立敕爾，在演說中做出了尖銳的批評。他認為宗教改革幾世紀以來有其發展困境，包括「分裂狀態」及「扭曲」，因此當下仍處在「創業維艱」階段。立敕爾為自己的建設性綱領，提出「完成宗教改革」的方針。[18]

---

11 一九一七年十月三十一日，哈納克（Adolf von Harnack）在宗教改革四百週年之際發表的演說，稱讚路德是德國所有知識和文化成就的源頭。Hamack, *Luther und die Grundlegung der Reformation*, 63-64; cited in Howard, *Remembering the Reformation*, 99.

12 詳見 Wendebourg, "Jews Commemorating Luther," 252-55.

13 赫德（Johann Gottfried Herder）牧師就給了路德這個標籤，轉引於 Kupisch, "'Luther Renaissance" 40; 或見 Besier, "Human Images," 426.

14 Ritschl, "Festival Address," 194; 德文原版見 Ritschl, "Festrede."

15 Ritschl, "Festival Address," 196,197,201.

16 針對 Treitschke、Kostlin 和 Ritschl 三人不同觀點的分析，詳見 Adair-Toteff, Max Weber's *Sociology of Religion*, 126-34.

17 Assel, "Luther Renaissance," 379-80.

18 洛茨在路德發起「完成宗教改革」的目標下，解釋了立敕爾神學進程的連續性。見 Lotz, "Albrecht Ritschl

根據立敕爾所言，路德原本的洞察已被後來教會的政治鬥爭，還有代表主流系統神學的墨蘭頓（Philipp Melanchthon，1497-1560），以及多元新教中以路德為先驅的其他各種文化因素給扭曲了。為了完成宗教改革的未盡之業，立敕爾建議要讓路德和已因教條主義而貧乏的路德宗保持距離。立敕爾認為，宗教改革的「現實根基」需與不合宜的社會和政治表述做切割。如果當時的德國社會真想代表發起宗教改革的原動力，那麼特別是教會、政治和學術的參與者就需要去恢復這份力量，並將其應用於人類活動的不同領域，因為路德的目標，就是藉由引導稱義的罪人群體「主管全地」來更新社會。[19]立敕爾表達了他對新教德國具有實現宗教改革潛力的樂觀態度——新教的「獨立宣言將始於徹底理解其實際理想的根基，而對神學進行改革，實踐教會的教導，並加強社群的道德意識，也懷抱政治決心，去實現那位最偉大的民族之子路德曾為我們贏來的靈性富足。」[20]只有當學者抓住了路德宗教改革經驗中原本的洞察，才能有效將之注入教會和社會，讓它形塑歷史的潛力得以實現。

立敕爾的宣言預設了一個重要的神學立場。他透過神學的標準，特別是路德對上帝與人之間關係的原初洞察，來診斷新教傳統的扭曲狀態。根據立敕爾的說法，路德已經領悟到福音可以將個人從罪中解放，得以自由。一個經過轉化的主體將脫離私欲的奴役，從只愛自己變成能去愛並服事鄰舍。立敕爾認為，路德發現的這種福音足以帶來社會變革。換句話說，立敕爾建立了稱義罪人與他所處的環境之間，或者更準確地說，是稱義罪人對他環境所產生的社會影響之間的神學連結。立敕爾描述稱義罪人和環境之間的特殊用語是「主管全地」，這呈現出上帝對人類生活目的一種新的信任態度。這種新的視野對邪惡的詮釋既非罪的結果，因此導致人類不相信上帝，而是放在對上帝全然良善的完全信心之中。[21]「罪人稱義」和「讓所有生命都朝向神聖至善」這兩個立敕爾對路德宗教改革神學的詮釋面向，被確立為「決定橢圓的兩個焦點（*foci*）」。[22]稱義和新精神驅動機的道德有關，即為了上帝的國度而奮鬥。立敕爾以建設性神學立場為基礎，概述他完成宗教改革的計畫。

立敕爾完成宗教改革的願景十分全面，這得歸因於路德作為教會、社會和世界改革者身分。但我們可以說，將原初動力擴展到文化制度的形而上學，可上溯至十九世紀初改革宗神學家施萊爾馬赫（Friedrich Schleiermacher，1768-1834）的遺產。在基督宗教傳統中為宗教寫下的最著名篇章——《論宗教：對蔑視宗教的有教養者說話》（*On Religion: Speeches to Its Cultured Despisers*）中，施萊爾馬赫提供了具說服力的解釋，將宗教描述為人類與生俱

---

and the Unfinished Reformation."

19 Ritschl, "Festival Address," 193.

20 Ritschl, "Festival Address," 201.

21 Ritschl, "Festival Address" 192,193.

22 Ritschl, *Justification and Reconciliation*, 3:11 (italics in ET).

來的獨特能力，會在適當的教會和社會教育中培養出來。[23]正如施萊爾馬赫所言，作為內在的「種子」或「胚芽」，宗教是人類生存所必需。文化處境為靈魂內在面向的成長和發展提供了條件，過程中會呈現出特定的宗教和文化表現形式。個人發展始終是社會性的，因此兩者會互相影響的。個人從她的文化和宗教環境中學習，也受到環境的影響；反過來，她也將她獨特的觀點貢獻給他人，從而改變世界。因此，宗教傳統的活力是基於互為主體的互惠交流，以此增加新的觀點和新的表達。

像立敕爾這類接受施萊爾馬赫對宗教發展本質洞察的神學家，也運用他的歷史和詮釋學方法來理解宗教的起源時刻。施萊爾馬赫以史學面向為現代新教神學設定了典範。

這麼一來，神學本質上成了一項歷史工作，需要追溯宗教社群的發展，特別是其核心思想、實踐和環境在歷史時空中的互動。施萊爾馬赫將詮釋學組織成一門哲學學科，在一八一〇年協助創立了弗里德里希威廉大學（Friedrich Wilhelms University），把經驗和理論研究連結起來。特別是在施萊爾馬赫自己關於柏拉圖的開創性研究和新約神學研究中，他設計了一種語法和心理分析方法，藉以探求創作者文學表達中的原始動力和啟發。

施萊爾馬赫想要讓他的研究典範，在神學上如宗教種子般發揮影響，以不同於教會官方的文化形式表達出來。而後，他的研究典範在十九世紀末以不同的方式被採用。立敕爾尋求將原初事件或經驗與統一的新教文化表達相連結，用了施萊爾馬赫不會反對的形式將教會和政治結合；事實上，這本來就不違背施萊爾馬赫的系統。立敕爾認為，新教文化應該要能體現路德宗教改革思想的原初洞察，然而二十世紀初的神學家卻印證這項工作非常具爭議性。立敕爾的學生和之後的巴特（Karl Barth，1886-1968），批判性地譴責這種教會和政治之間的結盟是種文化新教主義。

德意志第二帝國（Wilhelmine Germany）的新教信徒與政治間的結盟，是由軍事將領俾斯麥（Otto von Bismarck，1815-1898）基於戰略考量而擬定的。俾斯麥想讓德意志諸國統一成第二帝國的擴張政策，始於一八七一年一月十八日（譯注：普皇威廉一世在法國凡爾賽宮的鏡廳登基為德皇，宣告建立德意志帝國完成統一大業）。俾斯麥，這位曾被施萊爾馬赫確認年輕時是改革宗的慕道友，後來娶了路德宗的虔信派教徒喬安娜（Johanna von Putkammer，1824-1894），他「將德意志帝國的崛起視為上帝的動工」[24]。俾斯麥藉由聯合各種保守政治勢力，透過軍事行動，使普魯士成為歐洲第二大軍事強權。俾斯麥的野心得到德國新教神學家的強烈支持，讓僅次於奧地利的哈布斯堡王朝變得更為強大。

---

23 Schleiermacher, *On Religion*, speeches 3 and 4.

24 Sir Rowland Blennerhasset, "Prince Bismarck," *The Nineteenth Century: A Monthly Review* 27 (January-June 1890): 705; cited in Lund and Grandquist, *Documentary History of Lutheranism*, 2:37.

在俾斯麥之前的數十年間，把路德運用在政教結合的策略早就倍受批評。新教改革（1817）三百週年成了形塑以路德為中心的政治神話的重要場合。一八一七年在瓦爾特堡，政治兄弟會（*Burschenschaften*）發起了一場慶祝活動，引用德國著名知識份子佈道家赫德（Johann Gottfried Herder，1744-1803）和哲學家費希特（Johann Gottlieb Fichte，1762-1814）關於路德在統一德意志民族中政治角色的主張。「威登堡和沃爾姆斯（Diet of Worms，譯注：路德受審的議會地點）的呼喚」——在威登堡（1821）和沃爾姆斯（1868）豎立的兩座路德紀念碑，都成為路德政治動員的戰鬥口號。[25]在德國皇帝威廉一世（1871-1888）統治期間，德國知識份子嘗試認同並頌揚這位國家英雄，以此讓新的民族主義獲得正當性。俾斯麥是從軍事行動的面向統一了德國，路德則成為這當中對應的文化產物。畢竟就是這位路德，用他的聖經翻譯創造了新的德語。一張一九〇〇年的明信片裡德國的兩位領導人。左邊是路德，他手拿聖經，是文化力量的象徵；右邊則是戴著普魯士軍盔的俾斯麥。[26]

路德下方的橫幅寫著他最著名的聖詩〈上主是我堅固保障〉（Ein feste Burg ist unser Gott），而樹下和畫面下方的橫幅則是俾斯麥在一八九〇年三月被解職的前兩年，於一八八八年二月六日在德國國會大廈最重要的一場演講中所講的第一句話：「世界上沒有像我們德國人這樣敬畏上帝的民族！」[27]兩者之間，則是橡樹這個德國民族團結和現代男子氣概的象徵。[28]當時，有關「森林之王」（*Die Eiche*）大橡樹象徵價值的討論很多，橡樹的象徵如此普遍與多變；橡樹甚至成為一九一三年德國和平主義國際交流協會（*Verband für internationale Verständigung*）創辦的季刊之標題。[29]

然而，在德國仍有三分之一人口是羅馬天主教徒的時刻，強加的新教文化和政治霸權，造成了深層的分裂。[30]一八七〇年代的「文化鬥爭」（Kulturkampf）就是一個明證。這是一場新教徒和天主教徒之間的文化火拼，各方力量相互抗衡，但注定會由新教徒取得勝利。一八七〇年梵蒂岡第一屆大公會議（First Vatican Council）發表了「教宗無誤論」

---

25 Besier, "Human Images," 425,427.

26 詳見 Howard, *Remembering the Reformation*, 97.

27 關於俾斯麥演講節選，詳見網站 https://germanhistorydocs.ghi-dc.org/sub

28 Jeffrey Wilson 曾研究在威廉二世時期德國橡樹的重要性，他寫道：「一八七一年三月二十二日，威廉一世誕辰，德國各地的城鎮都種植了橡樹，作為對他們的新皇帝、民族國家和戰勝法國的紀念。」因此，被認為是「森林之王」的樹，就等同於普魯士國王。與菩提樹相比，橡樹的性別總是男性。詳見 Wilson, *German Forest*, 203.

29 Gerhard Besier 在他的文章中寫道，Hamack 是該協會的創始人之一 "The Great War and Religion," 24.

30 詳見 Blackboum, *History of Germany*, 197, 他還寫道，普魯士的天主教徒人數是巴伐利亞的兩倍，因此天主教徒成為了「帝國新教中心地帶周圍的疏離邊緣（凱爾特邊緣，Celtic fringe）」。

（Papal infallibility）後，文化鬥爭便隨之而來。這個由教宗庇護九世（Pope Pius IX，1792-1878）發布的諭令，在教會內成了最具權威性的內容（儘管內部有天主教徒反對）。以此教宗無誤的諭令，羅馬天主教會以毫不含糊的用語，明定自中世紀晚期以來，教宗和大公會議權力兩者間一套更動態和流動的制衡機制。諭令一經宣布，新教徒就看見站在新教聯盟和國家立場發起論戰的機會。根據新的諭令，任何國家的天主教公民，首要義務是服從教宗這個外國勢力；反之，新教徒則可全心全意且自由地把教會當作國家教會，不用對外妥協或受到外部勢力的挑戰和威脅。於是「俾斯麥新教徒們」（Bismarckian Protestants）啟動一場侵擾並迫害天主教徒的運動，不僅有新的立法來規範國家對教育和文職的任命權，還在一八七〇年代初期至中期制訂了懲罰措施。在此期間當中，百分之四十的天主教神父遭到監禁或流放，耶穌會士於一八七二年被逐出帝國，價值一千六百萬馬克的天主教財產遭到沒收。另一方面，武裝的國家民兵也對天主教抗議人群發動暴力攻擊。[31] 柏林的新教大教堂在一八九三年開始重建，還刻意設計得像羅馬的聖彼得大教堂，顯然就是為了羞辱天主教。這間教堂就位於柏林市中心的威廉宮對面，是普魯士新教的象徵，這項重建是威廉二世聯合路德教會和改革宗教會的「總主教」（最高主教）共同主持的。[32]

一八八三年，立敕爾試圖重振路德的宗教改革工作，有鑑於當時的政治環境而闡述了此一計畫。經過幾個世紀的醞釀，路德的領導角色成為新政治現實的文化代表。然而立敕爾也承認，打從一開始，使用路德宗教感受的目的，就並非是為了打造教會、社會或政治中的制度形式。他謹慎地解釋說，將路德的宗教改革性格融合到教會、社會和政治之中，是因為相信神聖良善可以精確地將教會導向更高的靈性理想。[33]然而這種謹慎根本微弱到無人理會。辨明宗教改革的「現實根基」是學者的歷史工作，這種探索將開始把這種新穎、前所未有和有遠見的靈性驅動力辨識出來，讓路德的宗教改革經驗成為現代德國新教社會發展的基礎。教會歷史學家開始成為新興政治秩序的重要盟友，這種結盟關係已開始在德意志帝國排他性的新教民族主義當中形成，最後促成國家社會主義興起。

03 羅馬書

一八八三年路德誕辰紀念之際，威瑪的一群編輯在普魯士文化部的贊助下，開啟路德文集評注版的出版計畫。這是個雄心勃勃的計畫，僅在一個世紀後才結束，出版了

---

31 Blackbourn, *History of Germany*, 197. On the *Kulturkampf* 也可見 Smith, *German Nationalism and Religious Conflict*; Geyer and Lehmann, *Religion und Nation*.

32 作者個人於二〇一八年四月九日對洪堡大學新約教授 Jens Schrdter 所做的訪談。

33 Ritschl, “Festival Address,” 200-202.

一百二十七冊蓋棺論定式的大部頭內容。由於這套是書由 Weimarer Ausgabe 編輯群編輯，後來被稱為威瑪版（WA）路德全集。這套全集將路德的作品組織成不同類別：書信、桌邊談話、聖經翻譯，還有大量的證道、論述和辯論集。最初幾冊集中於路德一五一八年和一五一九年的作品。路德在一五一三至一五一五年間針對〈詩篇〉的首次講演，則在一八八五年和一八八六年間出版的第三、第四冊中。到了二十世紀初，相對而言按編年出版的書冊中，有二十冊仍在流通。全書還包括一五二〇年三份著名的宗教改革文本，其中《教會被擄於巴比倫》（*On the Babylonian Captivity of the Church*）和《致德意志民族基督教貴族書》（*To the Christian Nobility of the German Nation*）收錄在一八八八年出版的第六冊中；九年後，收錄《基督徒的自由》（*The Freedom of a Christian*）的第七冊出版。不過，雖然這些文本相對有助於理解路德的宗教改革信念，如何在路德針對平信徒、神職人員和貴族三管齊下的改革計畫中呈現，卻不完全是學者們想要尋找的路德宗教改革經驗。學者們對他的聖經評論更感興趣，特別是路德對使徒保羅的詮釋。

接著在一九〇四年，一本路德傳記問世，這是德國道明會修道士丹尼弗（Heinrich Suso Denifle）所著的《路德和路德王國》（*Luther and Lutherdom*）。丹尼弗在梵蒂岡圖書館發現了路德《羅馬書講義》（*Lectures on Romans*）的拉丁文手稿。[34]當時路德還是一名年輕修道士，早年教授生涯致力於聖經研究和教課。路德由所屬的奧古斯丁修會副主教施道比茨

（Johannes Staupitz，1460-1524）聘給大學教職。施道比茨是位富同情心的導師和敏銳的領袖，他對這位年輕學生救恩上的屬靈困苦感同身受，也有宏大企圖打算推動薩克森選侯（Saxon Elector）在易北河上建立一所面向新概念哲學的大學。當時他為威登堡聘來路德。路德在一五一二年取得神學博士學位後，先在一五一三年講授〈詩篇〉，之後在一五一五至一五一六年的冬季學期開始講授〈羅馬書〉。現在，隔了四個世紀後，他的《羅馬書講義》成為二十世紀第一部路德主要傳記的中心文本，而當時的路德還是位天主教修道士。

丹尼弗在書中對馬丁修道士的刻薄描述激怒了路德教會。丹尼弗的著作將近一千頁，分為兩冊，第一冊包含兩個部分。[35]丹尼弗在一九〇四年見到兩個版本的第一冊第一部出版後，於一九〇五年去世。[36]丹尼弗將第一部的重點，放在定位路德的創新與中世紀天主教神

34 耶穌會士 Hartmann Grisar SJ，記錄了丹尼弗引用的手稿：梵蒂岡 Codex Palatinus lat。在一八二六年 Grisar 寫道，這份手稿是 Johannes Aurifaber 的路德講義的批注副本，是從 Ulrich Fugger 圖書館轉移到海德堡，最後轉移到羅馬的梵蒂岡圖書館。Grisar 自己發表了三卷：一卷本的路德傳，這當中的文本摘要，後來以馬丁路德的名義出版。

35 Denifle, *Luther und Luthertum.* 從 1904 年開始有第二版的英文複寫本，線上版本見於：https://babel.hathitrust.org/cgi/pt?id=wu.89085203966;view=1up;seq=44. 現在只有第一版的第一部份有英文：*Luther and Lutherdom.*

36 第二版的抄寫副本見 Denifle, *Luther und Luthertum*, vol. 1, part 2, 線上版本見：https:// babel.hathitrust.org/

學之間的具體差異上。路德的修道誓言和他的婚姻，或者更確切地說，路德的性生活是丹尼弗關注的重點。為此，丹尼弗檢視了路德的早年爭論和一五二一年的《論修道誓言》（*On Monastic Vows*, *De votis monasticis*）。路德娶了還俗修女凱瑟琳（Katharina von Bora，1499-1552）的行為，是對修道誓言的否定；路德對性的正面看法以及對婚姻聖事地位（譯注：意指路德反對天主教將婚姻作為一種聖事的看法）的批判，一切種種都使得丹尼弗把路德的神學創新視為荒淫，以天主教神父的角度貶低這些行為，並把路德講成是一個無法控制性欲的人。這也為之後天主教的「路德派」（Lutherdom）傳統奠定基礎，其目標就是要找出路德和路德派之間的連結。丹尼弗的看法是一種放蕩史觀詮釋，與那時期對現代性起源的關懷相合。丹尼弗認為路德是那種在縱欲和性方面自我放縱的天主教徒始祖，這些內容也正是天主教徒在現代性中看到的一切腐敗的象徵與結果。

丹尼弗將路德對〈羅馬書〉的處理放到第一冊的第二部，直到他去世後才由他道明會的同事魏斯（Albert Maria Weiss, OP.，1844-1925）[37]進行修訂和擴展。丹尼弗在梵蒂岡圖書館找到的文本是路德批注或評論的副本，由路德的學生也是《桌邊談話》（*Table Talk*）的早期編輯奧里法伯（Johannes Aurifaber，1519-1575）所寫下，成為路德講義全集的附錄。

丹尼弗認為〈羅馬書〉講義在路德的神學發現中具有重要意義。[38]另一位天主教耶穌會士格里沙（Hartmann Grisar）追隨丹尼弗的腳步，在一九一一年出版了另一本路德傳記。

格里沙在導論中延續丹尼弗對〈羅馬書〉文本的重視。[39]他的路德傳記雖然不那麼耀眼，但同樣很有批判性，並在一九一三年被翻譯成英文，由天主教兄弟會組織哥倫布騎士會（Knights of Columbus）廣發到美國和加拿大的圖書館，用以勸阻同時代的人不要同情路德。[40]可以說，丹尼弗和格里沙在天主教和新教教會歷史學家中帶動了更廣泛的探求，尋找那些可為路德原初經驗提供線索的解經文本。不過丹尼弗只有一本批注版副本，而非路德的原始版本。那麼原版究竟在哪裡可以找到呢？

早在一八九〇年代晚期丹尼弗和格里沙出現之前，就有位新教教會歷史教授，斯特拉斯堡的菲克（Johannes Ficker，1861-1944）對新教改革者的解經著作很感興趣。一九〇八年，菲克在他最後出版的路德《羅馬書講義》（*Lectures on Romans*）導言中講到，他曾在

---

cgi/pt?id=wu.89085203974;view=1up;seq=9.

37 Gerrish, *The Old Protestantism and the New*, 303n6. Gerrish notes that Denifle's colleague, Albert Maria Weiss, OP, expanded and edited the 2nd part of vol. 1; and vol. 2, coauthored by both Denifle and Weiss, appeared in 1909.

38 Gerrish 還指出，兩卷名為 Erganzungen zu Denifles Luther und Luthertum [Denifle's Luther and Lutherdom] 的新書由 Kirchheim 於一九〇五至六年在美因茨出版。第一卷包含更多關於〈羅馬書〉講演的原始資料，第二卷是 Weiss 對路德的心理學研究，證實了丹尼弗的說法。Gerrish, *Old Protestantism*, 303n6 and 20.

39 詳見線上 http://www.gutenberg.Org/files/48995/48995-h/48995-h.htm#Page_xxvii

40 見 Nelson, "Portrayals of Luther."

一八九七至一八九九年期間花時間在梵蒂岡圖書館收集手稿。[41]一八九九年，教宗良十三世（Leo PP. XIII，1810-1903）允許研究人員免費接觸路德手稿後，菲克請一位朋友也是過往學生沃佩爾（Hermann Vopel）博士，繼續為菲克之前根據宗教改革者解經著作建立的序列採購手稿。沃佩爾發現了墨蘭頓（Philip Melanchthon，1497-1560）的一些手稿，裡面有奧里法伯的批注，這就是丹尼弗研究的基礎。根據菲克所言，沃佩爾一九〇三年回到羅馬後再次研究批注，然而如何找到原始手稿的問題仍然困擾著他。

因此菲克設計了一個替代方案。他寫信給他能想到的所有德國圖書館和檔案館，在那個還沒電子郵件的時代，這是一項要以「傳統書信」往返的艱鉅任務，但直到菲克最終收到柏林皇家圖書館的回信時，這件事才獲得解決。原來手稿一直都在！菲克去柏林買下這份手稿，並於一九〇八年出版，也在一九三八年收錄在威瑪版路德文集（Weimarer Ausgabe）的第五十六冊中。

這次出版之後，柏林大學一位年輕的教會史教授也開始關注此事。賀爾的研究引起人們對《羅馬書講義》的廣泛興趣，整個路德學術研究就在這個新發現的文本之傳播過程中發展起來。這也是及時受到一位年輕瑞士神學家啟發而出現的新運動。

巴特（Karl Barth，1886-1968）的《羅馬書釋義》（*Epistle to the Romans*, Romerbrief）在一九一九年出版，一九二二年在路德文藝復興時期又出版了第二版。可以說二十世紀新教神學的基礎，以及路德文藝復興和辯證神學這兩個運動的基礎文本，就是路德的《羅馬書講義》。

04 柏林

賀爾為什麼會對路德的《羅馬書講義》感興趣呢？這並非顯而易見或很容易就預料得到的問題。賀爾曾是哈納克在柏林大學的學生；哈納克是位教會史學家，專業領域與賀爾一樣，都是初代教會研究，也掌握了當時的新教神學中四個最重要的職位。[42]然而，哈納克傳達給學生的史學關懷是：什麼才是推進新宗教發展的原初「核心」？在哈納克最暢銷的著作《真正的基督信仰是什麼？》（*What Is Christianity?*）中，哈納克把人們對耶穌這位人子的關懷具體而微地呈現出來。[43]一八九九至一九〇〇年間，哈納克在冬季學期課程的學生作業中啟發學生對耶穌的關注。哈納克強調，耶穌的教導才是基督教最原初的「核心」。

---

41 Ficker, *Luthers Vorlesung über den Römerbrief 1515/16*, vii-xvi; 有關《羅馬書講義》手稿歷史的細節，詳見 Wilhelm Pauck 的導言，*Lectures on Romans*, xxii-xxiv.。

42 相關細節詳見 Lauster, "Luther—Apostle of Freedom," 148.

43 原本德文標題是 *Das Wesen des Christentums*，翻成英文版成了問句 *What Is Christianity?*

在哈納克看來，是耶穌的教導，而非後來那些發展出來的宗教，才是基督信仰生命力的核心。雖然這個核心在後來的語境中被哲學詮釋過的內容所扭曲，但仍然可以藉由細膩的歷史研究分辨出來。[44]

哈納克將同樣的原初核心概念應用在路德研究上。在他有關基督信仰的講演中，哈納克判定，路德單槍匹馬地從中世紀的扭曲中恢復了基督信仰的本質，由此為教會的革命鋪平道路。他認為路德的成就「首先是改革，其次是革命」。[45]正如當代神學家彼得格羅夫（Peter Grove）刻意呈現的，哈納克的路德恢復了「擁有新時代精神的保羅基督教」，或者換句話說，恢復了正確「理解福音的宗教方法」。哈納克強調，路德的成就是一種**宗教**創新，而非神學論述。「路德帶來的不是新的教義，而是一種真實的經驗。」[46]

哈納克的史學目標和方法對他的學生產生了決定性的影響，這當中當然包括了賀爾。賀爾在一八八九至一八九〇年的冬季學期，加入哈納克的專題研討課，當時哈納克正在撰寫後來在一八八六至一八九〇年間出版的三卷本《教義史》（*Dogmengeschichte*）。一八九〇年四月一日，賀爾在給哈納克的一封信中，表達了他身為學生對老師所有的感激之情。[47]

哈納克之後成為賀爾的導師，在一八九一年邀請他以柏林科學院新成員（1890）的身分，參與資深學者長期研究的「希臘教父」版本問題。一九〇六年，哈納克開始在柏林大學擔任教授，並推薦賀爾成為教會歷史研究的新進同事。[48]這是路德宗教改革突破經驗思想的嫡系學術系譜。

賀爾在柏林學術生涯的出發點，是對初代教會、托爾斯泰（Leo Tolstoy，1828-1910）和加爾文進行研究。賀爾對路德的興趣，一方面來自丹尼弗著作出版後引起的相關爭議，另一方面也因為他與海德堡大學系統神學教授特勒爾奇（Ernst Troeltsch，1865-1923）的深度相遇。特勒爾奇一九〇六年在柏林的一次德國歷史學家會議上發表了關於「宗教改革對現代世界興起的意義」的演說。特勒爾奇在這場演講中，以他長期研究的主題，提出對宗教改革以來新教文化日益世俗化的歷史分析。[49]他指出，新教改革者的創新並沒有真正開啟

---

44 詳見哈吶克的演說，Pauck, *Harnack and Troeltsch,* 33-41.

45 Harnack, *What Is Christianity?,* 268.

46 Hamack, *History of Dogma,* 7:169, 172, 186; cited in Peter Grove, "Adolf von Hamack and Karl Holl on Luther," 112.

47 Karpp, ed., *Karl Holl: Briefwechsel,* 11-12.

48 Pauck, *Harnack and Troeltsch,* 6.

49 Pauck, *Harnack and Troeltsch,* 61; 特勒爾奇在柏林時，以英文「新教和進步（Protestantism and Progress）」為題發表演說；Pauck 在一九〇六年評論了特勒爾奇的另一部著作，在這當中特勒爾奇對舊教、新教之間做出了著名的區分。詳見 Pauck, *Harnack and Troeltsch,* 60-61; 也可見於賀爾和特勒爾奇之間的爭議細節，詳見 Assel, "Die Luther- renaissance in Deutschland," 25-26, n. 11.

現代。即便特勒爾奇承認宗教改革者曾經質疑過天主教會的權威，但他認為這些改革者還是充分服膺於中世紀的思想形式，如此批評了把宗教改革者當成現代性先驅的說法——因為到了後來的啟蒙運動，新教文化才真正變得「現代」。

特勒爾奇的論文具有爭議性。如果路德還要被當成卓越德國認同的化身，那麼就必須呈現出路德與上一個時代之間的斷裂。賀爾成為教授之前，就在一九〇六年柏林的一次演講中接受了這個挑戰；成為新進教授後，賀爾也繼續研究路德的稱義教義與現代性之間關連的問題。最後，在一九一〇年賀爾發表了自己對路德《羅馬書講義》的突破性發現，特別是路德的稱義學說到底是如何從「路德自己的原初經驗」（*Erlebnis*）發展出來的。[50]路德文藝復興也由此啟動。[51]

但是世界上最可怕的暴力事件，遠超出賀爾和他的同事所能想像的程度。一九一四年七月二十八日，一次大戰爆發。戰爭的爆發與之前由英國、德國神學家及神職人員長年組成的和平代表團形成了鮮明的對比。舉例來說，哈納克本來就是德國和平主義組織國際交流協會的創始人之一。事實證明，這些和平事工的推動反而成了加深戰爭情緒的悲慘前兆。[52]

戰爭一旦爆發，德國知識份子便開始挺身而出保衛自己的國家，英國人、法國人和美國人也都做了一樣的事情。[53]最著名的是一九一四年十月四日，由九十三位學者和作家共同簽署的文件「對文明世界之呼籲」（*An die Kulturwelt! Ein Aufruf*），這當中否認了人們對德國在比利時犯下暴行的指控，結果反而加劇了戰爭。參與連署的，有不少著名神學家，包括哈納克和他系統神學方面的同事希伯格（Reinhold Seeberg，1859-1935），以及新約學者施拉特（他於一八九三至一八九八年待在柏林）。[54]十月中旬，和平主義備忘錄「對歐洲人的呼籲」（*Aufruf an die Europäer*）私下流傳，包括愛因斯坦和其他三位學者都參與了簽署。還有更著名的文件「九十三宣言」（Manifesto of the Ninety-Three）。巴特後來聲稱，就是這個讓他開始反對他老師所代表的神學，因為它暴露了德國神學家與當時的民族主義政治如何地沆瀣一氣。隨後，在德國身處戰敗的屈辱背景下，宗教改革也好、或是路德作為現代德國文化創始人的角色也是，兩者都有了完全不同的基調。一股陰暗邪惡的怨恨陰影，

50 Holl, *Die Rechtfertigungslehre*, 3, 轉引於英文翻譯本 Grove, "Harnack and Holl," 115; 此文本的出版版本是 Holl, "Die Rechtfertigungslehre in Luthers Vorlesung"; 1923 年修訂版則是 Holl, *Gesammelte Aufsdtze*, vol. 1, *Luther*, 2nd and 3rd rev. eds., 111-54.

51 Assel, "Erfahrene Rechtfertigung," 252.

52 Besier, "The Great War," 21-26; 也可見 Chapman, *Theology at War and Peace*, 81-105.

53 詳見 Ebel, *Faith in the Fight*; also Abrams, *Preachers Present Arms*.

54 詳見英文線上版：https://wwi.lib.byu.edu/index.php/Manifesto_of_the_J>Ninety-Three_German_Intellectuals; McLeod, "Mobilisation of Minds."

開始籠罩探求路德宗教改革突破的進程上。

這種新的精神在一九一七年新教改革四百週年之際，變得更為明顯。哈納克在柏林發表演說時，歌頌路德為現代性的宗教自由帶來創新，也敦促身處戰爭時期的德國人要向路德尋求勇氣和信心。[55]哈納克的前學生賀爾，在柏林大學紀念演講的同一天，也發表了另一場名為「路德怎麼理解宗教？」（*What Did Luther Understand by Religion?*）的演說，其內容在當年也被出版。在這段期間，賀爾在政治上變得活躍起來，他參加了德意志祖國黨運動。這場運動要的是取得戰爭勝利的德國的和平，與不久前七月國會多數派（主要是自由主義者、天主教徒和社會民主黨人）的妥協式和平決議間形成了鮮明對比。[56]賀爾在這份文件中對路德宗教經驗的描述，以及之後在一九二一年戰爭結束後的第二次修訂版中，都呈現出宗教改革者的另一樣貌——鬥爭感和希冀取得軍事勝利的形象。

05 經驗

賀爾對路德的研究之所以成果斐然，是因為他對路德早年的關鍵時刻做了具說服力的描述。一九一七年十月三十一日，賀爾在柏林舉行的四百週年新教改革慶祝活動上首次發表了他的觀點，然後在一九二一年的第二版選集中又針對內容進行了擴展和修訂。賀爾的敘述具探索性、有創造力又引人入勝。他對路德的描繪，為之後的路德學術，以及日後討論路德在現代文化中的角色奠定了基礎。

賀爾的目標確實是創新的。他的書名《路德怎麼理解宗教》，呈現出「宗教」一詞對賀爾的意義。[57]賀爾說，他對「宗教」一詞的使用具體而重要，這當中指涉了一種原始經驗（*Erlebnis*）[58]，既恢復了「基督信仰原初的強烈衝動」，又期望「完整」表達路德特有的「神學」和「含義」。[59]賀爾將路德與宗教創新及基督信仰的起源連結在一起，並解釋路德在神學上的創造性轉化。賀爾使用了立敕爾和哈納克關於尋找原初宗教「核心」的史學方法，然後比哈納克走的更遠，更強調這顆種子就是對路德稱義說最完整的詮釋。[60]簡而言之，路

---

55 Howard, *Remembering the Reformation*, 98-99.

56 Stayer, *Martin Luther, German Saviour*, 26.

57 Holl, *What Did Luther Understand by Religion?*; 賀爾對一九一七年的版本進行了大幅修改和擴展，以便在一九二一年出版選集，另外還有一九二三年的第三版在他的 *Gesammelte Aufsätze zur Kirchengeschichte*, 1:1-110.（本書引用的是英文譯本）

58 「*Erlebnis* (experience)」一詞來自一九〇六年的早期文本：Holl, *Rechtfertigungslehre im Licht der Geschichte*, 3.

59 Holl, *What Did Luther Understand by Religion?*, 47.

60 在他的論文"Hamack and Karl Holl on Luther," Peter Grove 詳細闡述了哈納克和賀爾兩人之間，詮釋路德上的異同。

德的宗教光輝「是一場觸及宗教意識核心的革命」[61]。

建構稱義教義的宗教概念時，需要人性和神性兩個面向。賀爾堅稱，路德的宗教並不只是主觀感受。[62]應用在路德身上，若只從人類經驗的面向看待宗教，而缺乏神聖性的宗教概念，這樣是不足夠的。賀爾在路德的經驗中發現了這種雙重焦點；路德透過在修道院中的掙扎和驚恐的良心中尋找上帝，然而路德的上帝不是雅典的神祇，不是抽象神聖教義中的上帝。賀爾認為，路德的上帝是危險不可測的，也總是活躍而全能的，不是人類願望的投射，而是要完美愛著的「唯一上帝」。[63]

賀爾在路德的自我和與上帝的相遇中捕捉到一種強大的動力；這兩方都保留了某種特定觀點，卻沒有確切的關連。人類對上帝的經驗，與造物主從神聖真實的立場看待人類的方式，兩者並不對稱的。賀爾決心保留人類經驗的觀點，而不討論整套的理性神學，像是上帝可能在做什麼，或者上帝在想什麼的問題。賀爾想表達的是：人和完全超越性的他者之間的動態相遇。賀爾因此為稱義神學奠定宗教根基，維持了上帝對罪人所有動工中完全的至高無上。在路德的恩典神學裡唯有上帝獨獨能賜下憐憫，而沒有任何人的善工。賀爾藉由重建人類靈魂中一系列的經驗步驟，進行一場動態的相遇。人類經驗和神聖動工之間的不對稱關係始終存在：人類永遠不會完全理解、甚至不知道上帝已經原諒了他。

正如賀爾所解釋的，他敏銳點出了路德在稱義教理上的特殊貢獻，也就是稱義本身是個悖論，是矛盾的。於是，就像我們接下來會看到的，這種思想對英雄犧牲式的政治神學將會產生影響。

賀爾選擇了一個獨特用語來定位路德的宗教：路德的宗教是一種良心宗教，並宣稱路德自己就是這麼表達的（*Gewissensreligion*）。[64]良心是每個人心靈中獨特之所在，上帝在其中放入絕對的「應然」（*ought*）。儘管賀爾承認，當路德和神聖意志相遇時，認定同一位上帝本身也是愛，但他更聚焦在個人良心面對神聖意志時的動態互動性。在這個觀點上，良心會敏銳地意識到一種反抗。

接著賀爾描述了路德驚恐良心中那種強烈的反抗。良心中的神聖動工之所以與個人意志對抗，是因為它無法實現自己被創造的目的。人的意志是為了與上帝合一而設計的，當這個神聖命令被實現的時刻，才有了「真正的宗教」。[65]然而，當上帝以神聖命令對抗人類意志時，上帝會完全顯露出人類自我意向的反抗。因為顯露的自我會在事物中尋求個人的

61 Holl, *What Did Luther Understand by Religion?*, 47.
62 Cf. Holl, *What Did Luther Understand by Religion?*, 16.
63 Holl, *What Did Luther Understand by Religion?*, 36.
64 Holl, *What Did Luther Understand by Religion?*, 48 and n. 23.
65 「對路德而言真正的宗教就始於人和神的合一」。Holl, *What Did Luther Understand by Religion?*, 68

幸福。藉由建構與神聖意志合一和追求個體幸福的人類意志兩者之間的對立，賀爾表達了對於福樂式信仰的批評。路德的良心宗教與幸福生活的承諾毫無關係；相反地，這是一種在與上帝旨意的相遇中完全暴露出人類自私的宗教。賀爾寫道：「路德不想將宗教建立在福樂信仰或是任何自我的意志上，而是建立在上帝所賜的印記裡，這份神聖能扶持我們，並粉碎我們的自私。」[66]所謂反抗的經驗，是指兩種意志間的衝突，上帝將自私的個人意志顯露出來，讓人知道自己如何違背了尊主為大的命令。人類應該要知道並且必須承認的是：「在上帝面前人絕對是有罪的，一個人在上帝面前是完全應受譴責的。」[67]這個無條件的命令顯露出個人意志的「原罪」，並將之粉碎。

賀爾打算將路德的宗教建構為稱義的經驗。[68]因此，以神聖擊打個人意志是首要步驟。主體自私的「自我」就是問題之所在。為了實現意志的一體，自我必須先被粉碎甚至被消滅，因為人永遠不能同時自私又榮耀上帝。與上帝合一，只有在自我變得「無私」時才會出現。[69]

意志的衝突，是賀爾以審判為主題刻畫路德的方式。從一九二一年起，在賀爾第二版的路德研究中，審判的主題變得更為重要。從一九一七年的第一版到一九二三年的第三版，德國的政治局勢變得更不穩定。在戰壕中一場令人震撼的殘酷戰役後，德國在一九一八年敗給了盟軍。之後，克里孟梭（Georges Clemenceau，1841-1929）和勞合喬治（Lloyd

George，1863-1945）兩人祕密商討了報復性的經濟制裁，以一九一九年的凡爾賽條約懲罰德國，好讓德國之後完全沒有恢復的可能。一九一九年後，全球的現實局面和戰爭造成的毀滅都讓希望消失，也深刻影響了德國文化。賀爾對原初宗教驅動力的探索，呈現出這個新現實的暗黑色彩。上帝對德國的審判，藉由路德的神聖審判經驗更被彰顯。

丹麥系統神學家波德（Christine Poder）仔細分析了賀爾在一九一七至一九二三年間的一系列修正，總結出在後來的文本中賀爾曾試圖與德國戰後的現實妥協。隱藏在文本中的路德經驗線索，已不再是期待能完成宗教改革，而是集中在審判之上。一九一七年後，賀爾強調的是上帝對人類自私求福發怒的經驗。[70] 上帝乃德文「控訴」（*Anfechtung*）一詞的源頭。賀爾引入的這個德文單字，在翻譯成英文時需要使用許多不同的詞彙來表達，像是審判、攻擊、誘惑和突然擊來。上帝是人類自私意志的敵人，正如賀爾所寫，「路德的控

---

66 Holl, *What Did Luther Understand by Religion?*, 66.

67 Holl, *What Did Luther Understand by Religion ?*, 73.

68 詳見和「稱義的經驗」相關的文章：Assel, "Erfahrene Rechtfertigung," 251; Helmer, "Die Erfahrung der Rechtfertigung" [=「稱義的經驗」的修訂譯本]。

69 見第五章的標題，Holl, *What Did Luther Understand by Religion?*, 62: "Luther's Religion: A Religion of Selfless Selfhood."

70 Poder, "Lutherrenaissance im Kontext," 195.

訴（*Anfechtung*）……是上帝對他的擊打，一種威脅要毀滅他的攻擊。」[71]賀爾描述當人落入上帝手中時，上帝會毫不留情。上帝「如此強烈堅定地要達成至高無上『意志一體』的目標，以至於祂在憤怒中消滅了一切的反對者。」[72]

另一個更令人不安的內容在賀爾之後再次校訂的著作中變得更明顯。路德那種神聖揀選的概念，被賀爾用來當作他對德國政治關懷的主題。德國神學家阿塞爾（Heinrich Assel）指出，賀爾在一九〇九年對加爾文的研究回顧中，首次注意到路德在《羅馬書講義》中對揀選問題的詮釋。[73]在賀爾的敘述中，路德將上帝審判自己的經驗，與認定審判中上帝既公義且為尊為大兩者連結在一起。不論是被揀選的或是沒被揀選的，都必須承認上帝的審判是公義的。[74]賀爾將路德關於上帝審判的思想推到極致：「對於上帝的憤怒，人必須勇敢地忍受，而不是帶著反抗去忍受，要以此承認上帝對罪的審判，並認定上帝本身完全公義。」[75]當人的自我「勇敢接受」上帝的審判，自我也會認定上帝揀選的旨意是公義的。

這樣是不是就代表即使被審判也要忍耐？這問題將賀爾的思想推向極端的神學結論。特別是在一九二一年後，賀爾堅持說：「以神聖之怒審判人類的自私意志，這當中體現了上帝的公義，個人意志必須服膺於這種審判的真理。」這就表示即使這是審判，仍需要以上帝的公義為尊為大。在神祕主義的傳統中，這種令人畏懼的神學立場有其悠久歷史。在以保羅的〈羅馬書〉為中心的接受史中，就有這樣的獨特主題。在〈羅馬書〉九章三節中，保羅表達了只要他的猶太弟兄姐妹能夠得救，他寧願自己受到詛咒。[76]阿塞爾指出，在路德的《羅馬書講義》八章二十八節的注釋裡，路德對被揀選的特徵做出了解釋。[77]路德也曾經在與中世紀晚期德國神祕主義者陶勒（Johannes Tauler，1300-1361）的對話中，表示「甘願下地獄」（*resignatio ad infernum*）是一種高貴的情操，即使這非常極端。賀爾明確地將這一主題運用在上帝審判個人意志的經驗上。「路德認為，如果這真是上帝的旨意，真正敬虔的人會願意放棄天堂，並在地獄中受到詛咒……。這種教義從沒有這麼強力地被傳講過。」[78]人按照上帝揀選的旨意，降服自我的意志，順服上帝的審判，即使這表示要進入「絕

---

71 Holl, *What Did Luther Understand by Religion?*, 74.
72 Holl, *What Did Luther Understand by Religion?*, 67.
73 Assel, "Erfahrene Rechtfertigung," 252, also n. 22.
74 Holl, *What Did Luther Understand by Religion?*, 61.
75 Holl, *What Did Luther Understand by Religion?*, 79.
76 〈羅馬書〉九章三節：「為我弟兄，我骨肉之親，就是自己被咒詛，與基督分離，我也願意。」
77 Assel, "Erfahrene Rechtfertigung," 253. Also see Luther's scholion in WA 56:388, lines 10-14, 16-18.〈羅馬書〉八章二十八節：「我們曉得萬事都互相效力，叫愛神的人得益處，就是按他旨意被召的人。」
78 Holl, *What Did Luther Understand by Religion?*, 65-66（格外強調）.

對的自我審判」狀態。[79]因此正如波德所總結的：賀爾認為路德稱義教義最根本也是最終的邏輯，就是要人甚至能「甘願下地獄」。[80]

一次大戰後，這個主題再次出現，而且變得越發強烈。波德指出，雖然賀爾確實修正了所謂「順從」（*resignatio*）的內容，但這個問題後來卻被連結到路德詮釋〈羅馬書〉十四章時所做的特殊區別，而再次被強化。[81]路德的這段詮釋令人震驚，他引用了保羅所謂的「堅強」的基督徒，是那些信心強到可以吃任何東西的人，但我們不該就此去論斷那些堅持特定飲食禁令的「軟弱」基督徒。[82]賀爾抓住了保羅在〈羅馬書〉十四章一至二節和十五章一節對堅強和軟弱基督徒之間的區別，提出「在『絕對自責』這個問題上，路德並未遺忘『堅強的』vs.『軟弱的』基督徒兩者是有區別的。」[83]波德解釋說，原本路德引用〈羅馬書〉十四章的內容，只是為了解釋強者不該認為自己優於弱者而去論斷人，賀爾卻做了非常不同的詮釋。賀爾將「順從」思想和「堅強的」vs.「軟弱的」基督徒之間的區別連結起來。根據賀爾對路德經驗的敘述，只有「堅強的」基督徒才能勇敢忍受上帝審判下的「絕對自責」。在這個問題上，這些文字中充滿了掌握主導權和勝利的語氣。「因此，宗教的自我意識正是在對立中得到完整性，它感知它並征服了它，轉而成為一種勝利和主宰感。」[84]人類稱義的經驗最終不是從罪責中解脫，而是在罪責中有能力繼續堅立。

誰有能力承受這種經驗？誰能在被上帝擊打、攻擊、摧毀後依然站立起來？這問題預設了賀爾判定路德經驗中的一個悖論：屈服於上帝的譴責是「無私自我」的行動，實際上只有堅強的基督徒才有這種勇敢承擔的意志。[85]所謂堅強的基督徒，是能英勇地犧牲自我，藉此榮耀上帝的公義之人。賀爾把這種悖論的概念引入路德的神學中，涉及一種無法實際經歷的經驗。賀爾認為在自我審判的宣告中，自私的自我向上帝意志屈服的悖論，就是路德稱義經驗的中心。這種降服自我的無私自我，就是能榮耀上帝的堅強自我。然而，在這種英勇的自我犧牲行為中，宣告「這是我的立場」的堅強基督徒是誰呢？是勇敢堅立、將自己屈服於上帝審判意志的英雄。

79 Holl, *What Did Luther Understand by Religion?*, 79,74.

80 Poder, "Gewissen oder Gebet," 57（作者的翻譯）.

81 Poder, "Gewissen oder Gebet," 57.

82 〈羅馬書〉十四章三至四節：「吃的人不可輕看不吃的人；不吃的人不可論斷吃的人；因為 神已經收納他了。你是誰，竟論斷別人的僕人呢？他或站住或跌倒，自有他的主人在；而且他也必要站住，因為主能使他站住。」

83 Holl, *What Did Luther Understand by Religion?*, 75.

84 Holl, *What Did Luther Understand by Religion?*, 86.

85 這個悖論是說：「這種［勝利和掌控感］是一種所能想像到的最高層次的自我意識；但它也是一種完全的節制，完全的謙卑，甚至可以說，一種絕對無私的自我意識。」Holl, *What Did Luther Understand by Religion?*, 98

06 英雄

馬丁路德堅定地認為，實際經歷才能「造就出神學家」。神學家無法在修道院靜室裡，或是與世隔絕的神學院的辦公室中，僅靠著安靜思索抽象概念，就能悟出神學的真理。反之，神學真理是在生活的堅苦現實中磨練出來的。就像詩人一樣，基督神學家藉由受苦和哀嘆、遭受攻擊和掙扎的經歷，才對生死、自我與上帝有著更深刻的認識。[86]生活中的掙扎，比起在變貌山上的瞬間喜樂（〈路加福音〉九章二十八至三十六節）或是去海邊度假，更能讓人明白自我和上帝之間的關係。被迫害和被擊打的經驗，是神學的必修課程。藉由這種學習，基督徒學會分辨上帝和魔鬼，並瞭解上帝是誰，而能夠真正信靠祂。路德深切感受到了人生的現實，對上帝也有了多樣的體驗，不管那令人感到不安還是能安慰人。

我們在本章將會看到，路德經驗的魅力始於德國思想史上一個特別的時代。大約在二十世紀之交，路德被尊為德國社會的文化政治領袖時，路德宗神學家便將路德經驗中的提問，視為一種神學創新，也看成德國現代新教文化的根基。

二十世紀初對路德經驗研究的慣用語，依然出現在二十世紀出版的眾多路德傳記中，也在近年宗教改革五百週年之際再次被重複使用。傳記作者拼湊宗教改革不同部分的問題後，講述了路德如何成為宗教改革者的故事。一五四五年的序言宣告路德從恨上帝愛上帝的經驗轉折。一五一五至一五一六年冬季學期在威登堡大學的《羅馬書講義》，以及一五一七年十月三十一日在威登堡教堂大門上敲打的錘子，都成為了宗教改革故事中令人難忘的場景。

正如我們所見，這些很有畫面感和情緒性的片段，用句立敕爾的話來說，都是神學家尋找路德宗教改革「現實根基」的結果；或是用哈納克的講法，叫做「深刻的內在經驗」。人們會進行這種探索的文化脈絡其來有自。路德的獨特經驗是大問題的一部分，也就是如何把路德的文化領導力量呼喚出來，以此創建德國社會。於是先有了具侵略性的「文化鬥爭」（*Kulturkampf*），然後是戰敗和放逐的屈辱。路德的經驗如此獨特且強而有力，只要好好理解和表達，就能深刻影響德國社會的各個層面，包括所有緊急和變遷的情況。

然而，立敕爾想要完成宗教改革的努力，很快演變成一場政治、軍事和文化上的噩夢。立敕爾對宗教改革現實根基的探索，被賀爾轉化為路德的稱義經驗。這是一個悖論，一種完全無法實際經歷的上帝審判經驗；在這種經驗中，自我是需要屈服的，只有堅強的

86 著名的「唯有實際經歷造就出神學家」（Sola experientia facit theologum）詳見 WA; *Tischreden,* 1:16, 13 (1531); also “Vivendo, immo moriendo et damnando fit theologus, non intelligendo, legendo aut spec- ulando.” WA 5:163, lines 28-29 (*Operationes in Psalmos,* 1519-21).

基督徒才有能力承受這種英勇犧牲的經驗。在賀爾引人入勝的文章中，以〈羅馬書〉八章三十七節暗指戰爭的可能[87]：「有上帝同在，我們方能勝過任何敵對勢力的征服者。或者更有力地說：以信心抓住基督的人，基督將親自出戰同在……那麼這人必定會獲得勝利。」[88]這讓人彷彿聽見騷動戰犬的狂吠聲，已迫不及待地要出陣。

賀爾對路德經驗的描述，與那些將路德視為現代西方勝利主義敘事起源的暢銷流行傳記相差甚遠。然而，賀爾講述的故事有力地左右了之後人們如何討論宗教的概念，這些內容也成為路德神學的核心。

賀爾研究的意義，不僅是神學史上研究路德稱義的起點，在思想史和神學史上也十分重要。賀爾的路德研究，也成為「路德如何成為宗教改革者」背後現代新教文化敘事的一個重要時刻。雖然賀爾的名字在當代探討現代性究竟如何改變了宗教和社會時，幾乎已被遺忘，但他對路德宗教的刻畫，自二十世紀初就傳達了一種令人不安的情緒，這在現代性的討論中必須被認真看待。把令人深感不安的上帝形象，當作侵略在信仰上的正當性源頭，還堅持那個將自我屈服的自我，我們從中看到將路德和大戰聯繫起來的敘事元素，這也將為毀滅、屈辱和掌控帶來正當性。

路德成為宗教改革者的敘事，同時也是現代性的希望被戰爭摧毀的現實。在賀爾的敘述中，路德的個人故事所指向的更大的現代自由進程，很容易被某個破壞力量給影響，特別是這之上上帝的審判。路德成為宗教改革者的敘事，恰逢德國政治史上一個危急時刻。這就是作為宗教改革者的路德的起點，這些內容不只在現代德國有重大影響，對整個現代世界也是一樣。

87 〈羅馬書〉八章三十七節：「然而，靠著愛我們的主，在這一切的事上已經得勝有餘了。」

88 Holl, *What Did Luther Understand by Religion?*, 86.

第三章　路德如何成為宗教改革者

01 敘事

敘事具有力量，能重塑我們思考的方式、接近現實的方式，以及看待世界上其他人的方式。敘事引導著生活。當狀況日益嚴峻時，敘事有助於解釋現實。當事物缺乏意義時，敘事能給予慰藉。有時一樣的敘事被一次又一次地重述，並在重述中得到新的高度。敘事會被新的描述所渲染，於是有可能可以回答先前敘事所隱含的問題，提供另一種觀點。當勇氣和喜悅的敘事被講述時，會喚醒人們關懷人性的理想。如果這個敘事是反烏托邦的，也可能會阻止和剝奪一個人的希望，或者可能會激起抗爭。

「路德如何成為宗教改革者」是一個敘事。這敘事始於一位奧古斯丁修會修道士他那過分認真的良心，以及對於上帝不屈不撓的渴慕。到了某天，敘事主角成為一所大學的教授，負責講授聖經。作為被按立（譯注：天主教稱「領受聖秩」）的天主教神父，他每天要做兩次證道、傳講上帝的話語，由此使他對上帝在基督裡的憐憫有了深刻的體會。他開始斥責神學家和教會法學者誤用律法，因為他們本該傳揚基督白白賜下饒恕的福音。路德的思想經過印刷商和革命者的努力，很快傳遍中世紀晚期的世界，在當時的經濟、政治環境和人們對教會發起挑戰的助攻下，帶來了動盪和抗爭。隨著路德年歲漸長，他被身體上的痛苦和精神上的苦惱折磨，丟棄了他的朋友，並製造出一大票敵人。在天主教帝王查理五世向新教徒宣戰並打敗新教徒的前一年，年逾六十的路德撒手人寰。

不過後來新教徒捲土重來，在往後幾個世紀裡，羅馬天主教徒和新教徒雙方在法國和德國爆發戰爭，導致人口、牲畜、建築物和土地大幅減少。這樣長期衝突下去實在不是辦法，於是有人訴諸理性、平息激情，也重新思考聖經，希望促進和平，並訓練人們認識到即使他人表面看上去與自己多麼地不同，也還是存在著普遍的人性。因此，必須要有一種不必擔心會有酷刑或死亡、免於強權壓迫，以及表達思想的自由。「在上帝面前人人平等」和「在基督裡得自由」的神學思想，也與人權概念相結合，把與上帝之間的和解，轉化為對鄰舍的愛、讓旁人幸福的責任，以及公民應盡的義務。

如前所述，幾世紀以來，路德的故事一直在新教範圍內流傳，路德的名字出現在心理學、宗教、文化和政治改革中。這種敘事為思想家擔保了以優先順位研究路德歷史的當代價值。創發、寬容、自由和領導力等思想，在路德敘事中一遍遍地講述，得到了層層積累。

路德敘事中那些最具戲劇性、扣人心弦又引人入勝的細節，在這個敘事被複述過程中居然保持了驚人的一致性，經由新教記憶宮殿的途徑，這些記憶模型發出了光亮。一場大雷雨的關鍵事件，讓青年馬丁向礦工的守護神聖安納哭求幫助，而礦工是路德父親的職業。兩週後，也就是一五〇五年七月十七日，路德突然中止了他的法律學業，改以見習修道士身分加入埃爾福特的聖奧古斯丁修會，把自己獻上給主，並決心服從上帝和教會。一五一七年十月三十一日，這位天主教按立的神父和神學教授，手拿錘子將「關於贖罪券效能的九十五條論綱」釘在威登堡教堂門上。邀請公開辯論的嗆聲，很快成為整個日耳曼的大新聞。路德被傳喚到沃爾姆斯鎮，被要求收回他的論點。一五二一年四月十八日，這裡舉行了一場嚴肅的會議，路德眼前是被稱為普世君主、神聖羅馬帝國的皇帝，身兼西班牙、那不勒斯、西西里島、荷蘭、撒丁島，以及西班牙國旗下美洲所有土地的君王——青年查理五世。屬靈之劍已將路德的靈魂判決永恆的咒詛。可預期的，沃爾姆斯的判決同時也砍下了政治之劍。路德毫不猶豫地說出：「這是我的立場，我別無選擇，求上帝幫助我，阿們。」

重述這個敘事時，一種大膽、原現代屬於男性氣質的弦外之音被強調出來。這位孤獨的修道士，勇敢大膽地向當權者說出真話。但在這股陽剛氣質當中，也帶著相對溫柔的美德。路德是典型的居家男人，和落跑修女凱瑟琳結為連理，體現了新教的家庭觀。路德親切地暱稱她為他親愛的「小凱特」，她是路德頸上的心肝「項圈」。凱瑟琳也很有個性，家務處理得很好，她釀造的啤酒可以潤滑她丈夫的桌邊談話。路德也常像個醉醺醺的德國家長一樣，講話大聲又自以為是。路德有時也會激動地公開落淚，像是當他十三歲的女兒莉娜去世時那樣。路德的歌聲優美，具有男高音的明亮，有時還用魯特琴伴奏。路德臨死之際告解了自己的罪，虔誠地在胸前雙手合十。幾世紀以來，數百萬遊客絡繹不絕，即使是那些不信仰現代新教的人，也還是宣稱自己為朝聖者而來到聖地遊歷。

本章提出的問題是：為什麼這個故事會繼續以這種方式被講述？在上一章中我們看到，當德國人嘗試對自己在世界舞台上的突出地位給出連貫性的描述時，路德的生平在德國史上的關鍵時刻，被賦予了特定形式。路德在城鎮廣場上的雕像，以及出現和流傳在新教世界的明信片上所展現出的陽剛氣質，構成一部形塑德國文化、政治和家庭價值觀的主流史學和敘事。

本章焦點要跨出德國人的自我認知，在全球政治危機的時代中轉向更廣泛的文化、宗教和哲學面向，重新講述路德的故事。上個世紀出版的傳記，特別在二〇一七年，再次成為反思現代性的媒介。路德究竟是引領現代世界往更好的方向去還是變得更糟？端看是誰怎麼利用路德來達到目的。路德的思想和獨立精神（或說他那傲慢的自信），不受政治脅迫的宗教自由（或他對一般規範、宗教遺產和傳統的蔑視），以及忠於自己良心（或他格外強大的主觀），所有這些價值（或缺陷）都深深刻入在現代精神的原初設定之中。路德的故事如何成為現代精神的代表，這是本章的主題。

我會從一個提問提供的角度來探討這個主題。在二十世紀轉換之初，最常被問到的問題是「路德到底改革了什麼？」從當代基督宗教普世主義的觀點來看，這問題已有明確的答案：「路德是中世紀晚期天主教聖事神學的改革者。」但從二十世紀初路德文藝復興時期德國神學家的角度來看，「宗教改革者」的相關問題卻被帶往一個截然不同的方向。這些神學家很喜歡將路德和他們當代的歷史連結起來；他們把路德敘事特有的神學關懷，聚焦在路德獨特的宗教創新上。而且他們對路德「宗教改革」的理解，與他們如何看待路德的「宗教」經驗息息相關。到底他們是如何理解「宗教」？或者應該說，到底他們如何建構「宗教」？以及他們對於路德獨樹一幟體現了「宗教」一詞，是如何理解的？都是這些神學家將路德敘事與他們自己的故事連結起來的關鍵問題。因為「宗教」不僅是新教的發明，也是現代文化和現代世界生活經驗的核心概念。探討路德對「宗教」所做的「改革」，這個提問不僅有助於理解「宗教」本身，也因為宗教一詞在政治、法律和宗教論述中不斷被使用，因而能更大地幫助當代的我們理解宗教之於現代的意義——儘管身為現代人，其實仍處在類似一個世紀多前孕育反烏托邦種子的德國，那個當時已經裂解的世界中。

02 理性化

現代性的官方說法是理性至上。德國哲學家康德在一七八四年提出他的著名問題：「何謂啟蒙？」（What Is Enlightenment?）接著他挑戰讀者要懂得使用他們的自然理性來反思自我。「敢於求知！」（*Sapere aude!*），隸屬路德宗的康德這樣寫著。「敢於運用自己的理性。」[1]其實他還可以補充說：「就該像馬丁路德一樣。」他一定是這麼想的。康德堅信，理性能讓人類從無法以成熟人格進行思考和行動的狀態中解放出來，理性也是讓人類從權勢和權威中解放出來的武器。經過幾世紀的宗教衝突後，人們可以善用理性區分虛假和真實的宗教，實現不同人群間的和平。強迫式的信仰會造成分裂，自由選擇的形式才得以促進和平與人類繁榮。

康德提出的人類願景，是以他對理性的獨特理解為前提。自古希臘人以來，哲學家一直在鑽研人類的理性如何增進人對自我、世界、眾神或和上帝有關知識問題的瞭解。然而，康德表達出對理性的一種新理解，一方面表現出對新興經驗科學的支持，一方面卻帶來倫理學轉向，以便能和平地協商各種差異。科學和倫理，是康德哲學綱領中著名的兩大支柱；而宗教，則特別因為其中擁有分歧的政治含義而遭到質疑。因此若從康德對理性的新理解出發，就會對宗教做出限制。倫理會為宗教奠定根基，而非宗教是倫理的基礎。追隨康德的現代文化，應該會敏感察覺自己在視角上和時空上的局限性。

教會歷史學家和神學家在十九世紀末轉而研究路德之際，也同時身處在一個想恢復康德研究的學術環境中。康德是近代德國哲學家中第一位享有國際盛名的人物，特別是在十九世紀後期，德國已被明確確立為一個民族國家。[2]到了一八七〇年代，新康德哲學開始主導哲學論述的話語權，同時間也成為神學的主要思潮。在俾斯麥時代，最富有盛名的路德宗神學家立敕爾，在大學中把新康德思想應用在神學理解上頗有成果，擴大了這當中的討論邊界。立敕爾致力於將路德對稱義的理解和倫理學連結，提出如果使人稱義是上帝造就義人的第一步，那麼緊隨其後的稱義第二步驟，就是在動工中展現出稱義。立敕爾引用新康德主義對人的理解，亦即人是由思考、感知及意志等活動所構成，由此解釋說，被基督「從個人罪惡」中拯救釋放的基督徒，將能自由地帶領稱義的罪人群體在地上建立理想的神聖王國。[3]康德哲學自此很有生命力地引領路德的稱義論述在人們的行動中體現，而成為人類史上一股明確的力量。

---

1 Kant, "What Is Enlightenment? (1784)," 17.

2 詳見 Beiser, *Genesis of Neo-Kantianism*, 4.

3 欲瞭解立敕爾的神學和哲學，詳見作者的另外的著作 *Theology and the End of Doctrine*, 28-38.

神學和其他學科一樣，也會關注特定時間和特定文化下的某些重要議題和提問。立敕爾的神學，也呈現出普魯士軍事擴張和政府官僚化時代特有的文化價值觀。這個過程從一七九四年開始，橫跨一個世紀，伴隨「普魯士一般邦法」（General State Laws for the Prussian States）的實行。在普魯士進行編纂民法、普通法、家庭法和刑法等，以立法規範內部事務之際，現代國家的官僚文化也在此時應運而生。官僚化帶來政教關係和確立公民身分的相關問題，這當中包括從十八世紀初持續到二十世紀初的一場特別辯論，即猶太人是否必須歸信基督教，才能被完全認定為國家公民。社會福利則是普魯士官僚系統面對的另一個問題。俾斯麥實行了世界上最古老的社會健保制度。在整個一八九〇年代，俾斯麥制訂了一系列有關健康、高齡和身心障礙保險的立法。[4]

當立敕爾致力於構想基督徒社群該如何走向自由的神國願景時，他也將這理念和他身邊正形成的公共和社會現實相連結。雖然他的神學理論比較是將神國預設為理念性而非直接具體的歷史現實，但他將這形塑為基督徒社群的價值「結構」。被基督拯救釋放的基督教社群是自由的，因此也可以自由地建造環境，藉此呈現出神國的理想。立敕爾運用路德的稱義理論，發展出人類對自然世界的「主權」觀念，進而補充了人類在歷史中作為行為者的能動性。

立敕爾的神學因為對德意志帝國的自由資產階級文化效忠，受到越來越多年輕神學家的抨擊，他們對於這種將基督倫理與當時的社會、政治活動劃上等號的稱義學說，深深感到不安。儘管立敕爾在神學上其實是反對這種特定連結，但在稱義與和解兩者的關係上，他確實讓神學和政治結合在一起，為政治留下太多可能的空間。基本上，這就是二十世紀之交部分年輕德國神學家看待這些問題的態度。新的批判神學興起，抵制新教神學中自以為是地認同任何特定社會進程的政治或倫理。這種歷史研究帶有目的性，為了批判甚至解放的目的而存在：歷史分析變成要對人類為世界帶來的特定理性結構進行觀察、計算和預測的精確過程；換句話說，立敕爾的神學被歷史化了。他的神學可以直接敘述人類的行動，像是人類把世界理性化後，可以自由地掌握對自然的主權。所謂的理性化就是這樣被理解的。隨著立敕爾採取這種批判性觀點，理性化不再被視為烏托邦事業，反而因為這當中的官僚化和去人性化結果而受到批評。這種內容也出現在韋伯著名的「牢籠」（iron cage）說當中。

新康德哲學強調「理性化」的概念，在一八六〇和一八七〇年代主導了學術文化。繼康德之後，馬爾堡大學相關的新康德主義者，確立了將世界理性概念化和感性理解世界之間的關係。他們對康德的「物自身」（*Ding-an-sich*）的全面拒斥，為新的問題——也就是

4 Blackboum, *History of Germany*, 261-62.

人類的心智如何理解感性世界——鋪平了道路。新康德主義哲學家預設了思想與現實間的斷裂，試圖將主體與客體間的相互作用概念化為人類的主體性，也把「非理性」的多元感性理性化。他們的目標是產生一種後設理論，藉由理性及其內在邏輯結構，解釋人類如何建構概念，也建構出世界科學知識的可能性。

然而人為的建構充滿了價值判斷，特別是文化和倫理價值。與價值相關的人類能動性問題也變得十分迫切。新康德學派位於德國西南部的另一分支，即所謂的巴登學派（Baden school），開始探問人類如何將現象中人類行動力的概念賦予價值。舉例來說，哲學家文德爾班（Wilhelm Windelband，1848-1915）和歷史學家李凱爾特（Heinrich Rickert，1863-1936）都提倡以人文學方法來瞭解歷史的文化產物。[5]根據巴登理論者的說法，人類藉由原本就形成的文化產物概念，以及把應用於科學的概念賦予文化價值，來理解他們所處的環境。歷史學家以此試圖觀察價值如何形塑歷史進程，因為歷史會根據特定的概念圖像而被理性化。人類在歷史中的能動性不能以因果律來研究，而是一門價值科學（*Wissenschaft*）。

當時的德國神學家也順應了這些史學潮流。哈納克感受到同時代人的挫敗感。[6]雖然哈納克支持立敕爾在神學中應用歷史批判工具，但他並沒將它們應用在立敕爾為特定社會計畫取得正當性的作品上。神學現在要運用史學方法，檢視那些被教會當成基本教義的演變過程。哈納克在一八九九至一九〇〇年柏林大學冬季學期講課，而後以課堂學生筆記的內容，出版了《基督教的本質》（*The Essence of Christianity*）一書。在這本書中，哈納克完成了將基督教中心思想歷史化的目標。[7]哈納克將教義建構成貫穿教會史發展的概念，有批判上的優勢。教義發展是個理性化的過程，最終扭曲了基督信仰原初的宗教衝動。這一方面因為希臘的形上學滲透到基督徒的證道中，另一方面也是政教結合的結果。對哈納克來說，宗教的制度化發展在歷史過程中是不可避免的，這也扭曲了基督教的原貌。

不過，觀察到教義被希臘化，這並不是終點。哈納克確立了使用史學方法來尋找啟發基督教義的原初「核心」。特別在國際暢銷書《基督教的本質》中，他將耶穌的原初面貌呈現出來，以耶穌的超凡魅力抵抗「希臘化」。耶穌這位魅力人物，與後來加諸在他身上的各種基督教義，是截然不同的。哈納克的學生賀爾，也同樣效法他的老師，在路德研究上依樣畫葫蘆。

---

5 Bambach, "Weimar Philosophy," 142-43.

6 哈納克在六十二歲那年，也就是一九一四年三月被封為貴族，當時距一次大戰爆發還有四個月。

7 Harnack, *Das Wesen des Christentums.* 線上版：https://de.wikisource.org/wiki/Das_Wesen_des -Christentums/Titel_und_Vorwort。英文版 "The Essence of Christianity" 則見於 Harnack, *What Is Christianity?*

03 宗教／「宗教」

在理性化主宰知識系統的同時，人們對宗教也產生了新的關懷。新康德主義哲學家堅信，人類的理性會把文化價值刻入感性世界的運作中，組織成有意義的概念。新康德主義者對人類如何發展自然科學知識具有重要貢獻。人文學者也在各自領域中應用這種哲學思想。李凱爾特等歷史學家以及立敕爾等神學家，都以新康德式的期許來理解歷史進程如何形塑出文化和神學價值觀，並嘗試呈現數百年來人類能動性的意義。思想史學家則探索文化如何在不同時空呈現其價值，以及這些價值如何在與經濟、社會和政治現實互動裡發生變化。宗教和其他文化價值的承載者一樣，都可以被拿來分析在社會理性化過程的涉入程度和貢獻。

韋伯的《新教倫理與資本主義精神》（*The Protestant Ethic and the Spirit of Capitalism*），當然是這類宗教研究在方法論和理論性問題上最了不起和著名的例子。這部大作的系列文章在一九〇四年和一九〇五年發表於兩卷的《社會科學與社會福利檔案館》（*Archiv für Sozialwissenschaft und Sozialpolitik*）期刊上，韋伯也是期刊的編輯之一。韋伯去世後，這些內容和韋伯其餘的宗教社會學文章一起出版。[8]韋伯的父親是路德宗信徒，母親屬於其他新教教派，這讓韋伯對路德宗等新教教派十分熟悉，由此建構了現代西方如何開始關注獲利的經濟觀。[9]其實這些內容並非現代性的西方起源。中世紀晚期的教會對於財富就有矛盾的看法。聖經強調施捨是種美德；托缽修道士批評教宗家財萬貫；高利貸的相關辯論也是因為教會禁令才變得重要。然而，新教改革帶來的根本性變革，使得經濟交易擁有了現代地位。韋伯呈現出加爾文主義如何將加爾文獨特的預選說教義，應用在路德對世上職業的首肯和認定上。在宗教與神學、地理、社會形式，以及勞動組織的交互作用下，人們開始對財富持嶄新積極態度。經過理性化的過程，加爾文主義有效地將宗教禁欲與信徒對神聖恩典的渴慕兩者轉化，讓人放棄世俗物質的享受，把從經濟交易獲得的財富進行再投資。至此，宗教被工具化為資本主義的追求。

與之前的哈納克一樣，韋伯對現代史的描述，呈現出宗教在理性化的壓力下如何被扭曲了。哈納克解釋了教義希臘化如何導致耶穌原初的教導——天父原本認定每個靈魂都具

---

8 Weber, *Protestant Ethic*, 英文版的初版由 G. Allen & Unwin 於一九三〇年在倫敦發行，德文版最早則在一九二〇年代完成。而有關一九二〇年代初版最早的評論性作品，請見 Weber - *Gesamtausgabe*, 1/18: *Die protestantische Ethik*, ed. Schluchter with Bube (2016). 也可見研究回顧 Ziemann, "Max Weber."

9 Radkau 的傳記詳細介紹了韋伯的出身家庭：一位路德宗的父親，和一位加爾文主義的母親，以及與他的妻子瑪麗安的關係。Radkau, *Max Weber*; for a description of Weber's book, see Gordon, "Weimar Theology," 152-55.

有無限價值——變得僵化。同樣地，韋伯呈現出路德原本對所有人職業不分貴賤尊卑、都有神聖性的原始洞察，最終在加爾文主義的框架下變成勞動作為增加資本獲利的方法。

在這個過程中，世界變得越來越去神祕化，韋伯稱之為「除魅」（Entzauberung），人作為主體變得只專注財富而不論後果。這導致一種新問題，即為了獲得財富，人的主體性被困在「堅硬外殼」（牢籠）（steinhartes Gehause）中。[10]加爾文主義這個新教價值觀的承載者，最終把宗教工具化了，在一個沒有上帝的世界傳揚現代性。中世紀晚期對神聖超越的宗教性，已被轉化成封閉在禁欲中而無法滿足的主體性。這種理性化，否定了人超越性的可能。

如此看來，宗教是否真能被視為理性化之外的選項，或者宗教是否可以為更嶄新的世界提供可能性，讓人類有替代道路可以選擇？是否存在另一種宗教觀點，可以超越現代科技帶來的工具化問題？宗教到底是什麼，宗教的核心何在，或者宗教如何被敘事？這些新問題應運而生。然而，又有誰能回答這些問題呢？

二十世紀初德國的神學家帶著這些新問題開始研究宗教。各個派別的新教神學家和天主教神學家，都致力於「何謂宗教」的主題上。他們以獨特的神學術語呈現宗教；而當宗教以語言表述，或者具體成為系統性的教義形式時，就成了神學研究。這與被用來批評理性化過程的「宗教」又不同。在這種脈絡下，「宗教」必須是個人的、獨一性而且特殊的，能對抗工具性組織。宗教獨特和不可化約的面向，與已被工具化的面向，被區分開來了。

於是，神學家很快轉向了關注宗教那些不可化約和獨特的面向，還有宗教的原初核心或經驗。他們的方法是歷史性的；若傳統沾染了希臘教義的元素，那麼它的原初就必須呈現出潔淨、獨特和不可簡化的面貌。對耶穌原初啟示的探索由此展開，像是在除罪或十字架救贖功效的教義出現之前，耶穌身上擁有的獨特性質。耶穌的人格揭露了獨特的神性，傳達給當時親近過他的人。耶穌說話時是在傳達神國的福音。耶穌行動時，他將神國的醫治與恢復的本質傳達給眾人。而後隨著時光消逝，耶穌獨特的人格被神、人二性的教義，與形而上學的術語所呈現。然而這些教義和與耶穌本人真實相遇相比，都那麼地微不足道。基督的神祕性在基督信仰的起源，和教會史上與耶穌的相遇中，都還是可以找尋到的。雖然這些相遇相當罕見、神祕且具有轉換性，但見證了宗教對抗理性化的面向。與耶穌的相遇，呈現出宗教本質中一個重要面向：特殊經驗。

新約學者和路德學者都關心宗教原初傳統中的啟示問題。原初問題該如何才能不用本

10 Ziemann 主張將 Entzauberung 以德語的字面意思翻譯為「去魔化」，以傳達「魔法」(Zaubef) 這個詞；也認為應該用「堅硬的外殼」，而不是一般常見的「鐵籠（牢籠）」來翻譯 steinhartes Gehuse. 見 Ziemann, "Max Weber." 本書在此仍補充中文的常見的翻譯「牢籠」。

質主義觀點來化約並掌握呢？不用理性概念，又如何能理解啟示呢？這類關於原初和理解的問題、探討宗教經驗的本質，以及如何掌握經驗的認識論，就成為這段期間宗教研究的核心。不過，其實這些問題早在一百年前就被提出了，新教神學家施萊爾馬赫早已有力地證明，人類經驗是宗教的必要面向。施萊爾馬赫在《論宗教》（*On Religion*）的第二次演說中，就已強調宗教不能被化約或詮釋為形而上學或道德。[11]作為人類存在的獨特面向，宗教不會因為理性化的貶抑或崩潰，變得只剩下一個思想體系。反之，宗教應該被明確當作一種現象來研究，這種現象的根基是「宇宙」外來的啟示，以及被理性意識過濾之前的經驗。[12]宗教是一種獨特且受到感性影響的經驗，特色是會讓人意識個體和整體生命之間的關係。這些內容對於亟欲挑戰把宗教理性化成教義或經濟體系的教會歷史學家和神學家來說，目標非常明確。宗教將作為一種現象被研究，呈現了人類不可簡化且特殊的核心經驗。

神學家打算在歷史、社會學、經濟學和現象學的互動中，特別探究這個新的研究領域。畢竟，宗教是他們幾世紀以來一直在討論的主題。如果宗教是人類經驗中無法理性化的面向，那麼想要研究它，就需要人類主體性和歷史現實之外的概念。施萊爾馬赫以「宇宙」這個用語以及「完全依賴感之源頭」的概念，作為宗教外在啟示的原初起點。[13]不像過去是用基督教有神論的語言，去證明宗教經驗的超越性起源；相反地，批評信仰路德宗信條主義的路德宗神學家，以及與其政治聯盟的神學家，已在嘗試新的用語，將上帝描述為獨特和轉化性宗教經驗的起源。正如立敕爾所堅持的，上帝不僅是慈愛的上帝；相反地，反對理性化的上帝是不可預測、生動、自由且不受任何限制、甚至是會發怒的。這位顛覆人類理性並審判所有人類作為的上帝，是神聖聖潔的上帝。這位上帝才是路德的上帝。這種對路德的宗教的探索，變成對不受理性化過程支配的宗教概念之探索。

04 一九一七年

在新教改革四百週年時，所面對的是動蕩不安的歐洲大陸。一場難以想像的暴力和毀滅性戰爭正在發生，世界的理性暗昧不明。四個帝國在崩潰的邊緣而顯得搖搖欲墜：不論是普魯士的霍亨佐倫王朝、奧地利和匈牙利的哈布斯堡王朝，還有鄂圖曼帝國以及俄羅斯帝國都是類似的情況。整個歐洲動蕩不安。當布爾什維克慶祝他們戰勝沙皇時，芬蘭宣布

---

11 詳見施萊爾馬赫第一版本的文集中，他一七九九年那場著名的演說：「實踐是藝術，思辨是科學，宗教是對無限者的感悟和品味。」見 Schleiermacher, *On Religion*, 23 (speech 2).

12 Schleiermacher, *On Religion*, 25-31.

13 宇宙 (*Universum*) 的話語被用在多場演講中，「完全依賴感的源頭」的概念則比較用在作品 §4 of *Christian Faith*. Schleiermacher, *Christian Faith*, 2nded. [1830/31], 12-18.

從俄羅斯帝國獨立出來。舊威廉王朝和俾斯麥共同以普魯士為旗幟，對德意志國家進行的軍事整合正在崩潰。德國隨著德皇威廉二世的退位，在一九一八年宣布投降。用凱因斯（John Maynard Keynes，1883-1946）的話來說，這是一場於一九一九年發生在凡爾賽宮、加諸在德國身上的「迦太基之恥」（Carthaginian humiliation），隨之而來的是政治動盪，社會主義者和猶太人被視為導致戰敗的禍首。兩位曾經反戰的德國共產黨領導人盧森堡（Rosa Luxemburg，1871-1919）和李卜克內西（Karl Liebknecht，1871-1919），都在一九一九年遭到謀殺，死在他們曾參與組織的斯巴達克斯聯盟（Spartacus League）起義之後。社會動盪和階級暴力宰制著柏林街頭。正如班雅明（Walter Benjamin，1892-1940）所寫的：歷史的天使面朝過去。[14]她不知道將要來到的是什麼，只看到腳下堆起越來越高的殘骸；到了一九一七年，毀滅的殘骸果然高築起來。

這段期間的新詞語，表達了在短短四年內整個世界觀瓦解的震撼。*Destruktion*、*Abbau*，亦即拆毀、推翻、破壞，全都成了社會變革和知識變革的口號。[15]「危機」一詞指的是人們對文化和科學兩者信心的動搖，這些用語呈現了當時德國學術界感受到一切的縮影。系統神學家和文化哲學家特勒爾奇於一九二三年去世前，在所發表的一篇文章中表達了這種感受。特勒爾奇說，「歷史主義的危機」與形而上學和概念範疇的崩潰有關，而德國歷史主義向來以將歷史研究和穩定具客觀性的世界觀相連結而聞名。[16]此時，世界史不再是線性描繪上帝掌權和必然性歷史道路的進步敘述。相反地，這種敘事在索姆河的血肉模糊，和凡爾登的「絞肉機」當中突然完全中斷。思想史家因為無法理解這場史無前例的損失和破壞，在舊有的解釋典範中迷失。「危機」一詞很適合用來表達這種意義性的崩潰，巴特就以來自希臘語的 *krisis* 一詞，作為他新的神學口號，意思是斷裂、轉捩點，以及上帝的審判。[17]

一次大戰結束後一年，當初在一九一七年十月慶祝新教改革的勝利演說，此時已變得沉默安靜。而在一九一七年當時把路德當作代表性人物的神學家和公共知識份子，想要的並不是乖乖接受停戰結果的路德。正如美國歷史學家霍華德（Thomas Albert Howard）所指

14 「這就是歷史的天使之形象，他把臉轉向了過去。」Benjamin, *Illuminations*, 257-58.

15 Bambach, "Weimar Philosophy," 134.

16 如同恩斯特・特勒爾奇文章的標題所說 "Krisis des Historismus"; on Troeltsch, see Sockness, "Historicism and Its Unresolved Problems"; also Bambach, *Heidegger, Dilthey.*

17 *Krisis* 在新約聖經中意為「定意要審判」、「審判」，而在非聖經資料中，krisis 可以涵蓋一系列英語詞彙，像是 parting、estrangement、conflict、selection，公斷人或法官的決定，verdict, sentence，甚至是 accusation。詳見 Kittel, "Krisis."「更確切地說，是讓我們感知並清楚地表明，整體被置於基督之靈的 KRISIS 之下。」"Barth writes in the preface to the 3rd ed. (1922) of his *Epistle to the Romans* (1968), 17.

出的：一九一七年，路德和德國的命運史無前例地緊密結合在一起。[18]路德以尖銳的民族主義主旋律，出現在圖像、演講和佈道中。路德的宗教本質，結合了他的宗教改革洞察，和民族主義精神三者融合在一起。加拿大歷史學家斯泰爾（James Stayer）指出，路德的「稱義神學」在戰爭期間被工具化，成為民族宗教的代表：「稱義神學的概念成為屬於德國的歷史啟示，從原本象徵德國對普世文明的貢獻，轉變為德國民族宗教的根基。」[19]路德的自由福音，被挪用成德國民族認同的代表。一九一七年九月，民族主義立場的德意志愛國黨（Deutsche Vaterlandspartei）成立；賀爾也成為其中的一員。長期存在於德國社會中醜陋的反猶主義呼聲，也開始變得越來越喧囂。在一九一七年由四位新教牧師起草的一本小冊子中，擺明了說要建立一個沒有猶太汙點、種族純正的德國基督宗教。[20]

人們除了公開慶祝路德在宗教上對德國認同帶來的貢獻之外，對路德宗教的學術探索也開始重視毀滅和危機的主題。兩部聚焦路德的著作相繼出版，重點關懷在於：宗教是以哪些獨特和變革性的經驗，來抵抗理性化的力量和過程。奧圖（Rudolf Otto，1869-1937）的《論神聖》（*The Holy*）和賀爾的《路德怎麼理解宗教》兩部著作，被視為宗教和神學歷史研究的奠基大作，設定了日後這些領域的用語以及分析時的核心概念。但是，若我們思考到這兩本著作出版時的政治和思想脈絡，那麼它們也是「路德如何成為宗教改革者」的重要過程紀錄，這當中的主題繞過了中世紀天主教、直接探問什麼是「宗教」本身。這兩部著作都將路德的經驗視為抵制理性化的新典範，特別是在舊的詮釋典範不斷受到質疑的脈絡下。這兩部作品呈現了路德對上帝的經驗，是如何打破任何在教義上想兩邊討好的神學嘗試。在憤怒的上帝面前得以堅立，讓路德成為「宗教人格」的典範。[21]

05 論神聖

《論神聖》一書一發表就引起出版界的轟動，它改變了宗教的學術研究，在全世界範

---

18 Howard, *Remembering the Reformation*, 94-99.

19 Stayer, *Martin Luther, German Saviour*, 24.

20 有關這本小冊子和對這當中作者幾年後創立的組織的歷史研究，詳見「Bund fur deutsche Kirche」（德國教會聯盟），這是「德國教會內第一個倡導具有種族定義的正式教會組織」見 Howard, *Remembering the Reformation*, 96-98（引用頁 98).

21 哈納克描述了獨特的人格所特有的「更高層次宗教」的經驗。這類人的特點是宗教性滲透了他們的整個生命；他們不信其他的宗教，他們體驗的層次超越自然因果的內在世界關係，這種感受是一種「內在的神聖力量」，這改變了這類人的洞察，因此他們可以看到所有事物「共同為善」。這是哈納克暗指〈羅馬書〉八章二十八節：「我們曉得萬事都互相效力，叫愛　神的人得益處，就是按他旨意被召的人。」詳見 Harnack, *Wesen des Christentums*, 17; 線上版見 https://ia902609.us.archive.org/24/items /daswesendeschrisOOham/daswesendeschrisOOham.pdf.

圍內受到討論。這本書聚焦在「什麼是宗教」的定位上，認為無論是政治的、社會的還是教義層面的問題，宗教都無法被簡化為任何其他術語。奧圖聚焦在「聖潔」或「神聖」上，這個範疇與傳統上基督教義中神聖的屬性相關，但《論神聖》卻指出一個非常不同的功能，即類似美學上的「美的範疇」。奧圖堅稱，神聖「包含非常具體的元素，或說『那個瞬間』神聖不同於理性……是一種無法被表達的狀態……處於完全無法用概念來理解的狀態。」德文版《論神聖》的副標題，決定並限定了奧圖的分析：神聖是非理性或超越理性的。同時也區分了神聖觀念和理性之間的關係。[22]

理性化形塑了像是「正統基督教」的宗教傳統，以這種模式來傳播信仰和交流。就此而言，這並沒有「公正地」看待「宗教中非理性因素」的價值。奧圖對上帝的觀念裡「單從知性和理性主義解釋」的修正，就是為了騰出可以定位非理性元素的空間。由此就決定了所謂宗教的真理，與人類經驗的其他領域放在一起相比時，宗教是「向我們呈現某種明確無誤、特定和獨特的絕對存在」[23]。宗教因此是人類對抗理性化的存在。在人類生命的所有領域中宗教最有顛覆性，正如奧圖在一八九九年首次出版的紀念施萊爾馬赫一百週年的演講內容文集中所承認的一般。奧圖寫道：「個人一次又一次地被施萊爾馬赫大膽的原創嘗試所吸引，他試圖將一個與宗教疏離的無趣年代，引導歸向宗教原初的主旋律」，奧圖又寫道，「而且他重新組織了信仰，讓面臨被遺忘所威脅的宗教，回到現代的蓬勃思想生活中，找回無比豐富的內涵。」[24]與施萊爾馬赫一樣，奧圖要回到「深刻的宗教」和「神祕主義」之中——[25]既要呈現宗教的真理，在不可避免的溝通過程中，也要呈現出宗教的理性範疇，再將其轉回非理性和經驗性的源頭。

奧圖的著作對宗教研究有重大貢獻。他點出人類的靈魂擁有理解上帝非理性層面的能力。他也發展出認識論，將神聖的經驗和宗教觀念的形成相連結，這種方式不同於感性或實證經驗的觀念。他關注理性元素，例如「靈性、自我、理性、目的和善的意志」，認為這些元素定位了人類自我的各個層面、貫穿了神聖經驗，並把它們帶往特定的目的。

最後也最重要的是，這本書以宗教現象學的經驗，為不同種類的感性元素分類，藉以理解何謂神聖。[26]如果宗教要在人類生活中佔據獨特的位置，那麼理解神聖的心理和感覺，就必須被定位和界定為人類獨有的能力。因此，奧圖引用施萊爾馬赫對宗教的洞察，將宗

22 詳見 Otto, *Das Heilige,* new ed. (2014). 英文版會有點誤導，因為其標題暗指了神聖是屬於理性的概念，而不是非理性的內容：*Idea of the Holy* [1923] (1958).

23 Otto, *Idea of the Holy,* 3-5.

24 Otto, "Introduction," in Schleiermacher, *On Religion* [1926] (1958), vii.

25 Otto, *Idea of the Holy,* 2.

26 有關奧圖和施萊爾馬赫對宗教研究的貢獻，詳見 Marina, "Friedrich Schleiermacher and Rudolf Otto."

教視為人類主體性的特定面向，會在神聖面前被啟動。但更重要的是，這本書與造成不安宗教經驗的外部因素有關。在紀念路德宗教改革四百週年的背景下，這本書不可避免地把路德的上帝視為神聖的「典範」（*exemplum*）。

也就是說，《論神聖》的思想和路德文藝復興有著重要關係。奧圖明確承認，他對「努祕」（numinous，譯注：奧圖特別使用的描述神祕超自然性的專有名詞，本書在此沿用過去常見的翻譯）一詞的發現，是從康德的「物自身」（本體 noumenon）而來，這是他早年研究路德的成果。奧圖筆下「努祕」這種神祕經驗是「受造物的感覺」，是個人「在某種壓倒性的絕對力量面前沉入無我之中」[27]的情感反應。奧圖說這就是路德的上帝經驗。「而我之所以在上面引入這些詞彙〔*maiestas* and *tremendum*〕（威嚴和敬畏）來表達神祕經驗的面向，實際上是因為我回想起路德對 *divina maiestas*〔神聖威嚴〕和 *metuenda voluntas*〔隱蔽的旨意〕的表達方式。從我最早研究路德時起，這些內容就一直在我耳邊迴盪。」[28]

奧圖是路德宗神學家，在路德宗虔誠的環境中受教於埃爾蘭根大學（University of Erlangen）。他於一八九八年在哥廷根大學寫了和路德的靈物學（pneumatology）有關的博士論文。[29]雖然這項早期工作的重點是路德對聖靈的理解，但奧圖也探討了路德的其他神聖詞語，以定位聖靈的安慰和活躍動工。奧圖特別探討路德的上帝不可預測和隱蔽的面向。不同於立敕爾堅稱路德對現代理解上帝的貢獻，是認識一位慈愛的上帝；奧圖講述的反倒是一位結合憤怒和愛、隱蔽和啟示的上帝。在同屬路德宗的齊克果（Suren Kierkegaard，1813-1855）的表述中，這是超越善惡的上帝，其本質既有活力又矛盾，令人恐懼和敬畏。這不是路德〈基督徒的自由〉一文中的上帝，也並非「安慰」和「使人活著」的上帝。[30]這位上帝的神聖啟示既是無法用言語表達的，又是隱蔽而展現威嚴的。

奧圖所說的這位上帝的源頭文本，就是路德的文章《論意志的綑綁》（*De Servo arbitrio*）。路德在延遲了很長一段時間後，為了對伊拉斯謨（Erasmus of Rotterdam，1466-1536）的《意志自由》（*Diatribe*）作出回應，於一五二五年寫了這篇論文。[31]伊拉斯謨認為，儘管程度有限，人的自由意志還是有能力引導自己靠近上帝。伊拉斯謨對路德發起的挑戰帶來的神學問題是：人類是否有能力為得救做出貢獻？

在路德看來，這是上帝獨有的主權。路德在他華麗的神學論著中，細膩討論了詮釋學

27 Otto, *Idea of the Holy*, 10..

28 Otto, *Idea of the Holy*, 99

29 Otto, *Anschauung von Heiligen Geiste*

30 Otto, *Anschauung von Heiligen Geiste*, 15

31 奧圖明確提及 *On the Unfree Will* in *Anschauung von Heiligen Geiste*, 64. 這與路德有關神「駕馭」人類意志的類比相結合。

理論，也附上了否定自由意志的聖經篇章。[32]在路德的論證中，路德對預定論相關的神聖威嚴提出了令人不安的主張。路德區分了將神聖隱蔽在話語「之上」的上帝——一位人類不能觸及的上帝——也是痛苦良心必須奔赴的上帝；以及另一位在基督裡、在話語中顯現神聖自我的上帝。神聖的預定與否定自由意志的教義連結在一起，路德以暗昧不明的話語表達了神聖的公義，藉此呈現神聖威嚴是隱蔽而不可動搖的。

奧圖特別強調路德文本中「神祕的恐怖」，奧圖對路德理解上帝的極端程度有著敏銳的領悟。「這位傳道者不遺餘力地在文本中訴說神祕恐怖的內容……人們必須看到路德這些鴻溝和深淵，才能正確理解這人有多麼重要，他努力讓整個基督信仰成為信心的宗教。」[33]

在路德的接受史上，這段特殊的文本被引用最多。奧圖指出，路德自己「也承認這些東西不是他自己寫出來的」。這些作品對上帝不可測、可怕、甚至是反覆無常的面向進行了闡述。十六世紀末和十七世紀初，《論意志的綑綁》是路德宗牧師波墨（Jakob Böhme，1575-1624）所使用的關鍵文本，他對十九世紀的德國觀念論影響很大。奧圖也明確引用了波墨；[34]奧圖認為，路德的上帝觀念中有隱蔽神聖意志的面向；然而同樣也是路德，又有對上帝「近乎酒神式、喧囂的幸福體驗」的另一面向。[35]人類對上帝非理性面向的經驗，就是奧圖所謂受造物感覺的源頭：「敬畏又引人入勝的神祕」（*mysterium tremendum et fascinans*），可說又讓人恐懼又讓人迷戀。

奧圖在路德身上發現的神聖威嚴、非理性經驗的獨特性質非常明顯。奧圖並未將路德的上帝經驗，與新的聖經詮釋學發現連結起來；他也沒有將這種經驗連結到稱義的教義。相反地，奧圖將路德的經驗描繪成對理性化的特殊顛覆。對奧圖而言，路德是思考神聖啟示究竟如何激發受造物感覺的最佳案例，這在定義何謂宗教上具有特殊意義。正如奧圖所言：改革者路德的敘事等同於宗教歷史的敘事。

奧圖《論神聖》第一部的架構，是宗教典範人物的歷史。當人類歷史上眾多核心人物站上歷史舞台，便引發人們對宗教真理，也就是對「神祕」的關懷。奧圖以聖經敘事為起點，因為他認為聖經呈現了「宗教各類形式的重要元素」，這當中「閃族宗教特別突出，尤其是在聖經的宗教中」。以西結和約伯是這當中的典範，而以賽亞，特別是〈以賽亞書〉呈

32 關於這場論辨，詳見 Massing, *Fatal Discord*, 601-6,676-83.

33 Otto, *Idea of the Holy*, 99,100.

34 Otto, *Idea of the Holy*, 98; on 106:「在我們的西方神祕主義中，將非理性的可怕，甚至把神祕魔性等元素最生動表達的作者就是雅各・波墨。」

35 Otto, *Idea of the Holy*, 103.

現出宗教典範人物理性和道德的一面。[36]奧圖對希伯來先知的研究，也是哥廷根宗教史學派（history-of-religions school based in Gottingen）的共同興趣，他們全都認定希伯來先知在宗教研究上的意義。韋伯也讚賞先知對於他研究政治領導力上所謂的「卡里斯瑪」（charisma，譯注：韋伯用來描述用有超凡個人魅力的領袖）概念所代表的意義，這想法也轉而影響了賀爾。[37]在一九〇三年一篇有關施萊爾馬赫的文章中，奧圖就提到一系列形塑世界性影響力的宗教魅力人物：保羅、奧古斯丁、方濟各（Francis of Assisi，1182-1226），然後是施萊爾馬赫和路德。[38]雖然到了一九一七年，方濟各那位天主教聖人被漏掉了，但奧圖繼續表達他對天主教和新教基督教宗派中神祕元素的欣賞，特別是路德親近神祕、還有路德宗虔敬生活的生動體現。[39]

奧圖認為，在新約人物當中，保羅是最接近路德宗教經驗的先例。雖然奧圖也用典範用語來看耶穌和使徒約翰，但他回顧了保羅在〈羅馬書〉一章十八至三十二節中關於神聖憤怒的神祕觀點，還有〈羅馬書〉九章中的預定，以及神聖和屬世「屬肉」虛無之間的對比。[40]在《論神聖》中的路德一章中，奧圖用明確的文字將路德和保羅做了連結。「路德如此明確地堅信著保羅，兩者之間有著內在的深刻連結，」奧圖寫道，「這使得路德《論意志的綑綁》（*De servo arbitrio*）成為宗教經驗的心理學之鑰。」同樣令人信服的是，路德回應了保羅的信仰經驗，將信仰視為人與上帝之間的「和好」，接受並承認那能轉變人性的

「超感知真理」（supra-sensible truth）。「在『得救確據』（*certitudo salutis*）被喚醒的祝福中，以及路德強烈有如『孩子般的信仰』裡，我們以柔和的形式再現了保羅的『童真』情感；這不只是單純的心靈安慰、良心平撫，或者被保護的感覺而已。」[41]

在奧圖建立的路德和使徒保羅之間的歷史連結中，路德找回了原初的基督信仰。一九一七年，奧圖回應了將在下節又會講到的賀爾說法。根據奧圖所言，賀爾已在一九〇八年表達路德恢復了新約聖經宗教的觀點。「路德與基督教原初信仰的連結，可從他對上帝的理解中看出。路德以淵源自耶穌和保羅的思想，在神聖意志中，將人類提升成與上帝和好，把上帝的概念更新了。」[42]對奧圖（和賀爾）而言，路德的意義，就是在於他對整個基督信仰的改革。

---

36 Otto, *Idea of the Holy*, 72, 75,77,78.

37 有關韋伯如何從希伯來先知發展出他的「卡里斯瑪（charisma）」概念，詳見 Adair-Toteff, Weber's *Sociology of Religion*, 99-115. 有關韋伯影響了賀爾的問題，詳見 Assel, "Luther- renaissance in Deutschland," 26-33.

38 探討奧圖論文的經典著作詳見 Schuz, *Mysterium tremendum*, 215.

39 Otto, *Idea of the Holy*, 104-5.

40 Otto, *Idea of the Holy*, 86-91.

41 Otto, *Idea of the Holy*, 102,104.

42 Holl, *Rechtfertigungslehre*, 15（作者的翻譯版本）。

「路德如何成為宗教改革者」的敘事，被奧圖定位為宗教史上的聖賢典範，這一點意義重大。這與奧圖對神祕主義的同情有很大關係，特別是以深刻的愛開啟神聖經驗，以及既有關連又作為對比的恐懼和敬畏。正如本書下一章要討論的，神祕主義在路德文藝復興時期很常被討論，而且奧圖自己也在靈性實踐中對此有深入研究。奧圖在馬爾堡的「舊世界小禮拜堂」（little old-world chapel）進行了「神祕的週夜禮拜」，天主教改宗路德宗神學家海勒（Friedrich Heiler，1892-1967）則在「另一個古色古香的會堂」中進行天主教彌撒。[43]對於這些思想家而言，神祕主義是需要被研究的宗教面向。他們以此建構一個特定詞彙，界定「受造物的感覺」，並賦予它特定的情感反應，但不給予明確的宗教定義。這種感覺的基礎不見得只是基督教的上帝，正如奧圖在《論神聖》中所堅持的，這是在所有宗教中都會出現的獨特細膩經驗。

奧圖在路德研究中，從路德如何更新宗教的本質裡得到了深刻啟發。路德和希伯來先知和新約人物一樣，對於制度的改革並不感興趣。相反地，他們都把目標放在更深層的強大力量上，以此體現並重新建構宗教。路德宗教中的非理性元素既反對理性化，也反對制度化，而這也是宗教改革本身的敘事。因此，奧圖呈現出的特定經驗源頭是新的現象學。方濟各之所以最後沒出現在這個敘事中，就是因為他對組織的改革特別在意。[44]反之，路德則是讓人們對以靈魂和神聖威嚴直接面對面有了新的認識，如此帶來敬畏和愛的主觀感受。

以此方式，路德喚醒了「宗教本能」，也鋪平了後來的道路。自此，路德成為奧圖敘事中的宗教改革者，帶領人重新發現宗教的真理。

奧圖在路德身上找到的上帝是位既可怕又令人敬畏的上帝，也是令人不安又帶有深刻的愛的上帝，這位全能者居住在靈魂的深處。一九一七年四月六日，奧圖在《論神聖》中喚起這一複雜旋律的同年，美國加入了一次大戰。奧圖的書很神奇地為戰後所需的改革提供了願景。作為改革者的路德啟發戰後人們對於上帝的宗教欣賞。除此之外，一九一七年關於路德和路德的上帝之研究，又是如何引導德國重建的願景呢，這是下一節的主題。

06 倫理

賀爾首次出版了之前他在一九一七年十月三十一日為紀念宗教改革進行的演說。賀爾在這部著作中呈現的路德的上帝，與奧圖筆下的一樣，是全能、聖潔、憤怒和慈愛的上帝，既審判人類自私的意志，又期待與更新後的意志合一。在賀爾的敘述中，路德和他的上帝

43 詳見 Drummond, *German Protestantism*, 154n7.

44 Schüz, *Mysterium tremendum*, 215.

在一九一七年被賦予了特定的政治意義，這一點在初版中已十分明顯，但之後變得更加明確。這在賀爾其他的新教改革研究中也十分明顯。賀爾在一九一七年底加入了新成立的德國愛國黨（Deutsche Vaterlandspartei），這個組織在德國面臨越來越不確定的戰爭結果時推動德意志的民族主義。賀爾筆下的路德形像是如何承載這個政治聯盟的印記，又如何保持德國社會改革者的姿態，則是本節的主題。

雖然奧圖的《論神聖》和賀爾的《路德怎麼理解宗教》這兩個文本，常被解讀為不同學科與不同的知識關懷，但它們在定位路德上帝的神祕本質以及路德的經驗在宗教史的關鍵意義上，有高度的相似性。這兩個文本暴露出類似的動機，即要尋找出否定理性化的宗教概念。兩者的核心都是路德對上帝的經驗，特別是這些經驗中的非理性面向，同時又把「聖潔」直接等同於這個非理性面向，而非一個神聖屬性。[45]賀爾明確使用了「聖潔」一詞，指稱奧圖說的那種經歷上帝可怕審判的現象。用賀爾的話說：「就此意義而言，聖潔變得更強而有力，使我們脫離了平穩的舒適圈。聖潔變得可怕而有壓力，是難以承受的審判：有如上帝打算吞滅路德一樣，甚至也要吞滅我們。」[46]這段話中的「審判」，反映了賀爾對一九一八年德國敗戰的神學詮釋，[47]亦即德國正在經歷上帝的審判。

但審判的經驗是自相矛盾的。賀爾借用奧圖另一個關鍵用語「神祕」，將它直接放在路德身上。「這證成了他所說的，所謂宗教的真正起源，是並不主動尋求，也非自己欲想的神聖經驗。」賀爾談到路德時說，「在那個寂靜的夜晚，突如其來地，『神祕』出現了！」[48]上帝與無法選擇也不配遇見上帝的人直接面對面了，這個恩典稱義的經驗，在此直接成為了宗教經驗。就敘事的線性進展而言，這是一場白白得到而又令人費解的相遇。

然後那個與神祕相遇的人成為了典範。宗教歷史變成一部宗教典範人物的歷史，不再以傳統的線性軌跡描繪，而是奧圖和賀爾所說的關鍵字——宗教典範人物們所見證的宗教本質。因此，賀爾從希伯來先知、保羅和中世紀晚期德國神祕主義者陶勒（Johannes Tauler，1300-1361）的傳統中，[49]回應了奧圖所說的路德在宗教史上的重要意義。

不過，雖然賀爾和奧圖兩人都以路德稱義的經驗建構自己的宗教觀點，結果還是十分

---

45 Holl, *What Did Luther Understand by Religion?*, 62n34. 在這個注腳中，賀爾解釋了他所說的「神祕……在路德的上帝概念中……是明確力量的來源」(62）：「今天，宗教中的神祕元素的概念，就像『非理性』的概念一樣被濫用。」賀爾的論戰，是針對那些只視宗教為神祕的人，用他的話來說，這是「所不認識而敬拜的『未識之神』」(62n34)。這段話也非常接近路德攻擊伊拉斯謨說的「超越我們（理解）的事，與我們無關了（Quae supra nos, nihil ad nos）」的區分。

46 Holl, *What Did Luther Understand by Religion?, 67.*

47 詳見 Poder, "Lutherrenaissance im Kontext," 196.

48 Holl, *What Did Luther Understand by Religion?, 75.*

49 Holl, *What Did Luther Understand by Religion?*, 74.

不同。賀爾的史學作品是根據「宗教良心」的基本概念來形塑宗教歷史的；賀爾在一九○○年開展的工作中，聚焦在初代教會的拜占庭修士，並在他們當中發現這種宗教傾向，特別是新神學家聖西麥翁（Symeon the New Theologian，949-1022）。賀爾相信他確立了替代奧古斯丁模式的神祕主義形式；而原本的奧古斯丁模式，是將對上帝的渴慕視為自我的完成。[50]之後當賀爾在一九○九年加爾文四百年誕辰之際轉而研究加爾文時，他發現了自己尋找的反福樂、神祕主義的關鍵內容，就是加爾文的預選說。這是一位任憑己意、無法被人感動的上帝，甚至是要人放棄追求一己幸福的宗教。[51]由此路德可以被放入「宗教卡里斯瑪」的系譜中，他們都是在良心命令的基礎上，經歷了神聖意志的「應然」。[52]不過路德的經驗更為獨一無二，他的自我經歷了自我追求和神聖意志兩者間的激烈對抗。賀爾用與奧圖相呼應的語言來描述這種場景，但這與奧圖對路德的形象描繪並不相同。「當我們被上帝的聖潔震撼而感到敬畏時，我們才稍微模糊地感知到這部分，」賀爾寫道，「我們突然意識到，我們總是本能地欲求不合於我們的天職、不符合神意命令所該思考的事物，可見自我意志和事奉上帝的意志是處於不可調和的對立面。」[53]賀爾將路德視為宗教史上的良心，是「堅強基督徒」的典範（*exemplum*）；他像聖保羅一樣，能夠堅定站立並甘願犧牲自我意志。[54]

作為「堅強的基督徒」，路德對賀爾來說不僅是具有「宗教卡里斯瑪」的人物。即便德國皇帝在一九一八年十一月十一日向英美同盟國投降時，路德卻依然屹立不搖。賀爾此時用的悖論話語，是「在毀滅中依然堅立」。路德稱義的經驗本身，就是甘願將自我降服於神聖預定旨意的悖論。當人們經驗到上帝旨意中的「控訴」時，可能會產生強大的自責，但「堅強的基督徒」會接受上帝旨意，即便這與人類本能會產生的自我愛護，兩者之間是衝突的。

賀爾把路德的個人價值概念，與罪人在全能者面前屈服於預定的旨意兩者做了融合，這成為一個人預備做出「最大自我犧牲」的願景。踩著英雄的步伐前進，這個自我始終堅

---

50 Assel, "Gewissensreligion," 380-81.

51 詳見賀爾探討路德稱義學說的文本：Holl, *Rechtfer- tigungslehre*, 延伸討論則見 Poder, "Gewissen oder Gebet," 54-62.

52 如同賀爾和奧圖之間的互惠一樣，賀爾和韋伯之間也有著引人入勝的連結，他們都認為「卡里斯瑪人格」一詞是研究宗教人格的核心。見 Assel, "Gewissensreligion," 387-89.

53 Holl, *What Did Luther Understand by Religion?, 70*

54 「路德再次大膽呼喚在基督傳統中消失已久的保羅式的呼聲」Holl, *What Did Luther Understand by Religion?*, 86. 一九一七年，賀爾則出版了一本有關戰爭與德國新教之間關係的著作 *Die Bedeutung der grofien Kriege*, 他在其中論證了保羅式「堅強的基督徒」對於建造「無形教會」的重要性。文字轉載於 *Gesammelte Aufsdtze zur Kirchengeschichte*, vol. 3, *Der Westen* (1928), 302-84.

信，即便身處地獄之中，上帝也在那裡同在。[55]〈羅馬書〉八章三十八至三十九節成為賀爾此刻的關鍵篇章。「以保羅的話來說，救恩是確定且無可置疑的，無論身處高位還是低處，無論是掌權的還是有能力的，都不能使人與上帝的愛隔絕。」[56]賀爾用類似辯證神學的用語寫道，「因此路德能透過鬱悶和激憤的神聖之怒，窺見上帝慈愛的旨意。正如路德的精彩表述所言，他聽見了『不論高位還是低處』、『不可！』（Nay）、『我就是！』（Yea）」這些上帝隱蔽當中對他訴說的深刻話語。[57]戰爭的氣氛也在路德這種形象中慢慢沸騰。然而，屬於路德宗的德國甚至在面對英美這群「加爾文主義勢力」時，路德也依舊屹立不搖。賀爾雖然承認投降，也同時繼續要偉大。[58]

在這段期間的工作中，賀爾將路德宗的德國與加爾文主義的英美聯盟放在一起比較。這種對比暗示了賀爾和韋伯之間的的互惠交流，也證明他的新倫理方向很有成效。[59]正是對加爾文的興趣，刺激賀爾建構了會把德國帶往新的、更高道德理想的路德。*Tat* 的概念，或行為，吸引了賀爾，這是加爾文倫理中最吸引他的部分，也是賀爾認為一九一八年盟軍獲勝的原因。賀爾的路德在倫理上很無私，但需要加爾文主義的行為概念來增強，才能達到路德宗英雄行動的理想狀態。加爾文社群形塑出來的人類能動性精神成為關鍵因素，讓賀爾身處戰爭毀滅的衝擊中，仍思考出一個依然堅立的路德形象。賀爾一九二二年在威登堡發表的演說中，表達出他對擁有強大靈性力量的路德宗之新希望，這些內容也在次年發表於路德研究的論文集中。那篇標題為〈路德和熱心者〉（Luther und die Schwärmer）的文章，以十六世紀激進的改革者閔采爾，引導人們反思德國戰敗的失落，並表達了賀爾對未來期許：「藉由良好的社群意識（一個完全屬於路德宗的德國），我們將透過社會立法，來因應未來過度資本主義的行為；反之，英美新教在資本主義剝削面前則會束手無策。」[60]

---

55 Holl, "Rechtfertigungslehre in Luthers Vorlesung," in *Gesammelte Aufsiitze zur Kirchengeschichte,* vol. 1, *Luther* (1923), 152. 在這一頁，賀爾明確地使用了「英雄 [heldenhafter]」這個詞來描述堅強的基督徒的立場。這篇文章於一九一〇年首次發表於 *Zeitschrift fiir Theologie und Kirche* 20 (1910): 245-91 and revised for the 1923 publication

56 Holl, "Rechtfertigungslehre in Luthers Vorlesung," 152 (my trans.);〈羅馬書〉八章三十八至三十九節：「因為我深信無論是死，是生，是天使，是掌權的，是有能的，是現在的事，是將來的事，是高處的，是低處的，是別的受造之物，都不能叫我們與　神的愛隔絕；這愛是在我們的主基督耶穌裡的。」

57 Holl, *'What Did Luther Understand by Religion?,* 80

58 Assel writes that Holl considered the Great War in the theological terms of revelation in history that distinguished between the historical mission of Lutheranism and that of Anglicanism. See Assel, "Gewissensreligion," 383, and his essay "Man stellt es uberall mit Freude fest."

59 關於賀爾如何受到韋伯影響，詳見 Assel, "Karl Holl als Zeitgenosse Max Webers und Ernst Troeltschs"; 或見 Ghosh, *Max Weber in Context.*

60 詳見 Stayer, *Martin Luther, German Saviour,* 46-47; Stayer 引用了賀爾的論文 "Luther und die Schwarmer": 詳見 Karl Holl, *Gesammelte Aufsiitze zur Kirchengeschichte,* vol. 1, *Luther,* 461

賀爾對於自己描繪出的路德良心宗教很有信心，他認為這可以用來重建戰後德國的路德宗社會。一九二〇年代的政治環境其實充滿危機，脆弱的威瑪民主為藝術、文化和思想創造提供了前所未有的機會。不過即使在像柏林這樣的城市街頭，社會主義者和準法西斯軍事團體之間爆發的暴力衝突也越來越普遍。[61]賀爾的想法促使許多有民族主義傾向的路德宗神學家，將路德與德國政治相連結。他們當中的某些人像是赫希（Emanuel Hirsch，1888-1972），最後成為完全支持納粹德國的德國基督徒，也支持他們融合路德宗政治神學和國家社會主義。[62]作為德國改革者的路德，本來要以對上帝的非理性經驗，帶著這份責任服膺於更大的呼召；但對於那時的許多人來說，這個路德完全認同民族國家。

重建德國社會的主題，也成為宗教研究新的重要問題。如果宗教抵制理性化，那麼如何以非理性的宗教經驗聚集並吸引社會和政治動力呢？如果宗教史被講述為具卡里斯瑪式宗教改革者的敘事，那麼他們的經驗該如何被用在機構組織當中，讓宗教動能得以保持和維護？就是因為有這些明確的目的，使得社會學理論在路德文藝復興期間變得更為重要，從而清楚表達出將路德與當時的路德宗相連結、形塑社會和倫理的理論。德國社會學家解決了這個問題，特別是海德堡的韋伯，他與他的室友特勒爾奇，早就開始一起研究宗教教派有關的社會理論。還有齊美爾（Georg Simmel，1858-1918），他也是這個領域的主流大家。路德那種獨特且兼具非理性功能的宗教經驗，如何能成為讓歷史持續發展的倫理基礎？

天主教的丹尼弗和路德宗的特勒爾奇，已經處理過這個問題；賀爾則和特勒爾奇相反，決定將路德的稱義經驗作為現代德國路德主義的關鍵——憤怒和愛，構成新倫理中的悖論。

賀爾從稱義經驗的悖論中推導出他的路德宗倫理學。實際上，這個悖論就是自我無私地順服和無私地為鄰人服務之間的樞紐。而悖論的關鍵，恰恰就在於稱義。賀爾解釋說，在自我屈服於上帝審判的那個瞬間，新的意識出現了：個人良心中對「應然」的命令，甚至是自願屈服的那時刻，都伴隨著「屬於上帝」的感覺出現。[63]這種新的感覺，是賀爾因信稱義思想的關鍵。即使身處地獄，自我也能覺察到自己是屬於上帝的。

在這一點上，賀爾以「高度的自我意識」表達了人類的主體性，它意識到一個犧牲的自我，和一個忍受神聖憤怒的自我之間關係。賀爾定位的「受造物感覺」是經過寬恕後所產生的新的自我意識；自我將感知到之前那個有罪的自我，與「上帝已高舉……並看為寶貴……配與上帝永遠合一」的新自我之間的對比。[64]不過，賀爾還保留了處於審判下的自我和被寬恕的自我兩者之間主體性的悖論。這種種自我意識在審判時刻會持續存在；從審判

61 Peukert, *Weimar Republic*, 32-34.
62 Stayer, *Martin Luther, German Saviour*, 96-117; and Assel, "Die Lutherrenaissance in Deutschland," 35-42.
63 Holl, *What Did Luther Understand by Religion?*, 80.
64 Holl, *What Did Luther Understand by Religion?*, 85.

解脫出來並不會因此將非理性因素消解掉。相反地，審判本身弔詭地就是那個自我寬恕的經驗，這個寬恕是以上帝的旨意為依歸，從而成就了那個一開始造成整個良心危機的「應然」（ought）。新的自我雖然來自於舊的自我，兩者卻大不相同，以上帝旨意為依歸的新造的自我，最終會為鄰舍服事。

重建德國社會是賀爾路德倫理觀的願景。因此，宗教改革者路德要在賀爾所說的「最高層次的道德自治」基礎上，激勵整個德國社會。[65]賀爾呈現這一願景的綱領性文本，是以在一九一九年發表的演講為基礎，並在一九二三年進行修訂、延伸後出版，標題為〈倫理的重建〉（The Reconstruction of Morality）。[66]在這本著作中，賀爾的目標在於呈現經驗如何獲得社會倫理形式，它並非以原初經驗的樣貌直接出現，而是賦予它內在含義。這種理論結構使賀爾得以保留經驗的非理性面向，賦予其在歷史上的生命力。這當中並不必然存在歷史上的具體形式。相反地，對賀爾而言，最關鍵的英雄式行動，是路德對保羅「堅強的基督徒」的再現，這會決定性地將人們帶往「最高層次的道德」。

賀爾的核心問題是：英雄式的行動會如何形塑社會的倫理轉向？如果個人經驗被視為道德標竿，那麼這種經驗如何形塑整體共識？賀爾建立路德經驗的這種模式很難取得平衡。他嘗試引用路德的職業觀來平衡個人和社群間的關係；職業倫理的核心地位，在賀爾和韋伯的互惠交流中再次出現，韋伯早就在《新教倫理與資本主義精神》中研究過相關概念；[67]

賀爾則明確將神聖呼召，定位為每個個人要承擔起基督徒該有的服事。盡到自己的責任，就是順服上帝，也能填滿每個個人對鄰舍的責任。[68]

因此，個別個人在特定的社群中藉由自己的行動，以上帝為個人創造的職業，實現對上帝旨意的順從。順服上帝就是個人對聖召的實踐，是服事鄰舍的行動。賀爾繼續強調，這種順服就是回應「更高層次的呼召」，而這些特定個人被呼召要「承擔最沉重的負擔，並適應最困難的外部限制」。[69]作為朝向上帝的更高道德，為了鄰舍而行動，將會在特定情況下調整普世道德法則。因此所謂的「更高層次」，意味著要在社會中實踐自己的呼召，

---

65 Holl, *Reconstruction of Morality*, 88.

66 Poder, "Die Lutherrenaissance im Kontext/' 197, with nn. 22-23, 這當中解釋了文本內容的發展歷程，最早是來自一九一九年發表的演說；又見 Holl, "Luther und Calvin," for a revised and much longer version as "Neubau der Sittlichkeit."

67 有關韋伯在其著作第三章中，對路德職業觀的延伸研究，標題是「路德的天職觀」，詳見 *Protestant Ethic*, 39-50.「Calling」是英文對原本希臘文「*klēsis*」一詞的通用翻譯，詳見〈哥林多前書〉一章二十六節，NRSV 版本的聖經翻譯成「call」：「Consider your own call, brothers and sisters」。

68 「因為從路德開始，將聖召和服事鄰舍相連結，個人的聖召在他看來，就是上帝分配給個人的一項特殊工作，在執行的過程中（作為神的協力者），一個人也履行了他自己對其他人的責任。」詳見 Holl, *Reconstruction of Morality*, 113.

69 Holl, *Reconstruction of Morality*, 89.

即便這種行動有時要你英勇地犧牲。賀爾堅持這種特殊的路德宗倫理，強調「重要的是，當強者能夠犧牲自己時，才算真正完成了他們的使命」。[70]這種倫理強調個人要能對特定情況適應，因為非理性面向就是無法被制度化。

因此對賀爾而言，路德式的倫理無論是放在教會還是在政治場域中，可能都沒有任何規範性的制度形式。路德的經驗暗示了特殊的精神氣質，這種氣質可以體現在那些在基督裡被釋放的人身上。賀爾使用教會術語來指稱這種精神的靈性層面和社群層面；無形的教會，將是以悖論為基礎的社會形式特例，它的領導在屬靈意義上是卡理斯瑪式的。賀爾從與韋伯的互惠交流中，提出卡理斯瑪型靈性領袖的概念。一個無形的教會，是由卡理斯瑪式權威引導的。[71]而那種卡理斯瑪型職分，並不需要致力於制度化。這當中的權柄，來自基督徒有即使沒有回報，也要順服上帝旨意的責任。即便是英雄式的自我犧牲也在所不惜。

此外，賀爾那種「路德如何成為德國改革者」的敘事，也支持了「要英雄式地為國家自我犧牲」的敘事。當宗教與「政治文化」精神結合時，當無私被定義為義務時，當悖論禁止被制度化時，這個敘事很可能很快就被號稱為更高道德服事的卡理斯瑪型領袖所壟斷。賀爾的德國路德宗倫理，最後終結於一位一意只想將民眾帶往「更高層次道德」而不管制度規範的領袖。施泰爾總結了他對賀爾的路德形象的觀察：「至此，『路德和宗教狂熱團體』還有賀爾關於改革者的大作，最終以路德之名和『基督教最終意義的國度』，用來反對威爾遜主義，以及這之後的產物——威瑪共和國、凡爾賽條約和國際聯盟——而告終。」[72]

07 含義

「路德如何成為宗教改革者」，是二十世紀初的德國思想敘事。這個敘事是對日益理性化和官僚化的社會進行診斷；表現出渴望尋求在世界上生存並喚醒超越的方法。然而，這種從宗教探索出發的文化診斷，被牽扯進沒有預期到的全球政治局勢中。路德的敘事很快就成了普遍意義上的「宗教」敘事。路德的經驗被改寫為自我與上帝之間的對抗，上帝的憤怒打亂了人的狂妄自大，上帝的審判導致軍事毀滅，上帝的啟示也從根本上擊打了人的存在。路德的敘事如何成為德國的敘事，這當中反映了宗教、神學、社會、文化和政治思想與現實之間複雜的交互作用。作為宗教改革者的遺產，路德被這些著名學者深深刻入

---

70 Holl, *Reconstruction of Morality*, 89.
71 Assel, "Karl Holl als Zeitgenosse Max Webers," 221-22.
72 Stayer, *Martin Luther, German Saviour*, 47.

現代德國新教的歷史當中。

一九一七年，身處民族主義和戰爭、毀滅和危機的背景下，路德為新教改革四百週年產出了一位帶有英雄色彩的德國領袖。路德的宗教——與非理性上帝對抗的獨特宗教體驗，成了公共敘事的面向。當時的政治令人不安地閃爍在宗教論述中。路德筆下的上帝並非支持線性進步發展的上帝，而是讓整個國家經歷審判的上帝。傳統範疇的上帝，不足以傳達現代文化和知識的危機。面對德國歷史的憤恨，需要新的語彙來指稱那些在教義上無法命名、但以憤恨面對德國歷史的人。這樣的背景讓路德作為宗教改革者的新敘事應運而生，以非理性的力量引導德國重新在廢墟中站立起來，為黯淡的未來指引道路。

奧圖和賀爾都嘗試講述宗教改革者路德的故事。在路德身上，他們看到了非理性、不可思議和獨特的元素，這些是宗教的源頭活水，還具有更新世界的力量。他們都同意，宗教改革者路德的宗教，有能力抵擋任何社會形式的壓力。路德對上帝的非理性經驗無法被盛裝在有形的制度裡，而是需要看不見的形式來保有更新的力量。

不過，奧圖和賀爾的路德敘事預想的卻是不同的結果。奧圖的路德是為了促進現代社會，透過新教形式將宗教更新；而賀爾的路德，則轉向了德意志民族主義。賀爾在路德身上看到一個堅強的基督徒悖論，以自我犧牲促進新的愛的倫理，這種倫理將滲透整個德國文化。路德作為宗教改革者將引導社會走向無私，這體現了對救贖的反福樂主義。奧圖直接將路德視為宗教的化身，賀爾則將路德視為德國社會的改革者，以自我犧牲的愛的倫理作為基礎。

但是這個關於路德如何成為宗教改革者的敘事，到底對宗教產生什麼影響呢？為了框定之後的討論，這個敘事把特殊的現代經驗視規範化，必然與天主教按立祭司、聖事禮儀和物質性宗教種種制度性特徵相去甚遠。作為宗教化身的路德，只有新教才有，而新教本身就是一種抵制教會制度化的宗教信仰。用賀爾的話來說，新教教會是個無形的教會，是由充滿愛的新教社群之子所組成的社群。就這些面向而言，新教的宗教倫理也並不會被具體化。

愛的倫理基礎並不在法律，因為愛才能使律法得以完全。這樣一來，改革者路德所代表的是存在於世界的一種非制度形式的宗教和道德。現代文化在路德前提式的宗教原初敘事中，不用是具體教會或具體的倫理形式；聖徒社群可以是任何東西，而不必然是教會。

賀爾的路德最終會為了對祖國的愛而犧牲自我，但這個對自愛不予以肯定、偏好無秩序的愛的倫理，其實很危險。賀爾的願景是例外的特殊國家，主體之間的互動沒有具體的道德規範運作。下一章將會探討，這兩種觀點如何對現代宗教產生重要影響，以及它們的矛盾。

第四章　現代性及其矛盾

01「這是我的立場」

一八八〇年代，在德國市集和城市廣場上，德國雕塑家沙多（Johann Gottfried Schadow，1764-1850）於一八二一年完成的路德雕像隨處都可以見到。就像當時人們所想像的一般，沙多的路德雕像有著堅強領袖的面容。一頭烏黑、略顯凌亂的頭髮勾勒出嚴肅的氣質。路德的雙眼緊盯著手上的工作，臉上的線條則刻畫著那份世界歷史人物被假設該有的嚴肅。寬大的黑色學術長袍上錯綜複雜的褶皺，覆蓋著他高大的身軀。這位宗教改革者左手拿著聖經，右手則放在敞開的頁面上，這代表了路德的文化成就在於將基督信仰經典的聖經翻譯成德語。路德的雙腳則彷彿摔角手一般，保持寬闊而放鬆的姿態。他的雙腳牢牢地踏在城市廣場的基台之上，將路德高舉樹立起來。這是他的立場！（Here he stands!，譯注：有雙關意義））（見左頁圖）

在沃爾姆斯受審的幾世紀之後，如今位於威登堡市集上方的梁柱之上，路德已然成了擴張時期德國文化統一的代表。當德國在一次大戰戰敗，也是同一位人物以英勇的自我犧牲姿態站立在那裡。未來的幾十年中，路德依然屹立不搖，支持國家社會主義者的反猶言論，在宗教上維護他們的種族主義暴力。當盟軍的燃燒彈於一九四五年二月落在薩克森州首府德勒斯登（Dresden）時，一邊後方的聖母教堂（Frauenkirche）成了冒煙的瓦礫堆時，路德雕像依然保持原樣，完好無損。有太多的故事把這個人物的命運與德國人的命運和神話，連結在一起。路德的面容會有變化嗎？路德對自己的所作所為會感到悲痛或憤怒嗎？

「這是我的立場」還跨出了德國，轉移到美國：那就是貴格會和耶魯大學教授羅倫培登（Roland Bainton，1894-1984）於一九五〇年所著最暢銷的路德傳記的標題，後來此書被翻譯成多種語言。[1]來自喬治亞州的美國浸信會年輕非裔牧師金恩（Michael King，1899-1984）於一九三四年到訪德國之際，也被路德的形象深深觸動，因此當他回到美國時，將自己和兒子的名字改為馬丁．路德．金恩（Martin Luther King），兩人分別成為了老金恩和小金恩。一九五〇年代和一九六〇年代初期，小馬丁．路德．金恩領導非裔美人捍衛自己的權利。就

1 Bainton, *Here I Stand.*

二〇一六年德國威登堡的路德雕像

David Crossland 和 Alamy Stock 攝影

這樣，從沃爾姆斯到威登堡、從北歐國家到北美，甚至到世界各地，「這是我的立場」的形象，呈現出許多不同的文化、歷史和政治樣貌。路德在沃爾姆斯的那時刻，已不僅僅代表一次良心的展現。它成為塑造認同的力量，無論是好是壞，個人和國家，甚至是全球性的。

正如前面章所述，對於路德敘事的關注是從德國開始的。大約在十九至二十世紀轉換之際，德國路德宗神學家和德國文化批評家，試圖在教會、社會和政治之中，尋找替代理性化的宗教概念。在此狀況下，路德被調用來支持德國文化和政治，但他也同樣是神學家，他的改信是藉由對上帝激烈、轉化性體驗促成的，這種體驗具潛在的顛覆性挑戰。在理性化的世界中尋找非理性面向，在新教資產階級中尋找生機勃勃的繁榮中，路德的生平成為令人著迷的主題。就如我們所見，路德對神聖憤怒的獨特經驗，撼動了神聖愛的自由概念，也確實影響了神學和宗教學術研究。路德筆下那位不可測而充滿活力、有時甚至很難與惡者區分的上帝，成為德國和部分地區新教神學的中心。二十世紀初的神學家將「這是我的立場」這個歷史時刻，視為人類經驗的新維度，在此宗教既具批判性又有建設性，提供了理解自己在這世界的存在和自己位置的新方式。

路德的宗教改革者形象在一次大戰中出現，留下特殊而複雜的遺產。丹尼弗、韋伯和特勒爾奇等學者，將路德和德國新教社會和文化形式的發展連結起來；更擴大來看，路德代表了整個西方現代性、全球現代性，以及牽涉其中的帝國、軍事和外交的延伸。路德的獨特經驗在神學關懷和社會學的交互作用下，被理解為激發和維持特定社會形式和主體的模型。學者們各以不同方式聚焦在路德的改革理念上：丹尼弗的評價較為負面；韋伯讚揚路德關於上帝賜給個人特定職業的發明；特勒爾奇發現路德遺產對歐洲啟蒙運動的關鍵影響。這些思想家將路德的宗教改革與後來的歷史發展連結起來。如此一來，路德的敘事成為現代性敘事的版本中最重要和最關鍵的版本。

本章將探討路德對現代性的意義。這當中的核心問題是：為什麼路德的生平可以持續吸引學者、記者和社會大眾？以及，為什麼這些內容對於建構和理解整個時代具有重要意義？畢竟路德是十六世紀的人物，路德的經驗和他的想法跟今天的我們又有什麼關係？我將檢視路德的敘事如何變成現代性的標準詮釋；路德的宗教改革突破，又如何成為斷開兩個時代的歷史里程碑；還有路德大膽對抗教宗和皇帝的相關內容，如何連動並創造出現代價值觀？路德背對中世紀、站在新教的起點，把天主教會拋在後方，滿懷信心地展望現代。作為宗教改革者，路德的一切作為絕對遠大於只是分裂了西方世界。路德創造了現代性的時代精神——這種敘事就這樣展開了。

路德並不以中世紀晚期天主教的改革者身分而為人所知。路德作為宗教改革者的敘事，是為了合乎對抗制度化的非理性宗教體驗的需要而被創造出來的。路德的創造是一項現代成果。帶著自由、個性和進步的特有價值，「這是我的立場」在新時代來臨之際，將良心的自由作為每個個體的價值體現出來；而這些價值有可能成為現實、成為一種可能性，或者成為對所有人的威脅。本章將嘗試呈現思想家如何以這些現代價值觀，把路德的宗教概念化，然後又以這些內容回頭解釋現代性本身。這些價值觀帶著新教的光輝，它們抗拒宗教傳統中的制度化。路德的宗教並非是某種傳統，路德的宗教就是現代精神。這就像是電力循環論證，路德是這當中的開關。

於此同時，在路德孤獨雕像中，以及它所造成的種種事端，現代性的裂痕也也表露無遺。沙多的路德雕像是在德意志帝國時代文化鬥爭（*Kulturkampf*）的背景下樹立的。路德宗教的反天主教主義，在對神父的監禁以及對特定類型「天主教」神祕主義的神學仇恨中表露無遺。之後，隨著國家社會主義者在威瑪德國掌權，他們把路德惡毒的反猶言論與英雄式的自我犧牲，轉化成民族主義的目標導向。於是現代性中醜陋的反猶主義，最終導致六百萬猶太人遭到屠殺。國家社會主義對世界的野心，變成了恐怖的魔女之夜（沃普爾吉斯之夜，Walpurgisnacht）。

本章將探討現代性起源中無力處理的面向，之後這些又反過來，威脅到現代性的自由成果和前景。此處所謂的起源，不是指現代性形成的社會歷史基礎，像是法律、憲法、技術和科學結構等等被列舉出來的面向。確切來說，我指的是一些標準內容，像是現代人堅持要投入自我的地方有哪些；他們如何定義他們的世界中什麼是好的、什麼是有價值的；

還有他們如何知道什麼該被認定，以及誰會被排除在這種認可之外；他們的生活如何被組成，還有對生死的預想。現代價值觀固然有其合法性和重要性，但也持續受到現實的挑戰，而這些現實暴露了它們在解釋上的概念缺陷。當現代性以特定方式建構特定假設，正當化自由、個人和進步這些敘事的同時，不僅會受到現實邪惡的挑戰，實際上還形塑了現代世界中的邪惡。這個問題的另一面是，一種所謂「現代」精神的實際建構，已經排除了路德於五百年前提出的特定神學問題。後一個問題將在第六章「路德如何成為天主教的改革者」中得到解決，在本章中我們則將探討，為什麼在涉及現代性本身矛盾的現實時，這種精神就會缺乏解釋力。

02 反天主教

沙多雕刻的路德手持聖經。藉由翻譯聖經，路德賦予德國人自己的語言，帶有薩克森式（譯注：路德宗教改革時所在的地區）的政治語調、豐富詞彙、德語句法和感性風格；這些內涵在數百年中形塑了德國式的虔誠和語言文化。沙多的雕像見證了這份語言成就，但它也藉由刻印在開啟頁上的字句，呈現出一種挑釁。路德的右手放在左側的字母上，那上面寫著：「舊約。馬丁路德博士譯。」（譯注：暗示了路德對舊約的獨特反天主教詮釋，

並挑除了某些天主教聖經中的書卷，以後這些書卷就被基督教視為次經，見下文的說明）

舊約是基督教聖經的第一部，也是最長的一部。路德將這個文本從原始的希伯來文（馬所拉文本，Masoretic Text）翻譯成德文。這個決定在路德的時代而言十分新奇。舊約的希臘語譯本，也就是所謂的七十士譯本（Septuagint），是新約作者（如保羅）在著作中引用聖經時所使用的版本。這個希臘文版本，已在天主教官方的拉丁文聖經通俗譯本（Vulgata）中獲得正統地位。在沙多對路德聖經的描繪中，路德的右手指向頁面右側的新約（見下方圖）。路德的手將觀眾的視線從左引導

二〇一六年德國威登堡的路德雕像

David Crossland 和 Alamy Stock 攝影

向右，表示舊約預言在新約中得到應驗。同樣重要的是，路德從原始希臘文重新翻譯新約，這是一五二一年路德在瓦特堡城堡（Wartburg Castle）度過的四個月期間中完成的一項了不起的成就。但是在開啟頁目錄中，我們看到的卻是缺少被稱為偽經或次經著作的聖經文本，這些文本原本包含在通俗譯本和一五三四年路德第一次出版的完整翻譯版本中。路德從原始希臘文中翻譯了這些著作，但他質疑這些作品的正統性。於是，在德國的每個城鎮都可以看到這個作為路德成就的新教經典。

一八八〇年代，這些雕像在德國公共廣場的戰略佈局，讓人聯想起宗教改革的地理遺產。一五五五年九月，查理五世和施馬爾卡爾登聯盟（Schmalkaldic League）成員（新教徒）簽署了「奧格斯堡和約」（Peace of Augsburg），使日耳曼地圖被瓜分成不同領土，其中一些諸侯與新教結盟，另一些與天主教結盟。在之後幾個世紀的宗教戰爭中，德國成為天主教—新教分界的馬賽克地帶。天主教徒和新教徒可以住在一起，但卻堅持信仰上的隔離。像羅滕堡（Rottenburg）這樣的小鎮，雖然與著名的新教大學城圖賓根（Tubingen）隔著內卡河（Neckar River）相望，至今卻仍是天主教教區，人們都是堅定的天主教徒。在路德向自己的大主教——美因茨的阿爾布雷希特（Albrecht of Mainz）——發表九十五條論綱很長一段時間後，美因茨的天主教大教堂才被建造在美因茨最古老的教堂遺址上方，它位在「主教廣場」（Bischofsplatz）新教施洗約翰（Johanniskirche）教堂的街角上。

在德國各地樹立起沙多的路德雕像，等同於向佔德國總人口近三分之一的天主教人口發出強烈訊息。在新教徒為鞏固文化力量而把天主教徒一步步邊緣化、並對他們進行迫害的時期，那個拿著聖經的路德，被視為統一德國的文化象徵。一八七〇年代「文化鬥爭」的核心問題是：宗教在德國社會中的角色為何？到了一八七八年，由於羅馬天主教徒的抵抗，加上俾斯麥的執政黨在與社會民主黨的鬥爭中也需要天主教徒的支持，衝突才稍微緩和。[2]但傷害已然造成：因教派而分裂的深刻政治分歧已被開啟。這使得在十九世紀的最後二十年當中，德國天主教徒大量湧入美國。[3]

天主教徒的投票取向，也一直與德國其他新教地區有很不同的結果。一九三二年，天主教地區的開票結果與新教地區形成鮮明對比——他們以壓倒性的優勢反對希特勒上台。[4]

政治上的反天主教主義，反映在路德文藝復興時期的神學著作中。路德宗的神學家雖然也承認路德有修道院和中世紀天主教的養成背景，但他們的主要關懷在於證明路德的宗教經驗代表了新宗教情感和神學方向的突破，其中最關鍵的還是路德的新教徒身分。作為宗教改革者，路德開創了嶄新而明確的新教精神。正如神學家所定義的那樣，在路德的神學中，任何不能被納入新教情感的元素，都被視為「唯名論的遺留」，成為立敕爾援引中世紀晚期天主教哲學運動的參照，用來拒斥路德隱蔽上帝的思想。[5]為了尋找新教的路德，致使路德宗神學家們關注路德早年的聖經講義，尤其是他的《羅馬書講義》。賀爾以這些講義為主要文本，對路德宗教經驗進行研究，呈現出激進的創新，與中世紀天主教傳統並沒有連結。路德對上帝的新經驗，與宗教史上的宗教創新者的類似經驗，是由同一種屬靈力量所形塑。在賀爾的名單中，這些人都不是天主教徒。[6]

之後，另一個呈現路德經驗中反天主教的術語也被引用。這個術語是「神祕主義」。立敕爾以他的新康德主義計畫，禁用了路德宗神學中的「神祕主義」，將稱義神學的論述轉向其對思想、感覺和意志功能的影響。然而，批評立敕爾新康德神學式理性化的神學家們，嘗試恢復那些描述路德經驗的術語。於是，神祕主義在十七世紀和十八世紀的路德宗正統信仰中享有崇高地位，作為靈魂稱義後的終極歸宿。這些過程被稱為「救恩的秩序」

---

2 Blackboum, *History of Germany*, 197

3 相關歷史詳見 Archdeacon, *Becoming American*, 104-11; 有關十九世紀末和二十世紀初的德國天主教移民的比較文化研究，則見 Kamphoefner and Helbich, eds., *German-American Immigration and Ethnicity*.

4 詳見 O'Loughlin, Flint, and Anselin, "Geography of the Nazi Vote"; 有關天主教徒以投票反對希特勒的事情，詳見 Spenkuch and Tillmann, "Elite Influence?," 20.

5 Ritschl, *Christliche Lehre von der Rechtfertigung*, 220-21.

6 「路德以這種方式思考上帝，作為一種神聖的旨意，將人類提升到與上帝一體而完全，路德以此呈現出，他是從耶穌和保羅而來，是上帝概念的更新者。」Holl, *Rechtfertigungslehre*, 15（作者的翻譯）。

（*ordo salutis*），最終讓人的靈魂與造物主達成神祕的合一。[7]

不過，那些批評立敕爾的路德宗神學家，在二十世紀初使用神祕主義這個詞語時，依然帶有明顯的反天主教傾向。當代丹麥女性神學家佩德森（Else Marie Wiberg Pedersen），記錄了路德文藝復興時期的神學家們，彼此辯論這個術語是否適合應用在路德的生平上。在辯論的初期階段，他們否認這個用詞與天主教的關連。奧圖和賀爾則重新引介了這個用語。

賀爾區分了天主教或「羅馬式神祕主義」（*romanische Mystik*），與特定的德國神祕主義（deutsche Mystik）之間的區別，但最後還是排除了這兩者的區分，轉而贊成保羅的基督神祕主義才是最適合用在路德上的設定。因此正如佩德森所言，賀爾在他的論點中使用神祕主義一詞，是為了說明路德的基督論優於天主教思想。[8]在一九二〇和一九三〇年代，這個用語在致力於推動德國民族主義的路德宗神學家中變得越來越重要。對於希伯格（Reinhold Seeberg，1859-1935）和福格爾桑（Erich Vogelsang，1904-1944）等神學家而言，路德特有的神祕主義，是獨一無二、非天主教的，而且絕對是專屬於德國人的。[9]

這場有關路德神祕主義的辯論，對於講述路德如何成為宗教改革者，以及這位現代性開創人物的敘事，可說是至關重要。這個用語的相關辯論，呈現出人們對在路德身上使用精確用語的特殊焦慮，也呈現了路德宗神學家在建構宗教經驗用語上的嘗試，這個用語既是在指稱非理性的經驗，也指出新舊教之間的對話和斷裂。於是，「神祕主義」以反天主教為中心展開。新教的路德是宣告「這是我的立場」的人物；「神祕主義」也強調了奧圖和賀爾將路德回到保羅的舉動，讓宗教典範的歷史繞過宗教創新以外的天主教對手。因此，路德宗的神學家可以同時呼喚聖經（作為象徵新教起源的文本）和保羅（作為對路德成為宗教改革者的辯護），而不必考慮路德的天主教根源。路德，是源於保羅思想的「自由」先驅。正如我們將在下一節看到的，自由是新教認同的內核價值，但在反抗律法主義時，也可能呈現出模稜兩可的面貌。我們將在下一章中探討這個主題，也就是在這傳統當中有害的反猶太教主義。在這個敘事中，我們將會看到學者對路德宗教經驗的特殊詮釋，如何刻畫出反天主教的邊界。

這種獨特經驗如何可能在歷史上延續？這牽涉到經驗如何形塑社會的問題。在這個問題上，路德的經驗被定位成反天主教的形式。那麼，新教的社會形式又是如何從這種經驗

7 詳見 Helmer, *Theology and the End of Doctrine*, 28-38.

8 Pedersen, "Mysticism in the Lutherrenaissance," esp. 90-93. 佩德森引用了賀爾的延伸注腳 (49) Holl, *What Did Luther Understand by Religion?*, 76-79, 在這當中，賀爾主張路德恢復了保羅的基督論，以此取代了天主教的思想。

9 Pedersen, "Mysticism in the Lutherrenaissance," 94-96.

中產生出來的呢？這個問題的答案涉及新教與路德宗傳統之間的內部辯論，在這當中路德被高舉並賦予新教認同的獨特形式，將等同於現代精神。

03 精神

路德是新教反天主教的偉大長城。「這是我的立場」也發揮了宗派壁壘的作用。不過，新教其實有兩個主要分支，分別是改革宗和路德宗。路德在二十世紀初新教認同的建構中又扮演了怎樣的角色？這問題成為當時知識份子、歷史學家和神學家的核心問題；特別是嘗試解釋路德如何引發西方歷史的變化，從而形成一種宗教共識，而後達到的歷史狀態。

雖然有某些神學家像是哈納克，對之後的理性化過程對宗教原初的自發時刻造成的扭曲提出質疑，但其他學者，特別是對新的社會學學科感興趣的學者，更想識別這些歷史進程的相關問題，解釋它們如何被重新整合，用以表達現代社會的特定價值觀。一九〇四至一九一一年這段期間，特別又扮演重要的形塑過程。

韋伯為新教改革如何變成現代敘事鋪平了道路。在《新教倫理與資本主義精神》（1904/5）中，韋伯使用了新教內部觀點來進行論證。現代資本主義的價值觀，是從加爾文繼承而來的宗教和神學思想作用下的結果，特別是雙重預定的教義和個人獻身於上帝的榮耀。藉由文化、經濟和地理因素的重新安置和交互過程，加爾文主義更成為新教對現代社會影響的代表。之後以加爾文主義為中心的國家，特別是英國和美國，背叛了這種反求福主義的價值觀，一起發了大財。

韋伯在這個歷程中把路德降級成過渡性的角色。根據韋伯的說法，路德對於聖經中談到財富是該被禁止的惡，以及中世紀以施捨作為悔罪的方式，深感負擔。路德的職業觀，為高度肯定各種工作都是為上帝服事的說法奠定了基礎。[10] 路德帶來的概念性轉變，在於上帝認定個人和人們的職業，特別是對於不是神職人員或並未發誓修道的人。加爾文主義者則繼承了路德神學，以加爾文主義獨有的樣貌形塑了現代資本主義。這與韋伯的兩位德國對話對象有關，他們分別是特勒爾奇和賀爾。韋伯以此來釐清路德對歷史現代化進程的貢獻，以及對於德國現代性的獨特描述到底有何重要意義。

韋伯的工作對於討論改革者、路德或加爾文，這當中誰在確認新教認同上別具影響力

10 Weber, *Protestant Ethic*, 39-42。根據韋伯的講法，路德堅持認為，個人行使自己的職業是為了服事鄰舍。當代瑞典歷史學家 Carl-Henric Grenholm 對韋伯的詮釋進行了細緻的區分，並解釋說，路德的概念包含了一個人的職業和回報的概念。一個人可以是為了養活自己和家人而工作。但是除此之外，個人可以同時具有公共和私人職業的特點。舉例來說，路德同時是教授和傳教士、配偶和父親。詳見 chap. 1, "Doctrine of Vocation," by Grenholm, *Protestant Work Ethics*.

而言，具有重要意義。從一五二九年的馬爾堡會議（Marburg Colloquy）開始，兩個教派就已分裂。瑞士改革者無法同意路德神學所說，基督在聖餐禮儀中的真實臨在。整整十八世紀，神學辯論一直進行，就道成肉身包含（或不包含）神性（*genus tapeinoticum*），以及人們是否該認同路德宗神學家，而不是他們加爾文主義的同儕，在十八世紀末到十九世紀初所發表有關「上帝之死」（death of God）的主張。普魯士的新教國王威廉三世（Prussia Friedrich Wilhelm III，1770-1840），在柏林發起了普世合一宣言，合一運動則在一八一七年十一月後開始出現。[11]

威廉三世提倡合一運動背後的政治動機，在於他隸屬於改革宗，卻身在以路德宗為主的地區；究其個人動機，則是為了與他的路德宗新娘路易莎王后（Queen Louisa，1776-1810）對話溝通。[12]他的宮廷牧師、改革宗神學家施萊爾馬赫，即那位讓年輕俾斯麥肯定的人物，則根據福音派的原則，在一八二〇年所著的《基督教信仰》（*Christian Faith*）中，同時為路德宗和改革宗這兩個教派，創造了普世教會的禮儀和系統神學。[13]然而，所謂「合一」（*Unierte*）教會的遺產，最終僅限於極少數的德國新教教會（*Landeskirchen*），而德國路德宗的地景上仍只有少數改革宗教會點綴其中。韋伯的作品中大量運用了地理和教派間的連結，他的身分認同問題成為爭論的源頭，尤其是在一次大戰之後。如果路德被認為是新教德國認同的象徵，那麼正如賀爾所感嘆的，德國敗給英美國家，將是一場國家和文化危機。[14]

賀爾將路德宗形式連結現代新教認同的論述，受到特勒爾奇的挑戰。特勒爾奇在一九一〇年代與韋伯夫婦住在海德堡的同一所房子裡，並在一九一五年雙方鬧翻之前，一直與他們夫婦關係密切。特勒爾奇對宗教改革如何在歐洲取得歷史和社會學的平衡和穩定地位，有他自己的看法。[15]他提出一個思想史的問題，亦即在宗教改革中激起的宗教理念，是以怎樣的社會形式來建立歷史現實的？像韋伯一樣，特勒爾奇對探索宗教改革和新教現代性之間的關係很感興趣。特勒爾奇在一場主題為「宗教改革對現代文明發展的意義」的

---

11 Clark, "Confessional Policy."

12 有關施萊爾馬赫普世著作的歷史面向，詳見 Vial, *Schleiermacher*, 18-19,22-23.

13 書的英文標題「The Christian Faith」會有誤導，這和施萊爾馬赫的願景相去甚遠。德語原文直譯為英文後的意思應該是「根據福音派教會原則，呈現的基督教信仰」。德語標題是：*Der christliche Glaube nach den Grundsatzen der evangelischen Kirche im Zusammenhange dargestellt.* 請參閱第二版的最新翻譯 (1830/31)。Schleiermacher, *Christian Faith*, trans. Tice, Kelsey, and Lawler (2017).

14 「在世界大戰中，我們和加爾文主義勢力之間爆發了衝突，而我們輸了。那麼如果我們接受少量加爾文主義者的力量輸血，不是更好嗎？我認為在德國，我們同時有改革宗和路德宗，是很幸運的。」詳見 Stayer, *Martin Luther, German Saviour*, 26.

15 韋伯和特勒爾奇的友誼是他們思想互惠的基礎，詳見 Graf, *Fachmenschenfreundschaft*.

演講中，開始為他的問題尋找答案。這場演講最初是在一九〇六年柏林的一場歷史學家大會上發表，當時特勒爾奇受邀代替生病的韋伯出席。[16]特勒爾奇的演講標題中使用了「現代文明」一詞可說是意義重大。特勒爾奇承認天主教是一種包羅萬象的文化，但具體形塑現代文化的還是宗教改革。從這種帶有反天主教色彩的劃分，可以看出特勒爾奇的論點——也就是新教比天主教更能適應現代性。因為新教已經掌握了歷史現實，所以也等同已經取代了天主教。

然而，特勒爾奇強調，宗教改革伴隨的影響之論點是該被限縮的。這中間有一系列複雜的因素，包括政治、藝術、國家和宗教等，共同推動並形塑了現代性的過程。特勒爾奇同樣降低了路德的影響力。在路德和中世紀關係上，特勒爾奇和路德文藝復興時期的路德學者之間可說是背道而馳。總的來說，特勒爾奇的路德仍獲益於中世紀天主教的世界觀。[17]特勒爾奇將路德的創新，僅限縮在從教宗統治下解放的部分。由此來看，路德對現代性的影響，主要在宗教理念領域，像是自由；而其他新教徒，像是再洗禮派和虔誠派，在現代主體性領域的影響更大。[18]特勒爾奇強調促成現代進程的其他因素，像是世俗化、技術創新和科學實證主義等，都是從十八世紀啟蒙運動中發展出來的，而不是宗教改革時期，甚至也許與宗教改革相反，這些也讓現代性有了它的特有形式。[19]雖然這些改革者的「舊的新教」和啟蒙運動的「新的新教」彼此互有連結，但還是後者對新文化價值的貢獻更多，而不見得需要回溯到十六世紀的根源。

賀爾讀過韋伯的《新教倫理》，並在一九〇六年聽過特勒爾奇的演說，[20]再加上丹尼弗的路德傳記讓起跑的槍聲響起，賀爾從中受到啟發而想要有所回應。在《宗教改革的文化意義》（*The Cultural Significance of the Reformation*，1911）一書中，賀爾批判性地討論了特勒爾奇論點的各個面向。賀爾和特勒爾奇不同，並不只是把宗教改革的貢獻當成現代性的眾多因素之一，而是在整個著作中試圖爭辯說，路德對現代性的各個領域都有顯著又重要的影響，包括啟蒙運動，還有在教育、政治、經濟和「上層文化」當中都是如此。在加爾文主義者與現代經濟力量相互連結（譯注：這裡意指韋伯新教倫理與資本主義精神的說法）、而後特勒爾奇限縮了宗教改革對現代性的影響力，賀爾也提供了第三種更明確尖銳的選擇之後，韋伯認為路德對現代的影響程度，是在每一個領域中都能感受到他存在的地

---

16 Pauck, Introduction, in Holl, *Cultural Significance of the Reformation*, 16.

17 「所謂新教，尤其是在路德對教會的改革開始之際，一開始只是對天主教的修正，這當中保留了天主教對問題的表述，只是對它們給出了不同的答案。」Troeltsch, *Protestantism and Progress*, 59; also see 44-45.

18 相關例子詳見 Troeltsch, *Protestantism and Progress*, 143,174.

19 Adair-Toteff, ed., *Anthem Companion to Ernst Troeltsch*.

20 Holl, *Cultural Significance of the Reformation*, 25. 賀爾明確引用了韋伯，也在其他地方同時講到韋伯和特勒爾奇。

步。德國人路德不僅是現代文化的象徵，他根本就是現代文化的始祖。

一次大戰之後，賀爾的觀點並沒有改變。賀爾在一九一九年的著作《現代性的重建》（*The Reconstruction of Modernity*），還有一九二三年出版的賀爾文集中《文化意義》一書，都維持了路德和現代性之間關連性的論點。[21]在這些著作中，賀爾的目的不僅是在路德的宗教基礎上建構出一種倫理，以便能在戰後重建德國。相反地，賀爾還把目光看向更廣大的政治目標。到底該要怎麼做才能把專屬於德國的路德，納入更廣大的新教價值中呢？這是賀爾在一九一一年對特勒爾奇做出的回應，也是賀爾整個學術生涯中的重要關懷。特別是在一九一八年，賀爾為了加爾文主義聯盟的勝利而奮鬥之時。賀爾重新討論了有關新教內部地理和教派之間連結的問題，並轉向探討對現代性更廣大關鍵影響的面向。也就是說，路德對軍事、經濟和科學的特殊貢獻，是非常深遠甚至卓越的。賀爾利用他對路德獨特經驗的研究，特別是其中的悖論元素，論證在西方思想的鬥爭中路德的勝利（譯注：賀爾暗示路德思想高於加爾文）。[22]

賀爾、韋伯和特勒爾奇的辯論，在於新教改革如何建立具歷史現實的社會形式。本次討論的重點，是宗教在形塑這一歷史現實中發揮的作用，特別是在現代化過程中不同文化和政治領域的相互連結當中。如果宗教情感隱含實現特定社會和主觀形式的傾向，那麼便可以解釋社會的宗教層面如何與其他文化形式相互作用，這正是韋伯和特勒爾奇設定的研究目標。但是賀爾的立場與他們兩人截然不同。路德的宗教經驗，在現代新教中提供了新的全面性力量，因為這是孤立個體的經驗，也就是路德面對全方位、全面性神聖命令的經驗。賀爾的第三個選項，是將宗教擴展為人類存在的決定性特質；「對路德來說，宗教不僅是最高價值，也是所有其他生命價值的頂點與總和。當然，宗教也肯定不僅僅像是文化成就、主管世界或藝術生活等等用來實現自我的內容而已。」[23] 賀爾就路德宗教的提問，是用宗教概念來回答，這個概念將個人導向全然「應然」的神聖命令。打從一開始，路德的宗教經驗就把賀爾帶往視宗教為全面性力量，能在歷史穩定的實現過程中發揮功能。宗教會帶出全面性且全方位的倫理。

問題是，對個體而言，這種命令又是怎樣一種無所不包的倫理；或者換句話說，個人的獨特經驗如何又以整體意義的方式體現？顯然，賀爾對宗教在現代性中發揮多少作用這

---

21 Holl, "Kulturbedeutung der Reformation."

22 見 Massing 著作的標題 *Fatal Discord: Erasmus, Luther, and the Fight for the Western Mind.*

23 Holl, *Cultural Significance of the Reformation*, 26. 賀爾在與同時代思想家史賓格勒（Oswald Spengler）的一次討論中，表達了他的宗教擁有全面道德功效的立場。斯賓格勒於一九一八年出版了暢銷書《西方的沒落》（Der Untergang des Abendlandes）。賀爾對宗教改革的文化意義實際上是從引用斯賓格勒開始的，並在二十六頁將他自己的立場和斯賓格勒的悲觀主義進行了比較。有關史賓格勒更多的研究，詳見 Bambach, "Weimar Philosophy," 135-39

問題的解答，並不等同於任何特定的文化或制度形式。宗教並不伴隨社會形式出現——它是人類抗拒制度性表現的經驗領域。宗教的非理性面向如何抗拒理性化，這個困擾立敕爾以來神學家和宗教學者的問題，在賀爾的理論中找到解答。賀爾關於路德如何成為宗教改革者的敘事，傳達了一種具歷史現實的倫理，並且就是以這種方式抵制了具體制度。

賀爾的反福樂主義是這個悖論的中心。在這方面，賀爾和韋伯的共同點在於他們關於宗教自我的概念，都是要徹底「斷開自我之愛」。[24]正如我們所看到的，韋伯設定現代新教的禁欲苦行者是加爾文主義者，在職業上雖然可以獲得財富，卻像是被綑綁一般沒能力享受。而賀爾則運用路德的自我犧牲行為消除自我欲求，更強化這種禁欲苦行的狀態。路德稱義經驗的核心在這邊是種悖論，也就是個人意志要將自我消滅，同時也堅信上帝在基督裡的愛，再把人的意志與自我結合起來。因此，這是一種降服的自我，一種悖論式的無私行為，然後在基督裡被賜予了新的自我。在這個行為中，上帝的公義得到實現，自我達到「更高層次的狀態……與上帝合一」。[25]面對包羅萬象的律法和「應然」的個人，藉由相信上帝的愛而稱義，讓人類與自我結合，來將律法完全。這是賀爾對新約聖經中「愛，把所有律法規結於愛的誡命，是對律法的完全實現」這段經文的應用。[26]或者應該說，由於賀爾堅持第一誡命包含所有其他誡命，只有藉由使罪人稱義才能讓上帝的愛完全實現。自我的生命並不是為了滿足自我幸福，而是唯有為了上帝而存在。

在這個問題上，稱義經驗也可以用來說明自我和他人關係的性質。個人對道德行為負責的關鍵，在於與上帝合一的狀態。在第一條誡命中，亦即這個神聖的「應然」得到完全的那時刻，其他所有誡命都會被包含在其中。與上帝合一，創造了全新的自我，藉由這種無私的悖論，能自由地向人展現上帝。賀爾為這種從稱義到倫理的轉變做了解釋：「這表示說，任何真正在信仰上與上帝合而為一的人，都會因此沉浸其中，確實沉浸在上帝對自己的動工之中。於是，那人會成為器皿，成為一個連結媒介，成為一條道路，讓上帝可以藉由這位中保，將上帝的祝福流出分享給他人。」[27] 換句話說，藉由自相矛盾的稱義經驗所促成的與上帝合一，實踐了「無條件的愛的義務」。[28] 上帝的愛，是讓個人將自己的意志與上帝結合的力量，進而創造出「無私的自我」；這個自我能讓自我的整個存在，成為上帝愛的橋梁和中保。因此，愛推動了賀爾描繪的路德倫理美德。唯有愛才能完全律法。當

---

24 Holl, *Cultural Significance of the Reformation*, 37.
25 Holl, *Cultural Significance erf the Reformation*, 30.
26 賀爾明確地提到了新約中愛的誡命：「新約中愛的誡命是有直接且不能妥協的本質，在路德和這條誡命的關係中，又變得更清楚明確。」Holl, *Cultural Significance of the Reformation*, 36.
27 Holl, *Reconstruction of Morality*, 85-86.
28 Holl, *Cultural Significance of the Reformation*, 28.

愛完全了神聖的應然之命令，就成為唯一能激發人對鄰舍付出的美德。

就這部分而言，我們看到賀爾透過神聖憤怒與愛之間的基本辯證關係，解釋了個人對上帝的經驗如何連結個人和社群。愛，是賀爾對路德的稱義悖論經驗如何能在歷史現實中實現問題的解方。賀爾將愛當作個人如何與上帝合一的要素，進而將愛視為個人和鄰舍關係中該要實現的美德。然而，要以愛為核心建立個人與社群之間的關係，其實並非易事。賀爾承認他有關稱義經驗的概念是獨一無二的例外。

只有「堅強的基督徒」會以「道德實踐者的內在信心」行事，所以這人的行為可以讓上帝喜悅。[29]這種個人會完全按照上帝的命令行事，會對「弱者」，「或那些無法藉由屈服自我，而達成與上帝更大合一的人」展現出愛。堅強的基督徒因此會在愛中服事鄰舍，即便這等同於要進一步犧牲自我。[30]堅強的個人隨時準備好放下自我，以服事那些在愛中比較弱勢的鄰舍。[31]

個體人格的特殊性質，就是宗教典範的決定性內容，也是賀爾的路德宗倫理如何成為歷史現實的核心願景。賀爾在同儕保持模糊的內容上繼續前進。賀爾成功處理了挑戰，用獨特的非理性面向來描述宗教體驗，同時展示了這種經驗帶來的倫理可以如何抗拒制度化。愛的悖論，是將人與上帝神結合的神聖動工；這樣一來，愛就成了道德主體藉由無私地為鄰舍服事而表現出來的美德。作為全面性且全方位的道德主體，愛不受制於任何律法，或是管理制度的律則和規範。相反地，愛超越了這些限制，因為愛是在比世俗領域「更高的層次」上運作的。[32]這個「更高的層次」在創造共同體的同時，也因為能挑戰任何制度形式，而得到歷史的穩定延續。賀爾論證說，他的無私稱義經驗理論將在最大程度上創造建立社群。「這是要人能斷開自我之愛。替換掉個體的自我，社群才是首要；只有在社群之中，個人才能發現自己，並且確實地瞭解自己也是要被服事的成員。所以說，這個愛的概念與無形教會的概念之間密切相關。」[33]愛成為社群的基石，是因為個人藉由各自服事鄰舍傳達了上帝的愛。[34]而且表達愛的時候，不會受到律法的約束。因為愛，就是律法本身的實

29 賀爾引用了〈羅馬書〉十四章二十三節：「［這段經文］為路德提供了聖經的證據，證明一個出於信心的行動，才可算是得神所喜悅而支持的程度。」Holl, *Reconstruction of Morality*, 87.

30 「路德對堅強基督徒的概念，限縮在愛的觀念內，而且是片面性的，這當中明確強調了一個重點，也就是只有當強者能夠犧牲自己時，並且為了其他人放棄自己的幸福和權利，才能真正實踐他們的使命，儘管從來沒實現過。」Holl, *Reconstruction of Morality*, 89-90.

31 「『單純』使人可以在其他人中忘記自我，對他而言，這像是一種藝術，只有藉由嚴格的自律才能學會。」Holl, *Cultural Significance of the Reformation*, 39.

32 Holl, *Cultural Significance of the Reformation*, 28.

33 Holl, *Cultural Significance of the Reformation*, 37.

34 韋伯的職業觀，是賀爾以個人表達愛的道德能動性的觀點的思想基礎。賀爾提到，職業在他的倫理學中，所擁有的中心地位。見 *Cultural Significance of the Reformation*, 34-35.

現。[35]

韋伯、特勒爾奇和賀爾討論的共同前提是，路德的宗教創新是包括政治、經濟、國家、國際外交和上層文化等層面的現代文明基石。這些思想家探討宗教和現代世界之間的關係時，對於宗教之於現代性思想的重要性是有共識的。他們三人都同意，現代宗教概念和天主教之間是斷裂的。現代宗教暗示了新教的優越性而排擠了天主教，特別是針對天主教的禮儀規範，還有天主教的制度到底是否還有存在的必要，這些對他們而言根本是還活在落伍的中世紀。此外，這三位思想家都研究了新教內部的差異，藉此探討兩種不同的新教信仰——加爾文主義或路德宗——如何在形塑現代的各個存在面向中發揮了更大作用。

但是，在這當中就屬賀爾最明確建立了宗教和現代性之間的關係，同時滿足於這當中特有的宗教經驗，又符合路德歷史遺產中挑戰制度化的內容。賀爾是位講述路德的宗教改革如何能普遍確立現代精神的思想家，就是這位賀爾筆下的路德，在一次大戰後屹立不搖，成為自我犧牲和強大基督教美德的德國英雄象徵，為戰敗的國家提供了道德指引。按照賀爾的說法，正是這位路德為「更高的道德」奠定基礎，使之滿溢在整個現代文化中，而不僅只屬於德國。沒有任何宗教教派能將愛制度化；相反地，藉由表達愛，基督徒創造了對他人付出愛的無私者社群，這些滲透到現代文化、政治和經濟、教育和政府以及美術等所有領域。路德的宗教提供了一種倫理模式，將社會從宗教中解放出來，但又以另一種宗教形式呈現，構成一種能取代天主教、新的世界的存在方式。賀爾將路德式宗教的社群塑造力量，描述成「目的不是取代世俗秩序，而是使其高貴，將其原始的殘酷轉化為具人性的」。[36]這種宗教不是一種制度，而是現代精神。宗教不用藉由其他文化形式或組織單位存在，也不與這些東西互相依存。相反地，宗教的功用在於賦予現代世俗文化一種特殊的精神氣質。藉由宗教，現代性變得「更有人性」。

然而，賀爾的這位路德實際上還是被限縮在德國之內。更諷刺的是，賀爾宏大的現代精神，後來竟為民族主義政治神學掃平障礙，而且正是因為這樣，賀爾的追隨者才變得很有名，而非賀爾的普世性雄心壯志。[37]用賀爾的話來說，這種倫理本想創造「……永遠無法被帝國主義佔有的德國人民」[38]社會，最終卻陷入被極權主義恐懼統治的國家命運。由愛來驅動的獨特倫理，後來卻讓種族優越論取得正當性，讓國家社會主義者敢於藐視那些原本

---

35 齊克果時常出現在賀爾早年的稱義概念中，儘管到了一次大戰時，賀爾否定了齊克果的個人主義。見 Stayer, *Martin Luther, German Saviour*, 24-25.

36 Holl, *Cultural Significance of the Reformation*, 28.

37 舉例來說，像是 Emanuel Hirsch 和 Erich Vogelsang，見 Stayer, *Martin Luther, German Saviour*, 96-117; 像是 Hirsch 還曾嘗試讓他在哥廷根的前同事卡爾・巴特被解雇，因為巴特拒絕遵守宣誓服從希特勒的禁令，見 Assel, "'Barth ist entlassen...

38 Holl, *Cultural Significance of the Reformation*, 63.

用來保護自由和正義的文化機關。賀爾說的「一個參孫、一個大衛或一個亞伯拉罕，會大膽做出別人以為有罪的行為」，[39]也變成之後邪惡倫理的預言。

04 現代性

晚近的討論也持續呈現出，路德的敘事對於開創新時代所具有的重要意義。這類的對話，尤其出現在加拿大哲學家泰勒（Charles Taylor）的著作《世俗時代》（*A Secular Age*）的思想史敘事裡。[40]泰勒的分析集中在現代意識的喪失，人類生存中將充滿諸神（譯注：宗教並未真的在所謂世俗化後衰落）。另一位美國哲學家吉萊斯皮（Michael Gillespie）則關注中世紀晚期的哲學發展，亦即唯名論如何引發神學的概念危機。根據吉萊斯皮的說法，兩位神學家——伊拉斯謨和馬丁路德——都嘗試以不同方式解決這場危機；而這場危機和不可預測的上帝、不穩定的宇宙，以及由新的創世想像所決定的自由自我有關。[41]泰勒和吉萊斯皮的敘事是這當中的典範，旨在瞭解新教改革如何引入與其他知識和文化運動互動的宗教感，藉此對於身處在這個世界當中的自我產生創新與前所未有的理解。無論這個時代是否有爭議，就如拉圖爾（1947-）的《我們從未現代過》（*We Have Never Been Modern*）[42]書中所說的，或是根據各種序列做區分、已故博伊姆（Svetlana Boym，1959-2015）所謂的

「非現代」（off-modern），[43]這些當代討論都建立在一個世紀前的德國的學術背景上。當代學者反思現代性如何從前個時代出現，宗教和現代存在的關係也在現代性世俗化命題的基礎上提出挑戰。這些都證明了路德對這些相關討論依然深具重要意義——路德是認識現代宗教感的重要基礎。即使在二〇一七年，思想家慶祝新教改革五百週年之際，也重新展開對路德生平的關注，關心路德在形塑現代文化上所發揮的重要作用。[44]

「路德如何成為宗教改革者」的內容，在成為現代精神的敘事情節上有驚人的一致性，也和賀爾的敘述不可思議地相似。德國路德宗哲學家黑格爾，也曾將路德高舉為現代自由的代表。[45]路德在一五二〇年宣揚的基督徒的自由，之後被翻譯成各式各樣的現代自由用

---

39 Holl, *Reconstruction of Morality*, 88.

40 Taylor, *Secular Age*; 另外見新編輯的當代版本：Zemmin, Jager, and Vahheeswijck, eds., *Working with a Secular Age*.

41 Gillespie, *Theological Origins of Modernity*.

42 Latour, *We Have Never Been Modern*

43 Boym, *The Off-Modern*.

44 近年的路德傳記包括有 Metaxas, *Martin Luther* 或是 Massing, *Fatal Discord*, 其他則聚焦在追溯路德對現代世界的思想史影響。

45 Hodgson, "Luther and Freedom," esp. 32-36.

語。所謂脫離宗教權威，表示要建立與鄰舍互愛的「無形教會」。[46]就像哈伯馬斯（Jürgen Habermas，1929-）的著作所言（哈伯瑪斯也是採取這種思考途徑的重要例子），免於審查的自由、個人講學的思想自由，以及人們討論政治觀點的自由，都是自由論述滲透到文化各個領域的例子，也被定位為現代精神。[47]

路德開啟了具有自由特色的新時代，亦即要在教育、宗教和政治生活各個層面，從虛假意識中解放自己，並追求真理與和平的自由。用哈納克的話來說，馬丁路德是「自由的革命者」。[48]如果說自由有一部傳記，那麼路德就是主角。

每當這個故事被重述，這當中所謂的現代價值也被刻入現代意識當中。舉例來說，我們會被提醒「現代」同時是個時間暗示，代表法國大革命之後數年間，也是人為加諸的規範。這些一開始作為宗教經驗和制度、改革和其遺產的創新概念，後來成為構成現代現實的強大概念工具。「這是我的立場」，就成為推進歷史的個人道德主體。現代的自我，有責任和其他人一起共創自己的命運，否則無法和其他人一起走向光明的未來。因此，這個敘事肯定了被認為是現代性創新的價值觀：個人擁有獨一無二的人權、民主制度平衡了個人自由與集體繁榮的關係、現代創新精神形塑了科學進步，以及多元聲音形塑出公共輿論。

當然，批評者直接反對這種現代性詮釋。作為哈貝馬斯和其後繼者，霍耐特（Axel Honneth）的批評者阿薩德（Talal Asad）對此提出挑戰。[49]所謂「另類現代性」一詞，就是為了表明被現代精神的新教比喻排除在外的宗教團體，像是天主教徒、猶太人和穆斯林；他們即使沒被納入主流敘事，但還是繼續存在。而且無論是正向或是消極的，也一樣對形塑現代性有其貢獻。令人欽佩的是，德國企業家容根（Peter Jungen）高明地批判了韋伯對現代資本主義的描述，也對天主教對現代資本主義的貢獻進行了重要論述。[50]美國記者馬辛（Michael Massing）也對伊拉斯謨對現代寬容精神的影響提出了新評價。[51]

但這些批判性的努力並沒有帶來典範的轉移。更重要的是，他們還意外帶來了幫助，因為在他們批評的同時也恢復了它。雖然共同的情節線有被調整和批評，但根本內容卻未受到質疑。在大多數的情況下，對於宗教和現代性的討論都傾向於透過與「新教現代」保

---

46 Holl, *Cultural Significance of the Reformation*, 35.

47 Habermas, *Philosophical Discourse of Modernity.*

48 哈納克寫道：「新教不僅是一場宗教改革，也是一場革命。」對哈納克來說，路德的革命包括倡導不受所有外部宗教限制的自由。「這有高度成果的工作成為了他的負擔，這並非因為他把宗教世俗化了，而是因為他如此認真和深刻地對待它，在他看來宗教充滿在所有一切當中的，但它本身又是從外部的一切當中解放出來的。」詳見 Hamack, *What Is Christianity?* (1986), 277,281.

49 Latour, *We Have Never Been Modem*; Asad, *Formations of the Secular*; Honneth, *Critique of Power.*

50 詳見他二〇一七年十月三十一日在哥倫比亞大學資本主義和社會研究中心的演講。

51 Massing, *Fatal Discord*, 791-99.

持一致的自由主義敘事來建構，像是自由、個人選擇和線性進步觀。在這個現代性敘事的強大復原力裡面，是一個在很容易就被看穿的情節主線中一再重申其霸權的價值觀。

這當中有以犧牲天主教為代價的新教自由、以犧牲社會傳統為代價的個人表達、以犧牲經濟正義為代價的市場進步，以及以犧牲宗教傳統為代價的靈性擴張。這些價值觀都有優越的光環，潛藏高度的自信心，相信能讓人類走向自由。在這種敘事中，路德在十六世紀發起的個人自由，指向了所有人的自由。從起源到目標，現代性的敘事都堅持這種歷史版本。這當中根本沒有彈性讓人去想像路德成為改革者的敘事，可能會有替代框架給出不同的起源和不同目的，甚至給出不同的歷史結果。有什麼東西還有能力可以從根本上對抗這種精神。

05 反烏托邦

一次大戰後的幾代路德學者所要講述的敘事，是要與破壞和屈辱角力、尋找解釋並渴望出現魅力領袖，來反轉戰爭對德國造成的傷害。然而，當時想應用這個敘事的嘗試，無法超越產生這個敘事的那個現實。

賀爾版本的路德敘事就是明證，可以讓人從中清楚看出問題之所在。賀爾的敘事充滿危險性，因為這當中的情節，成了使德國法西斯主義崛起取得正當性的神學工具。賀爾呼籲堅強的基督徒在一九一九年凡爾賽條約後，領導德國進行文化重建和道德重建，並使之更新，這反而為他的後繼者鋪平接受希特勒領導的道路。賀爾的學生赫希利用他的老師關於路德自我犧牲的英雄形像，在戰爭結束後啟動了德國群眾。赫希發展出一種政治神學，當中突出了路德敘事中犧牲的主題。[52]在此基礎上，他運用路德的法律、罪和自由的辯證法，證成一種「願意為祖國犧牲自己的軍事典範」。[53]赫希在一九三四年繼續抱持這種政治立場，特別是以賀爾為路德敘事設定的例外論為基礎。赫希認為有時上帝會命令人採取特殊行動，甚至不惜違反道德規範，因為德國人民就像他們的祖先一樣，特別具備採取這種行動的能力。[54]赫希延續了賀爾的民族主義遺產，一九三四年十月還以此來說服德國福音派教會配合國家社會主義進程。這完全違背了當年五月初簽署的「巴門宣言」（Barmen Declaration）。可預料到的是，福音派教會之後就被支持希特勒的德國基督徒接管。

路德文藝復興時期的神學家，在脆弱的威瑪民主制度下有各種大膽發言。這期間的特

---

52 詳見 Assel, "Die Lutherrenaissance in Deutschland," 36-37.

53 Assel, "Die Lutherrenaissance in Deutschland," 38（作者的翻譯）

54 「造物主創造了一個特別例外的環境，讓那人在這個環境中成為救贖主，擁有對同為受造物的敵人的主權」。見 Assel, "Die Lutherrenaissance in Deutschland," 39（作者的翻譯）。

色是前衛派在舞蹈、藝術、音樂和性方面的表達，此外在文學上也越來越打破傳統。這也造成他們與抗議德國道德崩潰的人們之間產生了越來越嚴重的對立。抗議道德崩潰的這方呼籲要建立法治和秩序，導致政治對手們在柏林和慕尼黑街頭上，造成更多動盪不安。在此期間，賀爾的歷史和政治有高度影響力，像是《系統神學雜誌》（*Zeitschrift für Systematische Theologie*）成立於一九二三年，以赫希、斯坦奇（Carl Stange，1870-1959）和奧爾特豪斯（Paul Althaus，1888-1966）擔任主編，他們的目標是將路德的宗教改革經驗，與他對新教思想的意義連結起來。[55]赫希以這種形式推廣路德宗政治神學，而這種神學主張支持希特勒。奧爾特豪斯同樣公開和國家社會主義者結盟，還在一九三四年六月簽署了「安斯巴赫備忘錄」（Ansbach Memorandum）。歷史學家斯泰爾寫道，這是為了回嗆一九三四年五月三十一日的巴門宣言。斯泰爾寫道，「安斯巴赫備忘錄」樹立了「親納粹的路德宗正統，事實上已偏離了德國基督徒，還有路德文藝復興時期學者的傳統」。[56]起草這份文件的人是埃勒特（Werner Elert，1885-1954），他是奧爾特豪斯在埃朗根的同事，也是著名的路德學者，他在二次大戰後仍活躍於德國神學界。希伯格的兒子埃里希·希伯格（Erich Seeberg，1888-1945）也是賀爾在柏林系統神學的同事，在一九二〇年代和一九三〇年代是熱心的國家社會主義者，同時也是具影響力的路德學者；就是埃里希·希伯格創造了「路德文藝復興」（Lutherrenaissance）一詞。[57]與賀爾有關的學者當中，很少有人會去反對以路德稱義經驗為基礎的政治神學綱領，以及那當中的民族主義傾向。一九四五年後，伊萬德（Hans-Joachim Iwand，1899-1960）肩負起批判賀爾政治神學遺產的任務。潘霍華（Dietrich Bonhoeffer，1906-1945）於一九三〇年參加哈納克的最後一次專題研討，也曾在賀爾底下學習，後來參加了一九四四年七月二十日一次失敗的暗殺希特勒行動，導致他在一九四五年四月九日被納粹謀殺。但是賀爾那危險的路德遺產，卻依然藉由奧爾特豪斯路德神學的英文翻譯，成功地廣傳世界，就像戰後埃勒特的法律／福音辯證法，反而在德國和美國的路德宗神學界裡廣傳一般。[58]路德在這些面向所發生的褐變反應（質變），並未因國家社會主義垮台而結束。

納粹德國的政治現實，潛藏在路德敘事的表面之下傳播。在這當中，從政治神學思想的層面來看，路德的稱義經驗和二十世紀初的德國民族主義產生交互作用。原本憤怒上帝命令的自我犧牲經驗，被轉化成獻身納粹的目的；當人們和神聖命令發生了非理性相遇的

---

55 Asset, *Der andere Aufbruch*, 36-38.
56 Stayer, *Martin Luther, German Saviour*, 131.
57 Pedersen, "Mysticism," 94n45. 佩德森寫道，埃里希．西伯格將路德文藝復興的起源，歸功於他的父親，特別是他一九一七年的著作。
58 詳見 Helmer, "Luther in America.".

特殊狀況時，就必須藐視原有的制度；而那個「惡魔人格」（demonic personality），以其領導力被人表揚。當路德學者在德國處於最低點時，將作為人民英雄的路德復活起來，他們以神學框架將自己的經驗、研究和政治效忠，與國家社會主義的進程整合在一起。德國路德學者將路德的敘事，重述成在良心驅動的特殊情況下斷開權威的勇敢行動。這個模型很容易就被套用在一個該被追隨的領導人身上，這人就是希特勒。這些路德學者認為，路德不只是德國人，更是世界性的歷史人物；而國家社會主義的征服夢想，具有實踐路德敘事的潛力。

在路德文藝復興版本的路德敘事中，最激烈的悖論暴露出隱藏在這個敘述中令人不安的真相。這個真相在我們這個時代仍然值得關注。雖然路德的敘事高舉自由成為核心價值，但二十世紀初的路德卻經歷過那種越過理性和秩序束縛、命定式「應然」的矛盾現實。路德緊抓著罪人與上帝合一才擁有生命的神聖應許，但這種超凡入聖的信仰，卻不能在特定的宗教傳統或教會中被制度化。雖然他提倡對鄰舍要付出無私的愛，但戰爭帶來的卻是殘暴的現實。路德看似一位大膽又願意降服自己的領袖，擁有非理性、克己和順從、勇敢等特質，並願意接受向一切既定事實決裂的神聖命令。在這種版本的路德敘事中，一切都交織在一種危險的辯證法中。當路德成為現代性的開創者時，他的故事暴露了現代性核心所隱含的恐怖。如此看來，路德文藝復興時期的學者，反而無意中為我們留下了一個有用的警告。

賀爾的政治神學，證成獨裁者的例外主義是有正當性的。這個獨裁者用執行酷刑和創造人們的恐懼來制定緊急立法。現代宗教自由被困在排外和謀殺政治中。將上帝視為決定一切現實的願景，很容易就使極權主義的政治得到正當性，而這與現代敘事的核心內容有關，也就是為了大多數人，可以以限制少數人的自由為代價，又讓強勢者擁有例外權力，以便證成他們對群眾的剝削有其正當性。我們無法接受這種會讓人類自大元素再現又毒害現代性的敘事。

第五章　反猶主義的一個檢視案例

01 檢視案例

正如我們所見，路德文藝復興時期的作者所講述的路德敘事，為現代性敘事奠定了故事情節的主軸線。我能理解這種敘事會有不同民族的差異，不論是日本人、美國人和英國人，都從各自觀點講述了現代世界形成的敘事。然而，即使這些民族的敘事不同，卻或多或少遵循作為現代性開創者的路德敘事情節。這個複雜的全球故事，除了能讓我們聚焦觀察到路德是所有敘事當中的關鍵人物，也關係到職業觀、商人、知識權威、經濟和權力等各個面向，不過這已遠超出本書範圍。這個現代敘事的基礎，是對路德經驗中非理性面向的定位，這被用來將宗教概念定義為原初的、獨特的，並且能產生具歷史持久性的社會形式，又不會被制度約束所扭曲。路德的宗教現象學，幫助宗教理論家探討二十世紀初在德國首次出現的問題，也就是宗教如何能歸屬於現代世界？路德文藝復興時期的關鍵人物，像是韋伯和賀爾，認為新教主義是主導現代性中的宗教。無論是將預定好一切的上帝、自被經濟主宰的世界中分離開來而帶來的幻滅感，或是面對令人恐懼又令人敬畏的上帝的個人體驗，宗教都被視為對現代世界帶來貢獻。「路德如何成為宗教改革者」的敘事，最後也成了現代宗教的敘事。

雖然韋伯、特勒爾奇和賀爾三人各以不同觀點，看待路德敘事如何創造了現代新教，但他們都同意天主教和現代精神相互對立。這是因為，若作為宗教現象的神祕主義是基督信仰內部的創新，那麼這個詞就不適用於忠於制度的中世紀人們（在這種論述中，路德本人就是反叛的）。如果脫離宗教權威是一種典範性的成就，那麼信仰就不該受到宗教傳統的限制。如果道德主體是由應然命令的良心所主宰，那麼良心也不能屈從於任何律法。如果宗教實踐屬於靈性範疇，那麼任何認為它真實存在的想像，就成了巫術和迷信。藉由以宗教方法和形式自由的特定術語來定義宗教，現代精神必然會站在與天主教對立的那方，並視天主教為「他者」。就像賀爾所定義的，現代宗教的精神不隸屬於「特定的宗教」。這種精神深刻影響了現代的各個現實層面。就此而言，現代敘事給了天主教徒在現代性中的定位，或者更準確地說，他們沒有可以存在的位置。

在二十世紀悲慘的前幾十年中，現代宗教的敘事也在德國發展出另一個宗教敘事，也就是猶太教的敘事。這個敘事賦予猶太教和天主教完全不同的地位。現代性和猶太教之間的敘事更為複雜，也反映出基督信仰自身在起源上有更為複雜的關係。當天主教被現代新教取代，變成中世紀西方基督宗教的教條遺留後，猶太教的敘事被講述成繼續與基督宗教並存，在基督教歐洲的存在一直處於危險之中。與天主教和現代性的敘事不同，在猶太教與現代性的敘事中有一些獨特的比喻。其中一部分是啟蒙運動下德國哲學文化的產物，與自由新教和自由猶太教之間的密切關係有關。[1]另一部分則宣稱猶太教是「死的宗教」，（據說）在第一世紀就已被基督宗教取而代之、遭人拋棄。[2]此外，還有公民身分相關的宗教認可問題，舉例來說，十九世紀初普魯士國家要求猶太人改信基督教，才能取得公民身分。[3]一八〇四年頒布的拿破崙法典，是歐洲第一部為宗教寬容立法的現代法典；但這種與現代敘事並行且貫穿整個現代敘事的話語權，卻另外由路德文藝復興時期的特定（並非全部）理論家所掌控。在這個版本的現代性中，路德的故事和歐洲猶太人的命運交織在一起。改

1 詳見 Batnitzky, *How Judaism Became a Religion*.

2 哲學家如黑格爾或者神學家如施萊爾馬赫以猶太教作為「木乃伊」的隱喻，強化基督教的觀點，也就是作為一種宗教的猶太教，早在公元一世紀就已經結束了。詳見 Vial, *Modern Religion, Modern Race*; 或見 Newman, "Death of Judaism."

3 施萊爾馬赫也曾討論這個問題。詳見 Vial, *Schleiermacher*, 80.

革者對猶太人的惡毒仇恨被納粹引用，作為一九三八年十一月九日路德生日前夕發生的十一月大屠殺（廣為人知的水晶之夜〔Kristallnacht〕，或稱碎玻璃之夜）的宣傳。

在本章中，我將聚焦在二十世紀初德國學者定義的現代「宗教」脈絡下的猶太教命運。如果路德被稱為現代的化身，那麼他的反猶主義也必須被視為現代敘事的重要面向，因為所有現代敘事都在他的生活和思想中找到了起源和輪廓。這個現代世界敘事的前傳，原本的位置是中世紀的基督宗教世界。但這個從中世紀晚期德國到納粹德國的廣闊歷史縱深的連結，往上回溯至基督教對猶太人特有的態度，最終導致納粹德國有系統地謀殺歐洲猶太人這種前所未有的邪惡行動。本章將路德的敘事作為檢視案例，說明有信心且據稱是解放論述的現代宗教，是如何被其中暴露出的邪惡現實所顛覆。如果透過修正路德敘事和現代宗教的問題，能為宗教的共存引入新的可能性，那麼我們就必須全面修正路德敘事。

02 論戰

在路德的晚年，特別是一五四三那年（路德於一五四六年去世），路德以基督宗教神學家的視角，寫下攻擊猶太人的一些最醜陋的論述。一五四三年，他製作了數百頁的反猶太文本。這當中《論猶太人及其謊言》（*On the Jews and their Lies*）一書特別值得檢視。在這個著作中，路德敦促他的基督徒同胞去「燒毀猶太人的會堂……，強迫他們工作，並嚴厲對待他們，就像摩西在曠野做的一般，摩西因為殺死三千人，避免了全民族的滅亡。」[4]雖然路德的反猶主義，與中世紀基督宗教世界中基督徒對猶太人的普遍敵意一致，但在一五四三年的這篇晚年作品中，以及另一篇同樣惡毒的《論不可知的名與基督的世代》（*On the Ineffable Name and on the Lineage of Christ*）的著作中，[5]路德以難以言喻的粗暴和破壞性，走向更極端的境地。正如美國神學家施拉姆（Brooks Schramm）所言，路德「對猶太教和奉行之人抱持著極度否定的態度」。[6]

路德人格特質中的特殊面向，在面對厭惡的人時，可說是把仇恨展露無遺。路德是改革者，強而有力地捍衛了他有關造物主如何使罪人得以稱義的論述。路德對他的信仰完全沒有任何讓步和悔意。任何不同意他見解的人、阻撓他的人、沒有及時幫助他的人，都成了他失控且無止盡怒火攻擊的對象。天主教徒、穆斯林、慈運理派信徒、再洗禮派教徒，或是路德的某些朋友和神學生，特別是猶太人，全都被納入路德的論戰裡。正如考夫曼

4 Luther, *On the Jews and Their Lies*, in *LW* 47:147-306; *AL* 5:455-607.
5 見本章，注腳 254。
6 Schramm, "Luther, the Bible, and the Jewish People," 10.

（Thomas Kaufmann）那稍嫌含蓄的總結所言：「馬丁路德一直都是他那個時代最具爭議的神學家。」[7]

自路德文藝復興時期以來，如何將路德的人格特質和他的思想表達兩者連結起來的問題，一直苦惱著學者們。當時與之後的學者，全都坦承路德擁有毫無寬容的特性。但在一般的敘事中，這些內容像是被路德稱義的經驗給消音了一般，特別是在一五一七年稱義教義重新定位了基督教神學的重要性之後。賀爾的歷史和神學遺產，在於將稱義的教義，也就是上帝在基督裡使沒有行為和功績的罪人稱義的神聖動工，定位成路德神學創新的起源。透過這樣的定位，稱義的教義就被用來建構路德的生平和傳記。從宗教改革的突破到一五三〇年的奧斯堡會議（Diet of Augsburg），這位宗教改革者的案子受審於查理五世面前，路德的故事開始以連貫的系列被講述，由此發展出路德對稱義的理解。學者們從不同角度點出稱義說的細部差異和路德時代的爭議。路德的神學觀點，是在他們發動的神學辯論基礎上被強調的。雖然「因信稱義」一詞仍是路德的中心思想，但「不憑行為」的附加條件，也在許多宗教戰線上引發激烈無情的爭論，尤其是針對猶太人的部分。

從賀爾開始，對路德敘事的處理方法，就是先區別青年路德和晚年路德的深刻差異。故事是這樣開始的：年輕的路德沉浸在新發現的喜悅中，他發現上帝賜給罪人一個只有上帝才能做到的動工，也就是稱義的禮物。年輕的路德對他所領悟到的真理充滿信心，這種信心激勵他勇敢地站上威登堡的聖所，在政治和宗教力量面前大膽疾呼，嘗試協調出一個團結德國和瑞士新教徒的政治聯盟（沒能成功）。之後的路德，也沒有偏離他對稱義的關懷。一五三〇年後，路德在與農民、革命者、激進革命者、天主教徒以及後來的猶太人和穆斯林的爭論中都強調了這一點。在路德研究的主線中，與他爭論的每一個對象，都為他的真理增添了新一層的頑固堅持，跟每個人的衝突也都讓路德釋放出更多骯髒粗鄙的憤怒。路德年歲逐漸老去，伴隨著頭痛、心臟問題和持續性腎結石而引起的身體不適，他的脾氣越來越陰沉，加上日益蔓延的末日觀點，讓路德的謾罵越演越烈。路德晚年的暴躁脾氣和論戰，有他生命中更廣泛的政治脈絡與各種不同因素。這個敘事的主線在於成為宗教改革者的路德，如何繼續保持改革者的身分，更加激烈地捍衛他的真理，對抗眾多頑固的反對者。於是路德在年老的時候，不得不變得越來越凶悍，因為這些反對力量不僅反對他作為一個人，還反對他發現的真理，也就是那個帶來解放和自由的真理。當然，這種敘事的結果，就是將所有反對路德的人變成他預先告知的現代世界之對手。以這種方式，現代路德研究就不只有一個獨立起源，還包括路德盛怒下所假定的現代性之必然對手，也就是猶太

7 Kaufmann, "Martin Luther as a Polemicist," 2.

人。特別在宗教改革取得成果、變得充滿政治色彩之後。[8]

03 反猶太教

青年路德想要吸引所有男人和女人都接受他在基督裡得以稱義的思想。路德相信，基督的福音是上帝對舊約先祖應許的高峰。路德恢復了福音在中世紀晚期基督徒當中的核心地位和重要性；這些被囚禁的靈魂過去被教導說，教會的傳統和基督傳達的訊息並無不同。於是基督徒背負著教會的命令和要求，對自己任何稱義的可能感到絕望。現在，他們受邀與基督相見，就是那位施行拯救、醫治、救贖、愛和能改變人生命的主。全世界，無論是猶太人還是外邦人，只要接受這樣的福音，都可以被基督醫治。這是路德站在高處傳講的創新宗教訊息，但其中也暗藏著各種政治含義。研究路德的學者便用這個建構出路德攻擊猶太人的論戰框架。

路德一五二三年的著作《耶穌基督生為猶太人》，被視為改革者早年生涯的代表作。[9] 在此之前，路德已在一五二一年在羅馬被逐出教會，著作也全都被皇帝查禁。自一五二〇年以來，路德的三部著名宗教改革著作已傳遍整個德國；路德在一五二二年完成的新約譯本，也被廣泛閱讀。宗教改革已在如火如荼進行中。一五二三年，路德寫了否定童貞女生子教義的文章，針對那些攻擊他是異端的指控進行辯護。路德的反駁策略，是針對耶穌的猶太母親馬利亞提出質疑；耶穌生來就是猶太人沒錯，但耶穌的神性在教義上可用「由童貞女所生」的概念來解釋。路德除了對迦克墩基督論（Chalcedonian Christology）做出簡潔的辯護外，還加上樂觀的倫理學解法。這位宗教改革者曾斥責針對猶太人的行為而去散播謊言的基督徒，並提倡要善待猶太人才能促進福音的傳播。基督徒的言語和行動，兩者應該相輔相成，要讓猶太人歸信宗教改革的訊息，只能藉由慈愛來實現。隨著這著作的出版，路德成為大家熟知的「猶太人的朋友」[10]。不過這個稱號應該是被誇大的；在當時，成為猶太人的朋友會招致基督宗教當局的懷疑，甚至還可能會發生更慘的事情。[11]就像羅伊希林（Johannes Reuchlin，1455-1522）的案例所呈現的，羅伊希林因為反對馬克西米利安一世（Maximilian I，1459-1519）在一五一〇年沒收猶太書籍，遭到美因茨教會法庭的審判。儘管如此，傳說中早年的路德，是一位呼籲要對猶太人採取謹慎行動和仁慈態度的人物。

正如故事中所言，在一五二三年到一五三八年這段期間，路德針對猶太教或猶太人並

8 有關路德從青春活力到衰老的故事，請參閱精彩的傳記，詳見 Lep- pin, *Martin Luther.*

9 Luther, *Jesus Christ Was Bom a Jew,* in *LW* 45:195-230. 這個文本最近重新出版 AL 5:391—440.

10 舉例來說，詳見 Kaufmann, *Luthers Juden*; ET by Sharpe and Noakes, *Luther's Jews,* 61

11 相關內容詳見 Price, *Reuchlin and the Campaign*

沒有說出什麼重要的觀點。在這段期間當中，路德和一個學術團體合作密切，努力將舊約翻譯成德文。這當中的同事，像是奧羅加魯斯（Matthäus Aurogallus，1490-1543），就是從猶太教歸信基督宗教的。一五三四年，路德出版了第一部完整的德文基督宗教聖經譯本；而後到了一五三八年，路德進行他為期十年的創世記講座計畫已經三年。此時此刻的路德，已失去召集委員會來恢復之前被開除教籍的希望了。但路德還有十年的壽命，得要繼續活在一個永遠讓他失望和悲傷的世界裡。瘟疫造成的巨大痛苦、[12]鄂圖曼帝國入侵的威脅、路德個人的困苦，以及與在他眼中損害教義和真理的朋友之間發生衝突等等，[13]這所有一切都讓路德認為，自己現在應該要與上帝一起向敵人發起最後一戰，這些都已迫在眉睫。

根據路德學者的主流觀點，一五三八年正是在這樣的脈絡下，路德一直隱藏的醜陋完全浮出水面。這場攻擊雖然看似空前，但也好像已醞釀多年。路德在他的學術工作中關注的重點是舊約，而非新約。[14]路德翻譯了馬所拉的文本，也做了相關講義，過程中不斷加入拉比的詮釋，這些詮釋都可以在中世紀晚期對聖經文本的特定評述中找到。

此外，路德對馬所拉（希伯來語）文本的研究，也與基督宗教聖經學者對希伯來語的新關懷相互結合。特別是方濟會的利拉（Nicholas of Lyra，1270-1349）、布爾戈斯的保羅（Paul of Burgos，1351-1435），以及與路德同時代的繆斯特（Sebastian Münster，1488-1552）。[15]藉由這些文本，猶太人在路德的思想中獲得重要地位，儘管在路德一生中可能最多只遇過四個猶太人。一五三六年，猶太人被驅逐出路德的家鄉薩克森。路德有關猶太人的信息，多半來自從猶太歸信基督宗教的人所做的描述，而這些內容主要是為了向新夥伴們解釋他們以前的宗教信仰。不用說，這些內容在立場上，都比較是站在他們新基督信仰這方。在這當中，路德發現歸信者馬格利沙（Anthonius Margaritha，1490-1542）的一本著作很有幫助，但這本書卻把猶太教放在特別不利的處境當中。[16] 而後在一五三八年，路德聽到一群波希米亞基督徒（Christians in Bohemia）的故事，據說他們為了傳道給猶太人（查士丁尼法典禁止的活動），採用了猶太文化和習俗，結果被人嘲諷，被稱作「猶太基督徒派」（Judaizers），這詞語源自保羅〈加拉太書〉二章十四節的內容。[17] 路德要對福音的任何妥協保持高度警惕，尤其對是基督徒因為同情猶太人而實踐猶太信仰和行動的任何暗示特別敏感。

---

12 Bell, ed., *Plague in the Early Modern World.*

13 有關於路德和他的朋友以及前博士生約翰內斯·阿格里科拉之間的對抗，如何導致了一五三七至一五四〇年的反律法主義爭端，詳見 Kohli's dissertation, "Help for the Good."

14 史提芬·G·伯內特在他的文章中，有關路德對舊約的大量工作所列出的清單，詳見 Stephen G. Burnett, "Luther and Christian Hebraism."

15 Burnett, "Luther and Christian Hebraism" 9-10.

16 Osten-Sacken, *Martin Luther und die Juden.*

17 這個詞的源起，詳見 Murray, "Judaizing."

在這幾年中，路德寫了現在已廣為人知、四篇具爭議性的反猶文本。一五三八年的第一篇《反對謹守安息日派》（*Against the Sabbatarians*）是為波希米亞事態發展闢謠而寫。[18]第二篇《論猶太人及其謊言》發表於一五四三年一月，是篇關於聖經詮釋的長篇論戰。路德在書中自誇自己在年輕時代，就已經譴責猶太人的謊言，其中包括中世紀基督宗教的「血祭誹謗」（Blood libel），同時指出猶太人會謀殺基督徒兒童並在基督教城鎮投毒等等。[19]到了這個階段，路德早期作品中曾經倡導的善意已完全消失；相反地，路德敦促對猶太人進行最惡毒的報復。一五四三年三月，在《論猶太人及其謊言》之後，是另一部長篇大論《論不可知的名與基督的世代》，這是對希伯來語「上帝的名」的無差別謾罵。[20]著作當中，路德描述並讚揚了自己過去常去證道的威登堡聖瑪麗教堂，在那教堂附近一角有個貶低猶太人形象的雕像：猶太母豬（*Judensau*）。這雕像將猶太人描繪成正在母豬下垂乳頭下吸奶的豬，而一名男子從母豬尾巴下方窺視牠的肛門。[21]第四部《大衛的遺言》（*On the Last Words of David*）同樣出自一五四三年，是路德唯一全面探討三位一體教義的解經文章。[22]

藉由解釋舊約〈撒母耳記下〉二十三章七節的內容，路德一邊攻擊拉比的詮釋，一邊發展出自己的三位一體論。一五四六年二月，路德去世的前幾天，他在家鄉艾斯萊本（Eisleben）證道，隨後發表了《警告猶太人》（*Admonition against the Jews*）的內容。[23]這當中記載著晚年的路德是如何尖酸刻薄地反猶太人。路德對於猶太人的惡毒聲明，居然是改革者在地球上的最後遺言。

這些攻擊文本高密度地發表，其實是值得注意的。在反猶太誹謗、各種謠言，以及從猶太歸信者著作中得到的資訊之上，路德疊加了他原本就熟悉的中世紀基督宗教思想。正如中世紀的基督徒所說，猶太人是殺死基督的人，這種長期的指控與基督徒認同新約福音書中〈馬太福音〉二十七章二十五節的內容有關。當那些猶太烏合之眾，面對彼拉多提問要不要把耶穌釘十字架之際，他們高聲呼喊著：「他的血歸到我們和我們的子孫身上。」[24]要到一九六五年梵蒂岡第二次大公會議結束時，羅馬天主教神學家才公開譴責這種詮釋，但

18 Luther, *Against the Sabbatarians*, in *LW* 47:65-98.

19 Luther, *On the Jews and Their Lies*, in *LW* 47:147-306; 也可見於 *About the Jews and Their Lies*, in *AL* 5:455-607.

20 Luther, *On the Ineffable Name and on the Lineage of Christ*, 在 Schramm and Stjema, *Jewish People: A Reader*, 178-80; 此書中已經有英文版。完整的翻譯詳見 Falk, trans., *Jew in Christian Theology*

21 Brooks Schramm 在 AL 5:609-66 中說明了關於第一部分的英文出版和本文結論。全文將於 2021 年以 vol. LW 61 出版並附帶介紹和注釋。Stephen G. Burnett. See Schramm's article, "Luther's *Schem Hamphoras*," 151-52.

22 Luther, *Treatise on the Last Words of David*, in *LW* 15:267-352. 有關把路德三位一體教義的論述與他的反猶太教連結的詮釋，詳見 Slotemaker, "Trinitarian House of David."

23 *LW* 58:458-59. Schramm 和 Stjema 將文本標註為一五四六年二月七日；摘錄轉載於 Schramm and Stjema, *Jewish People: A Reader*, 200-202.

24 詳細內容可見作者在 MOOC 課程上「路德和西方」（MOOC, "Luther and the West."）的講課內容。

這種詮釋讓猶太人兩千年來一直受到譴責。[25]將背叛基督的猶大視為猶太人的象徵，而同樣背叛過基督的彼得，則成為建造教堂的磐石，這也是中世紀常見的解經策略。路德喚起人們熟悉的「流浪猶太人」想像，他們在嘲笑十字架上的基督後被迫要在歐洲流浪。無論是一二九〇年在英國遭到政治流放、一三〇六年在法國遭到流放、一四九二年在西班牙／葡萄牙遭到政治流放，或是在德國和東歐感受到的不安感，這些基督宗教統治者當局針對猶太人發布的內容，都被認為是對褻瀆神聖的合宜懲戒，也是特殊的宗教罪。這所有一切，都被路德拿來當作辯論和解經素材而再次出現。路德強調，即使猶太人有機會歸信基督，他們也不會這麼做，因為他們的心十分剛硬，這暗指〈出埃及記〉七章十三節中法老排斥希伯來人的心已剛硬的聖經章節。路德以此解釋，為什麼他早年宣布的宗教改革福音訊息，被他同時代的猶太人拒絕。[26]路德寫道，猶太人的苦難是他們頑固拒絕聽從先知的呼召悔改，又不相信基督的結果和證據。這樣一來，注釋、謠言、神話、恐懼和仇恨，甚至基督徒帶給猶太人的痛苦，都被路德當作殺害猶太人和燒毀猶太教堂的正當理由。

路德與猶太人的故事之所以被路德學者如此講述，這當中有路德過高的期待和過度的樂觀，還有傳說中猶太人拒不合作的態度。後來路德鼓吹要人們對猶太人訴諸暴力的呼喊，也被納入新教改革的敘事中。在故事發展的過程中，路德發現不憑行為的稱義，是讓人類獲得解放的教義，但在發現他的訊息沒有被同時代人接受時，他變得越發失望。

在晚年路德的論戰中，天主教徒和猶太人被放在一起受到批評，因為根據路德的邏輯，天主教徒和猶太人都認為上帝要人以行為稱義。然而，對於天主教徒和猶太人的攻擊和指控，還是有潛在的區別。就天主教徒而言，他們把順從天主，與順從身為人的神學家強加給教會的傳統給搞混了。而猶太人服從律法的情況，則被解釋成更嚴重的情況：他們不但是甘心服從，而且是出於內心的剛硬。這種故意拒絕福音的人，只能被直接認定為魔鬼本身。

路德主要的反猶太教論述，被綁定在他的傳記故事和宗教改革的存續和勝利的敘事上。隨著年歲漸長，路德變得越來越暴躁和惡毒。路德的身體崩潰了；他的突破性成果正受到各方威脅。路德對那些同樣研究希伯來文本的猶太人深感失望，於是在最初的喜悅和感動過後，轉為惡毒、偏執和暴力。但這所有一切看似路德反猶主義的內容，卻只是被當作某種附帶現象。若非如此，就是某種隱喻；或者如果也不是隱喻，那可能是某種替代品，也就是猶太人代表了其他某種人，因為畢竟路德真的認識多少猶太人？換句話說，路德的反

---

25 《教會對非基督宗教態度》（*Nostra Aetate,* §4）：「雖然當時猶太當局及其追隨者促使了基督的死亡，但在基督受難時所發生的一切，不應不加辨別地歸咎於當時的全體猶太人或今日的猶太人。教會雖然是天主的新子民，但不應視猶太人為天主所摒棄及斥責，一若由聖經所得結論似的。」

26 Luther, *Against the Sabbatarians*, in *LW* 47:65-98, 也可見 Schramm and Stjema, *Jewish People: A Reader*, 151.

猶主義本身並不是現實的，只有在作為路德為他的宗教改革突破進行持久辯護的證據時，才變成有意義的東西。然而，一九三八年十一月路德誕辰前夕，玻璃破碎的聲音、夜空中瀰漫的煙霧氣味，還有已為大屠殺起草的計畫，都呈現出不同的判斷結果。其實這與其他許多事情一樣，都可以在路德文藝復興時期，再次找到解釋路德反猶太教風暴的根源。

04 掩蓋和迴避

當路德學者堅持以路德傳記為範本來處理路德的反猶主義時，這是否說明學者們是如何看待基督教與猶太教關係的？這當中有個共識：路德的傳記框限了他的反猶主義。一些美國路德宗歷史學者，像是愛德華茲（Mark Edwards）、奧伯曼（Heiko 奧伯曼）和格里奇（Eric Gritsch），以及晚近的德國歷史學者考夫曼（Thomas Kaufmann），都同時表現出想為路德傳記做解釋或提出開脫說詞的舉動。[27]他們都認為晚年的路德才是問題所在；路德後來的文字展現出一個人的原始情緒和報復性情緒，以致路德早年對猶太人可能歸信的熱情受到了極大的挫折。他們也主張，路德後來鼓吹暴力論戰時呈現出病人的咆哮，或是對虛構的「猶太人」之攻擊；這些「猶太人」代表路德當時的對手，對現實中的猶太人生活幾乎沒有影響。在這些例子中，所謂的宗教改革者路德，他的思想開創了世界歷史的全新時代，他對猶太人會有的中世紀的基督徒態度，只是他所處時代的產物罷了。

路德傳記在理解路德的反猶主義方面的調適能力，是突出的歷史學成就。然而，雖然這個敘事在高潮和結局中創造了意義，卻也有效地掩蓋了基督徒實際上到底怎麼看待猶太人，以及基督徒如何與猶太人互動、共存的完整現實。同樣地，猶太人實際上如何看待基督徒，如何和基督徒互動共存的內容，也一樣都消失了。這種敘事迴避了與路德反猶歷史、神學、文化和政治相關的許多重要問題。舉例來說，到底路德手上有哪些資源，才能將舊約的希伯來文本（馬所拉文本）翻譯成德語？直到最近，透過美國歷史學家斯蒂芬伯內特的重要著作，我們才開始瞭解基督徒當初是如何從猶太人那裡學習希伯來語的。[28] 中世紀晚期基督宗教希伯來主義的著名支持者，即前面提到的羅伊希林，在一五〇六年編寫了一部希伯來語語法《希伯來語入門》（*De rudimentis Hebraic is*）。在皇帝的眾多顧問中，當羅伊希林孤身反對在整個帝國大規模沒收和銷毀猶太書籍時，他成了深具爭議性的人物。他之所以這樣提議，就是希望最終能加速這些猶太人的歸信。令人驚訝的是，羅伊希林居然成功

---

27 Edwards, *Luther's Last Battles*; 奧伯曼，*Roots of Anti-Semitism*; Gritsch, *Luther's Anti-Semitism*; Kaufmann, *Luther's Jews*; 早年德國神學家的研究 Borrikamm, *Luther and the Old Testament*, 從法律／福音辯證法的神學角度，檢視路德對舊約的基督教解釋。晚近 Goshen-Gottstein 則使用了新的反閃族觀點。

28 Burnett, *Christian Hebraism.*

說服了皇帝不要這麼做。然而，由於他的寬容態度，科隆大學以「不可以偏袒猶太人」為由，指控他的著作為異端。[29] 雖然這個判決最後在一五二〇年被教宗良十世撤銷，但針對羅伊希林的各種尖酸刻薄攻擊，反映出任何聲稱要與猶太人或猶太教和平共處的說法，都會面對強烈的敵意。[30]

在路德傳記中，也有些常會被迴避掉的細節，像是路德拒絕會見拉比約瑟爾（Rabbi Josel，Josel of Rosheim，1480-1554），或是排斥代表薩克森的猶太人等等；這些人都在一五三六年被驅逐。[31] 拉比約瑟爾以精明的法律辯護而聞名於日耳曼帝國的猶太人當中，由於他與幾位帝國官員擁有良好關係，他贏得了猶太「偉大導師」的稱號。約瑟爾擁有的人脈和說服力，阻止了之前幾次的驅逐。[32] 一五三五年，約瑟爾為了尋求盟友，用盡全力向路德寫信，還附帶一封來自改革宗神學家卡皮托（Wolfgang Capito，1478-1541）的推薦信。約瑟爾希望路德能像他早年風評中的一樣，願意讓他安全地與選民會面。但在簡短的報復性回應中，路德藐視了約瑟爾的要求。路德聲稱，猶太人在和基督徒接觸時表現的固執和卑鄙，就是造成即將到來的迫害的真正原因，而路德對此打算袖手旁觀。之後，約瑟爾就開始將一五三六年的驅逐完全歸咎於路德的著作。[33]

路德究竟為什麼會開始相信有關猶太人的惡毒謠言？他的讀者又如何能接受他尖酸刻薄的文字？還有，為什麼他對舊約的解經是在與拉比解經的持久辯論中進行的？這些都是直到最近才開始探索的問題。美國歷史學家貝爾（Dean Phillip Bell）將基督宗教研究帶往更有質感、更細緻、也更準確的歷史提問，也就是到底猶太人和基督徒在中世紀晚期歐洲的政治格局中，彼此究竟是如何互動的？[34]但是這些問題在路德學術的研究中很少被探討；因為只要想深層探究這些問題，有人就會說，路德和猶太人的一切問題都已獲得解答，而且還是令人滿意的解釋。但事實上他們只參考了他的傳記。所謂的宗教改革者路德的形象如此巨大，以致將他周圍的世界給掩蓋住了。

二十世紀之交，帶有屈辱感的德國民族主義又捲土重來時，路德的反猶主義敘事開始形塑出接下來百年中持續發生的狀態。路德文藝復興時期的新教徒和某些猶太知識份子，都曾將路德的訊息視為代表解放和現代寬容的內容。[35]一九一七年，受人尊敬的猶太哲學

29 Kim, *Bild vom Juden im Deutschland.*

30 Price, *Reuchlin and the Campaign,* 113-37.

31 Schramm and Stjema, *Jewish People: A Reader,* 126-28.

32 Guesnet, "Politics of Precariousness."

33 Shear, ed., *Historical Writings of Joseph of Rosheim,* 314-39.

34 Bell, Jews *in the Early Modem World;* Bell and Burnett, eds., *Jews, Judaism, and the Reformation;* Bell, "Early Modem Jews and Judaism."

35 Wendebourg, "Jews Commemorating Luther," 252-55.

家科恩（Hermann Cohen，1842-1918）寫了一篇題為〈紀念馬丁路德〉（Zu Martin Luthers Gedächtnis）的讚美詩，將路德描述為「德國最強大的開創者」。[36]但一八八〇年代興起的德意志民族主義運動，卻和反猶主義綁架在一起，越來越代表著主流社會和政治的意見。一八七九年的特賴奇克事件（Treitschke affair）是德國反猶主義興起的分水嶺。特賴奇克（Heinrich von Treitschke，1834-1896）是位民族主義者，也是帝國議會（Reichstag）下議院的成員，他與其他德國政客決裂後，公開支持寫在印刷傳單上的暴力陰謀反猶主義。特賴奇克主張排除猶太人並非基於宗教原因，而是對於「猶太人對德國社會的影響」有種模糊感受。猶太人，因為是擁有跨國關係的群體，他們對國家的忠誠度便受到懷疑。他們帶來的國際主義思想，對新統一、正嘗試與其他大國在貿易和殖民地競爭的德國來說，會產生「裂解性的影響」。為了德國的未來存亡，猶太人和其他不受歡迎的移民們，需「毫無迷戀地下決心成為德國人」[37]。特賴奇克以同化論為幌子，公開支持反猶陰謀論，引發自由派的激烈批評。科恩指責特賴奇克遮遮掩掩地倡導同化，骨子裡根本就是要讓猶太人全部歸信基督教，其結果就是將基督教確立為強制性的宗教，侵吞掉主權國家。真正的民族主義者，不論是基督徒還是猶太人，是可以超越信仰差異來找到民族團結的內在紐帶。[38]然而特賴奇克的論戰，為新的反猶運動帶來正當性，這場運動很快將德國民族主義和排斥猶太人綁在一起。幾十年後，特賴奇克的座右銘出現在全德國的納粹標語上：「猶太人就是我們的災難（Die Juden sind unser Unglück）。」[39]

之後，一九一九年凡爾賽的屈辱來到，德國也把戰敗歸咎給猶太人。[40]希特勒在一九三三年上台後，承諾要讓德國再次偉大。他為了發展他的反猶主義計畫，呼喚的不是年輕的路德，而是晚年那個格外惡毒的路德。[41]反猶主義成為讓德國再次偉大的關鍵。

路德反猶問題的傳記詮釋是在德國創立的，當時基督教對猶太人的厭惡正在逐步加溫中。路德學者運用路德的稱義經驗發展出非理性宗教的理論，而這種理論特別將例外情況概念化。就在這些學者寫作的時候，德國對猶太人的實際態度，已被寫入路德的傳記詮釋和相關的宗教論述中。[42]當代有部分路德學者宣稱，一九二〇年代路德《反猶相關著作》（*Judenschriften*）的知識與流通，比我們原本想像的受到更多限制，但這忽略了一個事

---

36 引自 Wendebourg, "Jews Commemorating Luther," 259. Cohen 出版 *laudatio* 於 *Neue Jüdische Monatshefte.* 之中。

37 Rubenstein and Roth, *Approaches to Auschwitz,* 71; 或見 Stoetzler, *State, the Nation, and the Jews,* esp. 155-70.

38 詳見 Poma, "Hermann Cohen's Response," 5-6.

39 Rubenstein and Roth, *Approaches to Auschwitz,* 71

40 Blackboum, *History of Germany,* 373

41 詳見柏林暴政紀錄博物館二〇一七年夏季展覽的目錄：「Uberall Luthers Worte」。

42 Oelke, Kraus, Schneider-Ludorff, Schubert, and Tollner, *Martin Luthers "Judenschriften";* see also Erickson, *Theologians under Hitler.*

實，亦即路德傳記的創作本身，就是藉由經過設計的精確敘事框架，來將路德的反猶主義最小化並為路德開脫。晚年路德與早年路德的心理狀態確實有相當大的落差，但這根本與一九三〇年代和一九四〇年代的現實無關。由於納粹德國的「例外」情況，現代德國社會的反猶主義和種族主義式的反猶主義融合，當此時刻，路德的話語不再被用來傳播福音，而是用來為邪惡辯護。

宗教學者和那些思考現代性的人，應該觀察路德的傳記如何被用來組織能闡明現代精神核心原則以外所隱含的延伸含義。路德傳記的明確目的是建構現代的宗教概念，這種概念被詮釋為和制度化的宗教對立。此外，路德的宗教經驗被視為一種激進的宗教創新，很適合用來與當年從猶太教改信基督宗教的使徒保羅對照。路德的非理性經驗，帶來能忽略律法但又完全律法的愛之精神。這種精神被認為是典型的現代精神。路德的傳記因此有了例外論，藉以強調現代的自由價值。然而，於此同時，這種從路德經驗中假設現象（這本身就是理論刺激下的產物）帶出的理論發展，刻畫了對號稱以律法為基礎的宗教的強烈反感，只因為這種宗教早該被基督宗教取代。宗教和現代性的特殊一體性，被呈現在路德的傳記中，這對於如何看待猶太教在現代性中的處境具有重要意義。在法西斯主義的歷史脈絡下，這些影響以特別惡毒的形式成為了現實。

當邪惡無法繼續掩蓋和逃避、真正被顯露出來的時刻，就會挑戰原本的敘事，檢驗它是否足以理解真實。由此看來，批判性的研究有其必要，這樣才能就路德的故事究竟如何被導向邪惡進行事實調查，特別是透過納粹德國那些路德宗神學家和牧師。

晚近針對路德宗神學家為第三帝國出謀畫策的學術研究成果，帶來了重要轉折。加拿大歷史學家斯泰爾，在他二〇〇〇年的重要著作《馬丁路德：德國的救世主》（*Martin Luther, German Saviour*）中奠下基礎。這部著作觀察到重要的德國路德宗神學家對國家社會主義的效忠。[43]正如斯泰爾所指出的，這些路德宗神學家，包括埃勒特、阿爾豪斯和赫希，在使納粹政權正當化的政治神學中，重新詮釋了路德對律法的理解。美國歷史學家赫舍爾（Susannah Heschel）二〇一〇年的著作《雅利安耶穌》（*The Aryan Jesus*）研究了耶拿神學院的國家社會主義意識形態。[44]赫舍爾表示，國家社會主義者和創立在耶拿的「消除猶太人對德國教會生活影響的研究機構」（The Institute for the Study and Elimination of Jewish

43 Stayer, *Martin Luther, German Saviour*.
44 Heschel, *Aryan Jesus*.

Influence on German Church Life）之間存在明確的聯繫。該機構於一九三九年五月六日在瓦特堡城堡（Wartburg Castle）創立，路德在躲避政敵的那段時間也曾在此地翻譯了新約聖經。這個研究機構的目標，是從路德的讚美詩、教理問答和聖經內容中，找尋任何有關希伯來語或猶太教的東西。

斯泰爾和赫舍爾的原創性著作，幫助我們更清楚地看到，一九三〇年代到一九四〇年代路德宗神學家在捍衛和擁護國家社會主義方面的歷史和神學功用。問題仍然是，當時主流的路德神學和傳記寫作，是如何用把例外論當成現實的方式來框架論述的。當代路德宗神學家已開始整理研究納粹時期路德宗神學家當時做出的抉擇，[45]德國神學家阿塞爾就把這個主題當成研究的中心內容。在《馬丁路德，無所不在》（*Überall Luthers Wrote*）書中一篇題為「路德和第三帝國：共識和告解」的文章中，阿塞爾記錄了一九三〇年代及一九四〇年代的著名路德宗神學家，明確支持了反猶太人和反猶主義的政策。阿塞爾特別關注路德法律／福音辯證法的神學主題，這成為神學家呼籲人們要服從納粹國家的工具。赫希在這段歷史中成為特別有害的人物；作為希特勒身邊的神學家，赫希以明確的路德宗神學論述積極鼓勵謀殺猶太人。[46]

路德作為宗教改革者的敘事，掩蓋或過度簡化了基督徒和猶太人的關係，同時帶來反制度的現代精神（以及對宗教的解釋）。潛伏在現代性敘事表面下的暗流，以前所未有的暴力宣洩出來。在新教基督信仰的基礎上，路德的生平有助於藐視制度的約束。結果是，一位法西斯領袖充分利用了這個敘事來達成自己的計畫。

要理解路德文藝復興時期路德如何代表一個新時代的開始，而新時代的特徵是擺脫一般規範的自由，這又在國家社會主義時代變成例外觀點，帶來有害的發展方向？或者，換句話說，路德的生平如何被投射到歷史上的法律／福音辯證法，而使種族滅絕拿到許可同意證？這需要我們轉向去檢視基督宗教如何看待猶太教的思想結構，還有把邪惡系統化的方法是怎樣被帶入到這個複合體中的？也就是說，我們需要轉向神學的面向。

06 神學

如前所述，從路德反猶太教的檢視案例中，呈現出過去的路德傳記既不具備充分解決基督徒和猶太教之間關係所需要的概念深度，也不具備足夠的史學力量。大多數的路德宗神學家擁護國家社會主義，甚至對國家社會主義是有貢獻的。他們都在第三帝國掌握了重

45 舉例來說，詳見 Ocker, “Martin Luther and Anti-Judaism.”

46 Assel, “Luther und das Dritte Reich: Konsens und Bekenntnis,” in “*Überall Luthers Wrote* ...,” 60-80, esp. 78.

要的學術位置，這暴露了一個根本問題，就是他們利用路德傳記，去創造出國家的例外狀態。在這種情況下，傳記描述了路德如何以越發激烈的惡毒內容攻擊猶太人，以便能消滅他們。

然而，這種解釋本身嵌在一個理論框架當中，這個框架又預設了一組關於宗教經驗和倫理的不同問題。按時間順序排列後的路德文本，讓我們看到路德的反猶主義有多麼根深蒂固，甚至貫穿他所有的作品。二〇一二年，美國路德宗歷史學家施拉姆（Brooks Schramm）和施杰納（Kirsi Stjerna）出版了路德著作選集《馬丁路德、聖經和猶太人民：一位閱讀者》（*Martin Luther, Jewish People: A Reader*），使這種以編年序排列的觀點出現可能。從一五一三到一五一五年的第一次詩篇演講，到一五四六年二月七日路德的最後一次佈道，呈現出貫穿所有文本的反猶太主題。路德在許多著作中，都和想像中的猶太對話者進行了激烈的辯論。無論是書信、聖經注解、證道或神學論文，路德對猶太人可說是完全無法苟同的，特別在他最深切和迫切關注的神學主題上。

路德在進行舊約解經之際，同時也與拉比進行辯論。舉例來說，像是在〈詩篇〉一百一十篇一節希伯來語文本的翻譯中，路德將「主」翻譯為「耶和華（The Lord）對我主（Lord）說：你坐在我的右邊……」，把第一位主（在希伯來語中是YHWH）翻譯成三位一體的第一位格（天父），使用的是德文大寫術語HERR；而第二位主（希伯來語：

Adonai）翻譯為三位一體的第二位格（基督），德文中用 HErr 來代表。路德又以三位一體的第三位格（聖靈），定為在這段經文中的說話者（你坐在我的右手邊）。[47]

這種使用三位一體的延伸意義來翻譯上帝希伯來名字的做法，隨後跟著的就是反對猶太信仰中合法使用這些名字的論述。藉由堅持基督宗教新約、舊約聖經的三位一體論指稱，路德應用中世紀神學中整本聖經要使用一致性用語的觀點，也在他的聖經詮釋中強化了這種共識，堅稱希伯來文語法要被當成三一神的證據，同時這種語法其實是從猶太人那裡得來的。[48]希伯來聖經就其本身，是反對路德手裡掌握的猶太人對上帝理解的論據。[49]

辯證法是路德神學的核心特徵。[50]它的二元對立思想結構，成為路德在基督宗教教義各個面向上向猶太人發起持久論戰的根據。路德辯證式地處理上帝的三位一體本質，以及上帝對人類動工方式的教義。路德透過辯證發展出對於上帝在基督裡稱義動工的理解，這中間貫穿的卻是反猶太論述。基督寬恕那些沒有做善功或是沒有美德的人，三位一體的仁慈

47 Schramm and Sterna, *Jewish People: A Reader.*
48 Helmer, "Luther's Trinitarian Hermeneutic," 56-58.
49 詳細說明基督徒如何從三位一體的角度解讀舊約聖經所使用的一種更優越的神學，以便搶奪舊約聖經的話語權，詳見 Soulen, *Divine Name(s)*。
50 有關和猶太人之間的論戰，是如何形塑出路德的神學思想，詳見 Helmer, *Trinity and Martin Luther.*

本質在這當中成為人能夠稱義的唯一理由。然而，路德堅持的這個基督宗教真理，與猶太信仰代表的另一方，形成一種辯證性的對立參照。如果說基督宗教是「恩典」的宗教，那麼按照路德的對立邏輯，猶太教就是「遵行律法」的宗教。[51] 雖然路德也將「天主教徒」（papists）歸類為藉由服從律法而得到神恩的人，並對他們下了具爭議性的標題；然而路德更認為，猶太教才是這類宗教的中心代表。「天主教徒」是將基督的恩賜轉變成利益交換而濫用了它；猶太人則完全與恩典隔絕，因為他們頑固剛硬地拒絕了基督。[52] 由此，路德藉由激烈的反猶太論戰，強化了他對基督信仰福音的理解。路德的神學立場與他思想的辯證結構，基本上具有高度的一致性。[53]

神學，是門研究敘事內在結構的學科，因此神學家會從多個面向分析語言的表達，像是語言表達與現實之間如何關連，無論是歷史上還是語義上的解釋，都是神學家感興趣的領域。神學研究的另一個面向，是關於形塑特殊表達和預設哲學思想的邏輯。更進一步來說，神學分析也會與一個人行動時的歷史面向有關，例如某個人使用語言表達思想的歷史脈絡為何。神學也會研究教義發表時與先前內容的歷史關係，以及教義之間的邏輯關係。作為研究路德思想基本結構的工具，神學辨別了構成路德反猶太言論語言、歷史、邏輯和教義方面的特徵。路德是我們對神學家的檢視個案，他的反猶主義在論戰、歷史事實、文化應用、政治背景和神學的許多面向上都被表述出來。藉由使用神學工具，我們看到路德的思想結構——不管是他對聖經的理解、教義的委身和辯證法——如何促使路德一路走來始終站在反猶太人的立場上。

此外，神學有助於辨別在改革者路德的現代敘事中被掩蓋的潛在結構。藉由論證路德神學根本是系統性且概念性地反猶，這些神學分析讓我們瞭解只看路德傳記絕對是不夠的。路德的反猶主義，不能僅被解釋為衰老的結果和疾病造成的情緒現象，把路德講得像是基督新教的李爾王（King Lear）一樣。相反地，反猶主義和路德的神學思維方法，以及他的神學教義內容，全都息息相關。在這方面，路德繼承了中世紀反猶聖經詮釋、教義表述和論戰面向上的悠久歷史。路德在他各種神學著作中的反猶表述，以及他對基督宗教真理的堅持，全都可以在舊約的希伯來文法中明確看到，這表示路德對於基督宗教信仰與猶太教信仰兩者之間的對立，其實是十分堅持的，而且終其一生都不曾改變。對路德的神學分析，也呈現出路德對於猶太教確實帶有根本性和強烈的反感；這種反感在路德後來變得越來越偏執後，爆發為明確和公開表達的仇恨。

---

51 詳見 Luther's *Lectures on Galatians* (1519), 引於 Schramm and Stjema, *Jewish People: A Reader*, 64.

52 Luther's *Lectures on Galatians* (1519), in Schramm and Stjema, *Jewish People: A Reader*, 66.

53 詳見 Volker Leppin, Aaron Moldenhauer, Hans-Peter Grosshans, G. Sujin Pak, Stephen Burnett, Christine Helmer, and Kirsi Stjema, "Martin Luther," *EBR* 17（出版中）.

路德和猶太人之間關係的研究，正處在一個關鍵時刻。在這個時間點上能做出成果的關鍵因素，將會是透過歷史研究呈現路德宗神學家在納粹時期，是如何讓反猶主義持續存在的。路德成為改革者的敘事在二十世紀的前幾十年被製造出來，而後的學者也把路德運用在他們推動的民族主義進程上。之後在法西斯主義的脈絡下，路德生平中發表過的反猶言論，萌發成政治上反猶主義的現實。路德的敘事究竟是如何使邪惡的現實成為可能，一直是歷史敘事的焦點。不用解釋就可以知道，這項工作呈現了路德著作和路德神學的多種面向，以及它們被納粹使用的程度。二十世紀德國的反猶主義敘事，是以路德為原創敘事的現代性歷史之重要部分。

這所有一切都表明了從根本上修正路德敘事的急迫性。因為傳說中始於路德宗教改革突破的現代歷史，也包括了政治例外論語境下的反猶現實，所以不能再用路德的敘事來迴避或否認這一現實。邪惡是真實的，因而我們應該要對用敘事結構昇華邪惡的現代敘事提出質疑。邪惡在改革者路德的故事中，以反猶主義和反閃族主義的實際行為爆發出來。作為宗教，猶太教明明持續存在著，儘管以標準的現代精神而言，據說在保羅的戲劇性經驗裡基督宗教早就取代了猶太教；或者說，在現代精神裡，愛早已取代了律法。但是猶太教和天主教一樣，都還持續存在著，即便也許有人會說，根據現代精神，制度性宗教已是落伍的。這些邪惡的現實，都點出了一些特殊問題——亦即宗教，或者說某種特定宗教，是如何在現代世界中被定位的。以猶太教作為檢視案例讓我們看到，那種不讓他者存在的邪惡，或是否定他者存在的威脅都曾經發生過，而且至今仍然存在著。

反猶太教的檢視案例，是路德成為改革者敘事的重要組成部分。這讓我們可以質疑現代敘事天真幼稚的傾向，此外也將邪惡的現實點出來。因此對於路德敘事和現代性敘事進行修正，是有其必要的。神學對這個敘事有其獨特貢獻；路德的敘事是宗教改革的一部分，但並沒有把整個宗教概念都給轉換了。正如路德文藝復興時期神學家所指出的，路德的故事是對歐洲中世紀晚期基督信仰形式的改革，也是一種現代實踐。由此出發的神學觀點能為評價路德的思想結構提供資源，讓我們發現這種結構中除了其他內容之外，還呈現出根本性的反猶主義。接受路德敘事史學上和神學上的真實版本，是有其必要的，而這當中必然包含了中世紀晚期基督信仰和反猶主義。同時，我們也應該以新的探討模式，將宗教重新放進現代性之中，進而在倫理上對宗教進行某種適當的詮釋，以找出宗教在現代性中的適當位置。下一章會探討路德如何成為天主教改革者，將把我們帶往這個方向。

第六章　路德如何成為天主教的改革者

01 今日

本書有個關鍵前提是，當今最有影響力的現代性詮釋，在很大程度上是被製造出來的新教想像。在這前提下，必然結果就是許多被認為是現代的東西，都會與路德的生平有關。二十世紀之交的路德學者將現代性定位成路德宗教改革的突破，甚至也將宗教視為對抗制度化的非理性經驗；而路德，被描述成現代性的典範案例而受到研究。在德國，當學者想把自己的國家寫進現代世界時，他們畫出一條從路德延伸到他們所處時代的敘事弧線。這些被學者認定為敘事情節基礎的價值觀，以及線性歷史的發展方向，都繼續形塑並激發著現代想像。

特別重要的是，路德敘事是如何被講述的、這故事的形成，以及故事產生背後的歷史、文化和政治力量，這些全都息息相關。二十世紀初的德國知識份子，包括賀爾和奧圖、韋伯和特勒爾奇，都把路德視為形塑現代性力量的指南和關鍵，以此進行了研究。他們以一組路德生平的參數，把宗教概念化，並將宗教視為文化現象，與其他文化形式（如經濟和神學、政治和藝術）並列，進行了複雜的互動。他們設定了在現代性下探討宗教的條件，特別是除魅和世俗化的關係，以及對於超越的渴望。到了今日，與宗教定義有關的論辯即使挑戰了舊有典範，也仍然被限縮在一百多年前他們建立的參數基礎之上。

然而，正如我們在整本書中所見的那般，路德的敘事並不一致。雖然表面上這是一個勇敢大膽的英雄故事，但敘事的更深層次卻傳達了另一種現實。當現代性以路德敘事為典範的同時，也把矛盾直接放入其中。歷史上發生的緊急狀況，也影響了路德敘事的主題如何被建構和確定下來。路德敘事也將處在戰爭中的世界和處於文化政治危機中的國家納入，使之成為路德敘事的組成部分。因此現代性也藉由這個敘事，擴大並延伸這當中的意識形態。作為我們的檢視案例，路德對猶太人的仇恨在他的歷史著作中，以及當時製造出這些問題的環境裡，都佔有獨特的地位。

擴大而言，路德的反猶主義，在現代世界和現代基督宗教史上，佔有獨特而痛苦的地位。現代性的主要思想家，不僅宣告猶太教是「已死的宗教」，他們還建構了以這種宣告為基礎的自由和進步故事。在這當中，對於現代性來說一個無法處理的問題，就是猶太教持續存在的現實。儘管概念上猶太教好像已經落伍了，但它仍然在多元教派變遷中持續穩健地存在著。

這些檢視案例引導我們看見並思考現代敘事和反對或挑戰它的現實之間的矛盾。這在今天更為急迫；在我們的當代世界中，這些矛盾以不同的方式出現，已讓這種敘事本身受到質疑。這種敘事對個人的高舉，在當代現實中已演變成一個個孤立的自我，以及對自主抉擇的自我迷戀。但事實上，所謂的自由根本是受到市場演算法的操控，每個個人都是被大數據演算法所決定，選擇權其實是在那些花得起錢的超級富豪手上。科技的進步與無處不在的消費主義，已經完全結合在一起。產品和人們的價值，是用幾乎不受監管的市場機制來計算的。公開發表言論的自由原本被當成是民主的保障，過去是我們對真理進行批判性檢視的行動方式，現在卻成了破壞政論論壇或集會的藉口。懷疑與偏執的妄想、個人一時衝動所發出的言論，以及輕視並貶低推動自由和進步的機構，在在都破壞了真理和社群能夠好好存在的條件。在此全球面臨特別挑戰的時刻，我們正面臨著現代性的矛盾，所以更需要對這種敘事進行清醒的評估。

其實，還有另一種模式可以講述路德如何成為改革者的故事，特別是相對於被路德文藝復興時期思想家創造出來的敘事，這也是我到目前為止一直在討論的主題。在我看來，路德首先應該被理解為天主教的改革者。作為中世紀晚期的天主教神父和奧古斯丁修會修道士，路德挑戰了天主教的神學和宗教實踐上的腐敗，重新調整了自己對基督位格的理解，也重新認識教會分賜基督恩典的使命。路德的改革關懷和他的創新，都是屬於天主教的，雖然他在神學上堅持個人是神聖恩典的個體接受者，但他也為了天主教制度環境將自己獻上。路德那種絕對堅強的神學態度、對上帝恩典的堅持，以及在教會禮儀改革上所做的努力，都是建構路德作為「天主教改革者」（*Catholic reformer*）另類描述的關鍵要素。當舊的敘事當中的矛盾已開始將敘事撕裂，對於既有敘事的修正，在今日能為我們帶來新的不一樣面貌。

在本章中，我的目標是藉由重新聚焦在路德敘事上，從當代視野來解決現代性的具體問題。現代世界的過去歷史已無法掩蓋，但它的未來發展（如果我們還有未來的話）卻需要能分辨現代（包括現代宗教）敘事矛盾的另一種敘事；因為這些矛盾削弱、甚至摧毀了我們存在世界的生活。這樣的敘事需要能使人幸福，並重新定義一種讓人類和地球環境，都能過上公平和美好生活的價值觀。

我希望這一章，能擴大探討在神學、宗教和思想史研究中，宗教對於重建另類現代性概念能帶來什麼幫助。對新教神學家而言，用更廣闊的路德敘事觀點來處理宗教和現代性問題，並非一件簡單的事情，因為目前的許多討論都是在路德作為宗教改革者的基礎上進行的。但是，如果路德被重新定位為天主教的改革者呢？將路德重新定位為天主教改革者，是否會為對宗教在現代性中扮演的角色這個老問題帶來新的啟發呢？在本章中，我會明確就「路德如何成為天主教改革者」提出另類敘事。神學將是我主要的分析工具。這種敘事將如何修正當代世界的宗教議題，則是本章結尾的重點。

02 宗教

路德宗教經驗所具有的典範性質，一直是過往改革者敘事的核心。但是路德作為宗教典範人物的歷史地位，並沒有經過回顧性研究，也就是說，過往研究並沒有就路德的洞察或他進一步發展的概念到底是如何建立在前人基礎上，給予清楚的定位。相反地，路德的經驗彷彿都直接來自於上帝，沒有受到文化習俗或神學教義的影響。就像奧圖所詮釋的那樣，路德的宗教經驗只能藉由感性的現象學來表達，而不能經由理性的認識論來進行分類。因此，宗教只有垂直維度，沒有歷史性的橫向維度。這種宗教經驗是個例外論，這當中的特點是上帝只會隨己意向少數被揀選的人顯現為聖。在這樣的脈絡下，宗教導師被描述為開創新宗教形式的人，就是希伯來先知、耶穌和使徒保羅等人那樣。這些核心人物展現出的德行得以超越律法。正如賀爾對路德倫理學的主張一樣：愛藉由完全律法而擺脫了律法。「典範性」是理解路德現代敘事中宗教問題的關鍵，但在這種情況下，「典範性」也代表著難以將之分類。因此，現代宗教已累積了要定位其「典範性」而有的特殊屬性。自由就是其中一種屬性，比如說，不必服從教會權威就是一種不向團體屈服的自由，此外還有個人表達自己良心立場的自由。正如奧圖所描述的，這導致宗教擁有不受認識論分類的自由，成為一種哲學主張，強調了宗教的非認知性和其典範地位。這也像是路德生平所呈現的那樣：現代宗教的典範性，使現代宗教和集體或過去歷史發展出來的宗教觀念可說是相距甚遠。這當中同時強調了現代宗教相對於過去傳統所擁有的批判性、預言性和創新能力。作為宗教改革者，路德對宗教典範性的洞察，以及宗教在集體存在下出現的制度扭曲，提出了嚴肅的挑戰。然而正如我們所見的，「典範性」也帶有例外論或者優越主義的威脅。就如賀爾的案例一般，對於制度的反抗，也可能會變成一隻「自我吞食蛇」（uroboros，一條吞食自己尾巴、形成一個圓形的蛇）。在這種情況下，路德的宗教典範會以特殊的例外狀況，為了服務民族主義而做出自我犧牲，在這種狀況下，自由反而成了自我投降的條件。

「路德如何成為宗教改革者」敘事中所體現出的宗教概念，已成為現代性討論的核心。特別是當宗教作為一種例外，進入如何在現代世界中保留宗教典範性的當代討論中，這當中的特點是和崇高、神祕的浸潤區隔。在這種脈絡下，超越的概念成為關鍵。這裡說的超越，是指拒絕遵守內在框架規則，揭露創新觀點的典範場域。提出內在框架概念的泰勒，在《世俗化時代》的結語中指出，在今日，詩歌提供了超越的可能。泰勒認為，藉由創造出語言的可能性，詩的語言以「新的模式」觀看世上的事物，挑戰了舊有的分類。霍普金斯（Gerard Manley Hopkins, SJ，1844-1889），與十八世紀德國路德宗神學家赫爾德（Johann Gottfried Herder，1744-1803）和哈曼（Johann Georg Hamann，1730-1788）一道，都是泰勒對於超越語言工具之詩學理論的研究對象。「指稱我們經驗過的事物」的心理功能，與「以新模式使事物為我們存在」的反思意識，[1]泰勒以這個對比表述了一種聲稱可以為特定語言實踐提供範例的當代宗教美學。其他許多當代學者，也借鑑了施萊爾馬赫在藝術與宗教間親密關係的浪漫旅程，認為這可以帶來超越性的美學典範。[2]然而諷刺的是，這個宗教會從世俗的公共場域消失的觀念，本身就具有諷刺意味。再次重申，路德的宗教是沒有宗教制度的宗教，但會以其他可預測的方式，讓典範性重新出現在宗教討論中，以及這個由消費者驅動、緊密關連的世界中。

然而，宗教典範的問題同樣需要經過批判性的檢視，因為這也是路德成為宗教改革者敘事的產物。這個敘事與其他故事一樣，都肯定了某些可能性，但也否認或否定了其他可能性。雖然「典範性」對宗教概念來說確實很重要，宗教歷史上也真的存在具獨特魅力的

1 Taylor, *Secular Age*, 756; see 755-61 也可參考 Hopkins、Herder 和 Hamann.

2 Schleiermacher, *On Religion*, 35-36 (speech 3).

個體，但它所帶有的核心主導性質，不該用來排除其他有助於識別「宗教」特質的現實屬性。宗教的現實以不同序列出現，出現在禮拜儀式和藝術中、也出現在語言和關係中，還出現在觀念和實踐中，這些表現形式都是需要進行分類的概念。此外，當一個屬性被發現時，它就會挑戰原本一般性標準的概念，並可能擴大它，或至少修正它。舉例來說，研究天主教信仰想像的天主教歷史學家就證明，物質和超自然之間的交互關係，並沒有因為現代人否認它的存在，就真的被取代。

聖靈在五旬節教派透過方言而顯現、賓州和愛荷華州那些按傳統技能生活的阿米甚人（Amish）的信仰活動，以及布魯克林的哈西德派猶太人（Hasidic Jews）將安息日神聖化，這些都是很有力量的證據，呈現了宗教信仰的方式能為「宗教」概念增添新內涵。這些宗教的表現形式不僅具典範性，又是尋常的，甚至模糊的，以其戲劇性和多樣性，挑戰了主流敘事。[3]

就連路德神學的概念，也禁不起針對他概念的規範性檢視。立敕爾很難定位路德的隱蔽上帝在思想上的一致性，就是那個讓賀爾和奧圖著迷的同一位上帝。他甚至將路德上帝的這個面向，視為唯名論的遺留，認為如果路德更清醒，應該會從教義中將之刪除。[4]此外，路德文藝復興時期學者，對於路德宗教特有的神祕主義所做的討論，也顯示出他們對路德神祕主義傾向的不滿。他們想在路德宗教經驗的描述中把這部分加進去，然而這麼做了之後，又不得不刻意做出和陶勒的「日耳曼」神祕主義之間的區別。他們也無法把路德神學歸類為早於中世紀天主教傳統的其他時期，或是中世紀「羅馬式」的神祕主義，因為他們認為這些思想對於路德沒有任何影響。[5]換句話說，路德宗教典範的主流思想也受到它本身敘事的挑戰。路德敘事的內在不連貫性，或說這當中的不穩定性其實很重要，因為這在現代性的描述中扮演了重要角色。

路德文藝復興時期的思想家，以原始現代主義的方式講述了路德生平，這當中有的內容來自天主教，與現代性格格不入。因此若我們重新建構這個敘事，認真看待路德改革中世紀晚期天主教神學和天主教禮拜實踐的具體目標，就有可能建構並推動當代世界新教和天主教教派之間建立更有意義的關係。「路德如何成為宗教改革者」的主流敘事，是用不加批判的反猶主義講述的。而我所提出的重構敘事，對路德的反猶主義進行了批判性的修正，從而修正並拓展了當代基督徒與猶太人之間的關係。本章的目標就是要重新建構這個敘事，這與路德作品當中提供的歷史、神學和哲學素材，彼此相得益彰。有鑑於當代面臨

3 Orsi, *History and Presence;* 另外見 Crawley, *Blackpentecostal Breath.*
4 見本書第四章的相關討論。
5 見本書第四章的相關討論。

的挑戰有其急迫性，我們應該將這個新敘事放入特定的背景和脈絡下。此外，這也有助於重新思考宗教在當代世界中的作用。這個版本的敘事集中在「**路德如何成為天主教改革者**」的關鍵問題上。特定的宗教觀，是形塑現代性意義的構成要素，因此為了更好、更充分地辨認現代性的挑戰，並以更合宜的策略和替代方案正面面對這當中的矛盾，重新概念化現代宗教的模型和起源有其需要。

03 重建敘事

針對任何已被視為社群價值和認同基礎的敘事進行修正，都是需要時間的，更何況一個與我們自己所處時代同時並存的敘事更是如此。一個帶有共同性的主題敘事又是如何演變而成的？同樣地，這也是經過時間的積累而出現的。為了重探舊的詮釋並提出新的問題，我們必須確立新的文本。這需要以新的理論和史學方法，來重新評估史料。對哲學、神學與文化問題和洞見，會重新定位主題被討論和接受的，有時這很費時，有時可能很快。對傳統詮釋有共同關注的學術同儕，彼此間會進行交流。隨著時間的推移，在這些互動中也會產生出新的問題，以及可能的解決方案。對於不同詮釋進行比較、提出各種不同選項，以及對諸多替代方案的嘗試，都讓我們澄清對概念的詮釋，也會訂定出標準。不可避免的爭議形塑了敘事，彼此之間的討論和交換意見則讓敘事有了一致性。這個過程需要時間、努力和勇氣，才能讓我們以不同的方式看待事物。

所有這一切，都是過去半個世紀裡探討路德新敘事輪廓的前奏。這當中也有獨特的文化位置，與各自歷史、神學和哲學探究的系譜。它們有時在學術界和教會圈的某些地方被安靜地講述，但總是有明確目的。這種敘事也開始得到普世的肯認。一九九九年，羅馬天主教神學家，其中包括樞機主教拉辛格（Joseph Aloisius Ratzinger，他在二〇〇五年成為教宗本篤十六世）和路德宗世界聯盟的代表，共同簽署了「關於稱義教義的聯合聲明」（Joint Declaration on the Doctrine of Justification，JDDJ）這份有分水嶺意義的文件，因為它居然能在西方基督宗教史上教派分裂的情況下，對教義表達了共識。百年來，這個教義一直被認為是路德改革者敘事的關鍵，也被認定是導致西方教會分裂的主因。[6]如果沒有對路德的改革者地位提出新的見解和新的研究方法，就不可能有機會簽署這份文件。這個新敘事在一九九九年還處於起步階段，但從那時候開始，學術界開始形成更堅定的共識來支持這個敘事，這對全球基督宗教歷史學和現代性史學而言，以及我們如何理解宗教（我將在本章最後部分概述），都帶來越來越明確的影響。這是路德如何成為天主教改革者的故事。

6 相關文本，詳見 Lutheran World Federation and Catholic Truth Society, *Joint Declaration on the Doctrine of Justification.*

04 天主教改革者

一九六〇年代，普世主義發展的願景十分有力，讓人們對於新的神學付出努力、懷抱希望，同時也得到了鼓勵。梵蒂岡第二屆大公會議（1962-1965）傳遞出一種和睦的氣氛，這與大約一百年前梵蒂岡第一屆大公會議激進的孤立主義態度，可以說是南轅北轍。當時在會議結束後，德國就爆發了文化鬥爭，部分原因是為了回應那次大公會議過度強烈的政治色彩。在天主教會和西方自由理性主義兩者關係日趨嚴峻等各種延伸脈絡和背景下，梵蒂岡第一屆大公會議花費大量精力，處理與天主教神學有關的神學問題，像是「聖母無染原罪說」（Immaculate Conception）的教義和「教宗無誤論」（Papal infallibility）。[7]一九六〇年代的十年間，是人類社會許多不同領域的變革時期，從女權主義到民權和學生運動、西方列強先前殖民地的解放運動、性解放和教育改革等等。站在不同的視野梵蒂岡第二屆大公會議，也更能回應全球文化、科學和政治的發展。梵蒂岡第二屆大公會議的精神，既支持也激發了現代禮儀、聖經、教會學和與宗教問題相關的天主教神學之對話。天主教神學家回顧了自十八世紀以來以新教認同為中心的聖經批判思想。教會在現今這個宗教多元的世界中應該要扮演的角色、人們對政治自由和平等的普遍期待，以及平信徒對教會生活的貢獻，都是梵蒂岡第二屆大公會議中討論的重要主題。會議的目標，在於確立天主教神學和教會在不斷變化的世界中，要能發揮更積極和支持的力量。[8]新教徒也開始認真看待天主教的禮儀遺產，並努力讓自己的聖事和禮拜與天主教對手之間存在共識。[9]這些成果當中產生了對路德研究的新關懷，特別是天主教的路德。

如果不是路德學術的國際化，特別是在美國，天主教的路德就不會這麼容易出現。整個一九六〇年代的「路德」研究，在很大程度上是德國學術的產物。正如德國歷史學家萊曼（Hartmut Lehmann）在他一九八八年的著作《馬丁路德的美國想像》（*Martin Luther in the American Imagination*）中所言，二戰之後，從德國接受而來的美國神學知識和文化都是片面的。而且很諷刺的是，這帶來的結果，居然是美國繼續傳揚民族主義路德的形象，儘管它打敗了支持前國家社會主義學術和教會的德國。[10]整體而言，路德宗教改革突破的敘事

---

7 O'Malley, *What Happened at Vatican II*; Suri, ed., *Global Revolutions of 1968*; Linden, *Global Catholicism*; McDannell, *Spirit of Vatican II*; Cummings, Matovina, and Orsi, eds., *Catholics in the Vatican II Era*.

8 特別可見於 *Lumen Gentium* (Nov. 21, 1964)，教會的事工和與世界的關係，線上版：http://www.vatican.va/archive/hist_councils/ii_vatican_council/documents /vat-ii_const_19641121_lumen-gentium_en.html; 教宗若望二十三世的通諭「Mater et Mag-istra」（一九六一年五月十五日），對社會正義問題的公益工作，線上版：http:/ / w2.vatican.va/content/john-xxiii/en/encyclicals/documents/hf_j-xxiii_enc_15051961_mater.html.

9 Senn, *Christian Liturgy*.

10 Lehmann, *Luther in the American Imagination*, 11-12.

和這當中內含的稱義學說，就是德國路德教會向北美出口的主要內容。埃勒特的路德詮釋主導了美國的路德敘事；埃勒特對路德的理解，集中在路德思想中神聖律法和福音的兩面性辯證上，他和整整一代的路德學者一起，透過上帝話語的語言用詞予以詮釋。律法和福音都是上帝的話語，各有兩種不同的目的：律法的目的是定罪，福音則是藉由宣告寬恕，讓罪人得釋放。[11]

這兩個用詞之間的鮮明區分，在美國路德宗神學中佔據重要地位，特別是在瓦爾特（C. F. W. Walther，1811-1887）的著作中，將律法／福音的區別應用在講道上，被美國路德宗神學院廣泛使用為課程讀物。正如美國女權主義者、路德宗神學家特斯塔德（Marit Trelstad）所指出，律法的控訴功能暗含對婦女家暴的可能，但這很顯然是對律法的濫用性詮釋。[12]

然而，兩個分離的西方教會和大西洋兩岸的神學家，都開始降低主流敘事的地位。德國羅馬天主教神學家、路德學者曼斯（Peter Manns）就提出，路德並非天主教論戰中該被詆毀的新教對手，而是深刻浸淫在中世紀晚期思想的天主教改革者。荷蘭歷史學家和美國移民奧伯曼，於一九六三年出版了著作《中世紀神學的成果》（*The Harvest of Medieval Theology*），也是關於路德天主教遺產的重要覺醒。[13]奧伯曼的書對路德神學做了全方位的研究，像是路德的基督論和稱義說。奧伯曼把路德思想和中世紀的「先行者們」

（forerunners）連結起來，[14]研究了路德神學生時期在艾福特修課時可能接觸到的中世紀思想家思想，包括倫巴第人彼得（Peter Lombard，1100-1160）、方濟會會士奧坎和比力。奧伯曼認為，路德對改革的深切洞察（或稱為改革突破），並不是由「高塔經驗」突然造成，而是在中世紀哲學、神學探討中長期關注神聖旨意、人的自由和理論等問題逐步積累而成。一九六七年，德國道明會會士佩施（Dominican Otto Hermann Pesch，1931-2014）發表了另一部路德和中世紀的重要研究，在稱義學說上比較了路德和阿奎那的思想。他的著作《馬丁路德和阿奎那的稱義神學》（*Theologie der Rechtfertigung bei Martin Luther und Thomas von Aquin*）成為了普世神學的典範。[15]幾個世紀以來，路德和阿奎那的思想一直被認為是兩種分

---

11 斯泰爾討論了埃勒特與國家社會主義的關係，詳見他的 *Martin Luther, German Saviour,* 127-32; 有關埃勒特神學和事工，詳見 Becker, “Werner Elert (1885-1954).”

12 特斯塔德引用埃勒特的律法證道的話語：「必須以『完全嚴厲的態度』宣講律法。『如果你這樣做，你就像拿著一把鋒利的刀，切入人們的生活……如此證道的果效，就是讓人們會在家裡下跪』，『看看他們被罪惡汙染得多麼嚴重，以及他們多麼迫切地需要福音。』」Walther, *Distinction between Law and Gospel, 79,*81,83, cited in Trelstad, “Charity Terror Begins at Home,” 213-14,220.

13 Manns, ed., *Martin Luther;* 或見 Delgado and Leppin, *Luther: Zankapfel zwischen den Konfessionen.*

14 Oberman, *Harvest of Medieval Theology.*

15 Pesch, *Theologie der Rechtfertigung*

裂的學說，兩者始終處於論戰的關係，卻在經過分析後不再那麼衝突。奧伯曼的工作持續影響一整代的歷史學者，他們致力於消除中世紀研究和早期現代研究之間因人為因素而造成的斷裂。佩施的書還啟發了一位美國路德宗神學家，這位神學家後來為普世神學建構了新模式。

林貝克（George Lindbeck，1923-2018）受邀作新教觀察員，參加梵蒂岡第二次大公會議。當時他已對路德和中世紀晚期思想家戴伊之間的關係產生興趣。林貝克在中國和韓國長大，是美國路德教會傳教士之子。羅馬的大公會議留給林貝克深刻的印象。在閱讀了佩施的書之後，林德貝克確信羅馬天主教和路德宗之間的差異，在幾個世紀以來的分離和互動中被過度誇大。至少從施萊爾馬赫開始，兩個西方基督教會之間的根本差異（*Grunddifferenz*），一直是新教神學的關鍵思想。施萊爾馬赫在著作《基督教信仰》第二十四章談到，新教徒和羅馬天主教徒之間，在自我、基督和教會等問題上都存在著根本上的概念對立。新教徒將個體自我與基督之間的關係確立為最主要的關係，教會就是從這種關係中衍生出來的；天主教徒則有相反看法，教會和基督的關係是源頭，因此要藉由教會將基督與每個自我連結起來。[16] 施萊爾馬赫認為，在新教教義的所有命題中，都應該要表現出這種差異性。雖然施萊爾馬赫斷言歷史進步最終可能消除這種差異，但在十九世紀初的普魯士和整個二十世紀初期，這種對於差異性的斷言，就是新教和天主教出現強烈對立的其中一種情況。

林貝克則在他一九八四年的著作《教義的本質》（*The Nature of Doctrine*）中，挑戰了這種神學預設。[17]林貝克並沒有將兩者的差異看為決定性和根本性的差異，而是通過「語言遊戲」（language game）的類比，把羅馬天主教和路德宗之間的區別概念化。基督徒會說同樣的「語言」，他們都會使用像是「在基督裡新造的人」這類用語，表達基督拯救人類，而後進入人的內在，使人獲得新生命的動工。這當中的區別，不在於使用了哪些術語，而在於如何使用這些話語。「如何」的問題，設定了連貫的說話方式，這種方式由不同的規則決定。單詞被有意義地佈署，發揮自己在「符號系統」（semiotic system）中的功能。[18]

16 Schleiermacher, *Christian Faith*, §24, proposition (p. 103)：「宗教改革不僅僅是對已經蔓延擴大的錯誤行為的淨化和回應，而且是基督教合一的一種獨特形式的起源。那麼新教和天主教之間的對立就可設想為：前者使個人和教會的關係，仰賴於自己和基督的關係，而後者則相反地使個人和基督的關係，仰賴於自己和教會的關係。」另外，有關批判性理解施萊爾馬赫對天主教的看法，詳見 Lamm, "Schleiermacher on 'The Roman Church.'"

17 Lindbeck, *Nature of Doctrine* (1984)，這裡是用二十五週年紀念版，Bruce D. Marshall 為此書寫了前言，作者則寫了新的後記（2009 年）。

18 Lindbeck, *Nature of Doctrine* (1984), 114：「在符號系統中，意義更完全是文本內的。……在符號系統中，與其他形式的人類行為，像是木工或運輸系統規則相比；互文性（儘管仍處於擴展的意義上）在自然語言、文化和宗教中是最大的，這些（與數學不同）潛藏著包羅萬象並具有自反的特性。」

林德貝克提到「語法」（grammar），是為了解釋不同教派如何將術語部署為構成語法或語言結構的函數。每個教派的「語法」都建構了各自「語言遊戲」的論述。羅馬天主教徒將稱義說視為教義中的一個，佈署在教義（像是基督論或教會學）層級體系當中；路德宗則將稱義說視為核心教義，其他所有教義都圍繞著它運行，換言之，就是「教會得以堅立或失足的根本信條」。儘管在語法部署上存在著差異，稱義的教義都被充分地表示為這兩種教派的核心信條，並不必然帶來教會分裂的問題。[19]

林貝克的普世神學提案不僅為一九九九年十月三十一日簽署「關於稱義教義的聯合聲明」鋪平道路，[20]還啟發了一個世代的美國路德宗信徒，把路德當成中世紀晚期的天主教神學家。馬歇爾（Bruce D. Marshall）在一九九九年的一篇文章〈重新考慮信仰和理性：阿奎那和路德對什麼是真理的定論〉（Faith and Reason Reconsidered: Aquinas and Luther on Deciding What Is True）中，也引用了佩施的比較研究，讓阿奎那和路德雙方，在有關啟示的語言性質和基督宗教教義的一致圖像上，變得更為靠近。[21]如果阿奎那和路德能就基本教義的立場取得一致，那麼對羅馬天主教徒和新教徒而言，探索彼此之間的共同傳統就成為一項教育任務。

耶戈（David Yeago）一九九六年發表在天主教期刊《首要之事》（*First Things*）的一篇同名文章中表示，已掌握到一些美國學者對「天主教路德」感興趣的普遍心情。[22]從普世信條為起點向前邁進，人們越來越明顯感受到對於共同的基督宗教傳統進行思想探索的必要性。此外，新教徒被要求研究天主教神學家，像是阿奎那和二十世紀的巴爾塔薩（Hans Urs von Balthasar，1905-1988）；同樣地，天主教徒也被要求認真看待路德。不過，如果要繼續在這條道路上前進，就需要以批判性的視野來看待路德如何成為宗教改革者的敘事。普世路德宗神學家接受了這個挑戰，致力於呈現出過去那種律法／福音二分法的主流敘事，如何加深了彼此的裂痕，但在形而上學上根本站不住腳。

耶戈特別針對埃勒特所謂路德辯證法中預設的二元論，進行了重要的批判。耶戈寫道，有關路德如何成為宗教改革者的德國敘事，預設了一種「人類存有的本體論」，[23] 把律法的領域或世界與福音分開，以致福音代表的神聖領域永遠無法在這世界佔有一席之地。還有耶戈對律法和福音之間不可調和的對立，提出了尖銳的批評，這讓我們看到，作為路德

---

19 詳見 1999 年簽署「關於稱義教義的聯合聲明」的對話和神學建設過程的文本「*From Conflict to Communion.*」

20 詳見「關於稱義教義的聯合聲明」的英文版本，Lutheran World Federation and the Roman Catholic Church, English-Language Edition, *Joint Declaration on the Doctrine of Justification.*

21 Marshall, "Faith and Reason Reconsidered."

22 Yeago, "The Catholic Luther," 41.

23 Yeago, "Gnosticism, Antinomianism, and Reformation Theology," 39.

文藝復興文化產物的路德，最終陷入了本體論的死胡同；這位二元世界觀的承載者，損害了創造世界並且希望在基督裡救贖世界的上帝的合一性。芬蘭路德宗神學家薩里寧（Risto Saarinen）的博士論文，批判性地分析了新康德式的預設，就是這些預設形塑了路德文藝復興時期路德宗教改革突破的敘事。[24]

身為作者，我則對路德的三位一體論寫了一些著作，我認為路德堅持律法和福音「話語」（word）二分的敘事，對於研究賜下話語之神聖者的形而上學構成並沒有幫助。[25]三位一體的上帝，甚至從基督論的神、人二性概念來看，都預設了基督宗教教義的形而上學面向，而這些面向在學術研究中已完全被邊緣化了。路德如何成為宗教改革者的敘事，以他的生平形塑了現代世界的敘事，排除了路德本人對中世紀晚期哲學和神學的任何思考，但事實上就是因為有這些神學，才解決了路德自己在教義上面臨到的邏輯、形而上學和語義學等等重要問題。

從新康德的視野回歸路德的典範轉移，會讓問題回歸到路德本身，因為路德的問題是中世紀後期哲學和神學中的遺產所引發的。這既是打破原本設定的結果，也是主流哲學和神學間明顯分歧之所在。一般而言，天主教神學家受惠於哲學，新教神學家則把信仰當作知識的起點。新教神學家將神學建立在信仰的觀點上，以律法／福音的邏輯思考，使得信仰和世俗的理性、哲學變成對立。這種思想立場，似乎和路德堅持的、信仰應該來自於創造世界的上帝所傳講的話語，很好地達成一致。信仰反對理性，因此作為信仰詮釋的神學，會被認為是在反對哲學。

藉由批判性研究，有兩位路德學者在嘗試打破歷史遺留下來，神學和哲學間那種不夠準確和具誤導性的對立問題上，發揮了關鍵作用。英國哲學家葛雷懷特（Graham White）一九九四年的著作《作為唯名論者的路德：中世紀脈絡下馬丁路德爭論中所用的邏輯方法之研究》（*Luther as Nominalist: A Study of the Logical Methods Used in Martin Luther's Disputations in the Light of Their Medieval Background*），就提供了哲學研究上嚴謹的先例。懷特研究了路德晚年的論戰，發現路德運用中世紀晚期思想家（如方濟會修道士奧坎、賀爾科特和達伊等中世紀神學家）的哲學和神學策略，來表述基督和三位一體的教義。[26] 懷特證明，路德並不認為哲學是神學的敵人，而是認定當神學嘗試闡明基督宗教教義時，哲學在邏輯和語義上能提供必要的幫助。

懷特的工作，得到德國神學家和牧師迪特（Theodor Dieter）的認定。迪特認為，自阿

---

24 Saarinen, *Gottes Wirken aufuns.*

25 Helmer, *Trinity and Martin Luther.*

26 White, *Luther as Nominalist.*

奎那以來，一直困擾中世紀神學家的、有關亞里士多德問題的討論，在中世紀仍然是神學反思的重要面向，也能在路德自己的研究中找到。迪特特別關注一五一八年路德的海德堡論戰（Heidelberg Disputation），在這場論戰中，路德針對亞里士多德關於上帝、人類和神聖組織等特定問題進行的辯論，都與中世紀對這些特定問題的辯論息息相關。路德的觀點受到他所受的中世紀晚期哲學教育的影響。[27]有鑑於此，懷特和迪特認為路德充分參與了他那個時代的哲學討論，因此不能再將路德視為「二元真理理論」的支持者；因為該理論認為，神學有自己的真理，而哲學是完全不同的道路。無論如何，這個概念本來就有問題，因為從定義來看真理就只有一個。相反地，路德擁有的哲學敏感度，還有他對哲學工具（如邏輯和語義學）的掌握，並運用在表述基督教義的真理上，都是關於中世紀路德的新共識和研究主題。

要對路德如何成為宗教改革者的現代敘事進行批判性的解構，得要使用中世紀的範疇分類才能講述不同的故事。這個修正敘事，以哲學論證為基礎，以神學論證為情境，故事當中沒有戲劇性的轉變，也沒有任何單一經驗，被運用在從一個時代到另一個時代的典範轉移上。相反地，這故事呈現出一位神學家對神學真理持續性的、有時孤獨有時充滿爭議的追求。這個故事內含了路德關於教義的證道、教理問答，以及在教會的重要節日中，如三一主日，進行的教義相關講道內容。這個敘事中描述路德以教授作為終身職業，在使用拉丁語教授聖經的學術講座中不僅講授〈羅馬書〉，也講授了許多聖經書卷，特別是舊約聖經；此外，他也在許多學術論戰、公共論壇和大學講堂中，討論神學的觀點。在這些事件中，路德和來自羅馬的代表進行了辯論，像是義大利樞機主教卡耶坦（Thomas Cajetan，1469-1534）、施瓦本（Swabian）天主教神學家埃克（Johann Eck，1486-1543），以及路德的大學同事和博士生。在路德的許多著作中，他機智的修辭、清晰的邏輯，還有對辯證法論證的使用，都是他積極應用中世紀遺產的明證。這些文本揭示了一位改革者，是如何深刻關切基督徒和教會的靈性健康，並致力於神學事工，期待能促進教會改革。

路德成為天主教改革者的敘事典範轉移還處於初期階段。將路德放入中世紀晚期的脈絡，需要包括歷史、哲學、語言和教義等各種專門研究。這當中還需要生成新的情節主線，將路德放在中世紀晚期三位一體和基督論論戰的脈絡中、教會將基督福音傳給罪人的使命上，以及教會和基督重要區別等議題上，這些都會影響上帝救恩的代理權，是否只限定在基督身上的問題。

路德這位神學家，繼承了前賢的問題和方法，在尋求解決方案的過程中，也承繼了其他中世紀神學家的哲學遺產，像是羅馬的吉爾斯（Giles of Rome，1243-1316）、方濟會修

---

27 Dieter, *Derjunge Luther und Aristoteles.*

道士奧坎、賀爾科特和達伊。因此，中世紀哲學成為研究中世紀路德的重要資源。亞當斯（Marilyn McCord Adams，1943-2017）於一九八九年出版了兩本有關方濟會修道士奧坎的著作，對於研究在中世紀方濟會獨特傳統中形成的路德思想特別有幫助。[28]在路德的聖經解釋中，路德還和他的對話者進行持續性的批判性對話，特別是布爾戈斯的保羅和繆斯特，以及方濟會的利拉。從中世紀晚期天主教會傳統的路徑切入，路德看來比起新教更接近天主教；比起說他屬於現代，其實更是中世紀的。路德更致力於理性探究神學，而非用神學例外來挑戰理性。

來自天主教改革者路德的學術敘事，呈現出某些特定問題促使路德探索並深化了他所繼承的概念資源，以及他如何創造性地使用哲學和神學資源，來表達他在神學和禮儀改革方面的意見。這位路德並沒有跳躍史學鴻溝站在現代那方。相反地，他是跨越中世紀晚期和現代初期的橋梁人物。跨越的明確日期並不存在，因為當時根本沒有邊界。這位路德不是為神學思想和證道發明新語言的人，而是以激烈的辯論和富同情心的委身，深切關注天主教會基督真理的人物。正是這位天主教徒路德，堅定地認為使人稱義是上帝獨有的特權，才激怒了中世紀晚期的教會。

05 稱義的修訂

路德文藝復興時期的神學家，將路德成為宗教改革者的敘事建立在路德個人稱義的經驗上。根據他們的說法，這種經驗呈現出現代文化個人自由的價值，也暗示了現代政治價值觀中的例外特性。那麼，作為天主教改革者的路德要如何進入稱義呢？從他畢生的知識與委身教牧的脈絡中，可以說稱義教義代表了路德不斷探索、持續研究和在發展該教義不同觀點上的努力，因為稱義教義仍與其他神學和倫理概念有關。當這個教義被視為路德天主教改革的核心問題時，稱義表達出特定的價值觀，可能對我們所處當代的宗教問題具有重要意義，也就是人類與環境和上帝之間應該是什麼樣的互惠關係。

當路德在一五二〇年為教會神職人員寫他的文章〈教會被虜於巴比倫〉（On the Babylonian Captivity of the Church）時，他非常清楚自己有多挑釁。[29]受基督委任賜予寬恕赦罪的教會是個強大的組織，路德的良心受到被開除教會的威脅。聖體聖事分賜的行為背後，反映了比起將基督的犧牲視為無盡的恩典，教會更將基督的犧牲視為拯救人類

---

28 Adams, *William Ockham.*

29 LW 36:3-126; *AL* 3:13-130.

罪惡必需的力量。在這種有關罪和告解的救恩之中，為了人們被罪綑綁的良心擔任牧職（*ministerium*），就提升為對陷入困境的靈魂施行的統治。正如路德所理解的，教會負有上帝賜下、要將基督傳給教會成員的使命。然而在路德那個時代，天主教會被權力欲念所俘虜；路德相信，這歪曲了上帝對罪人真實的憐憫。對路德來說，他有將基督任務詮釋為上帝給人類稱義恩賜的神學使命；但路德如何在基督代表上帝寬恕人類罪惡的神聖旨意，以及教會現實上是傳遞神聖恩賜的機構之間做區分呢？

儘管〈教會被虜於巴比倫〉一文代表路德致力於將禮儀的改革和他對聖事神學的修正結合，他在一五二〇年寫的另一篇文章卻集中在基督讓罪人稱義之上；在〈基督徒的自由〉[30]一文中，路德將他對基督賜給個別罪人稱義恩賜的新見解，與他對教會的關注區分開來。路德一開始便犀利地切入核心的主題，是基督賜予個人的自由。路德以婚姻為類比，用兩人之間的親密關係，梳理出他視稱義為一種人際交流。路德寫道：

> 信心的第三個無可比擬的好處是，它將人的靈魂與基督結合，就像新娘與新郎結合一樣……我們若比較這兩者，就會看到無法估量的裨益。基督滿是恩典、生命和救恩。靈魂則滿有罪孽、死亡和詛咒。如果讓信心參與其中，那麼罪孽、死亡和詛咒便歸給了基督，而恩典、生命與救恩便為靈魂所有。因為既然基督成了新郎，祂就要把新娘的所有取歸己

有，而將自己的一切贈與新婦。[31]

用新郎、新婦的婚姻做比喻，得到的成果便是對於互惠和全面交換的堅持。基督把屬於自己的一切都給了他的新婦，新婦也為他做同樣的事情。基督把自己這個禮物送給了心愛的人，而新婦也把自己送給了她的未婚夫。交換是會相互轉化的；自此，基督開始擁有新娘的屬性，也就是「罪惡、死亡和詛咒」。新婦則繼承了基督的屬性，也就是基督的「恩典、生命和拯救」。通過這種交換，基督改變了罪人，將新婦從囚禁她的權勢中解放出來。基督將基督這個禮物給了新婦，讓她在基督裡面得到新生命。路德由此將稱義定義為親密關係中的人際交換。

路德對罪人在基督裡得自由的描述，是以迦克頓教義（Chalcedonian doctrine）為前提的，也就是兩種本性在基督身上結合。事實上，就是這個教義，幫助我們理解路德如何看待基督和他的新婦之間的動態互惠。基督的位格，是神性和人性在一個實體中結合而完成的，這表示兩種本性的結合是有位格的，即在基督的位格中結合。路德採用了古典的基督

30 LW 31:327-78; AL 1:474-538.
31 LW 31:351; *AL* 499-500.

論教義，並根據稱義的觀點，重新補充了形上學的用語。路德對基督位格的形上學描述是救恩。基督透過自己這個禮物——兩種本性在一個人身上結合——為罪人帶來轉變。基督位格的屬性，無論是人性還是神性，都傳達給了罪人，罪人的罪惡屬性則被基督接收了。基督在罪人身上重塑了新的自由之身。

然而，雖然路德在〈基督徒的自由〉第一部分真摯感人內容中的焦點，堅持了基督對個人靈魂的關懷，但基督與個人共有的社群也從未遠離他的神學思考。一旦路德詮釋好基督與個人的交換，路德很快就轉向基督與社群，或者基督與教會之間關係的話題。在這個脈絡下，路德採用了一種神學思考，其淵源來自舊約聖經，是關於基督賜予教會人們的兩種功能（或職分）。用路德的話來說，「正如基督與生俱來就擁有兩個特權——君王和祭司的職分，基督也將它們分賜和分享給相信他的所有人……因此我們所有相信基督的人，都是基督裡的祭司和君王」。[32]

這段文字的前提是基督是個人的新組成成分。但路德補充說，這部新組成還有更寬廣的公共面向。基督的恩賜和新造之人的組織，是為了創造新社群。基督位格的兩大職分——祭司和君王——會在信徒間共享。共享職分的公共性質，是雙方約定的部分內涵。基督君王的職分，不是要使被祂拯救的人變成祂的臣民；相反地，基督將君王的地位賜給教會中的所有成員，將他們從僕人和奴隸變為君王。此外，基督並沒有將祭司職分的特權只保留給自己，而是藉由分享，將這個新名分賜給過去被認為只是平信徒的人。基督邀請所有成員參與他的君王和祭司職分來管理教會，因此每個人都是〈彼得前書〉二章九節所說的「君尊的祭司」。[33]

因此，「路德如何成為天主教改革者」的敘事，可同時從他的稱義神學中找到個人和公共兩個面向。〈基督徒的自由〉一文中的婚姻類比，強化了路德在稱義面向上對基督和教會做出的區別。路德用這個親密的類比，證明了他的神學信念，亦即基督是為罪人爭取自由的唯一代理人。稱義是基督的工作。基督將罪人從被摧毀生命的奴役力量當中釋放出來，並用基督賜給生命的禮物作為贖價。但是接下來，路德立即將被基督釋放的個人放在社群中。基督的自由包括將罪人從原本死亡的權勢中解放出來，並賜給人新身分，也就是為他人服務的自由。路德解釋說，這種為他人付出的新自由，呈現出基督給教會基督徒社群的兩種職分——一個是在君王身分中的自由，這意味著同時要為了鄰舍服務。行使神職人員的自由，則代表要他人代禱、為彼此代求、互相關懷，並努力為被剝奪權利的人伸張

32 *LW* 31:354; *AL* 1:504.

33 〈彼得前書〉二章九節：「惟有你們是被揀選的族類，是有君尊的祭司，是聖潔的國度，是屬　神的子民，要叫你們宣揚那召你們出黑暗入奇妙光明者的美德。」路德在一五二三年對〈彼得前書〉的注釋中，特別對這段話「君尊祭司」一詞的深入反思。詳見 *Sermons on First Peter* (1522), in WA 12:259-399.

正義。基督因此建立了一個「君尊的祭司」——個人在其中要活出在基督自我犧牲中造就出來的新身分。

因此，路德的稱義改革可以證成有兩個不同但相關的面向。路德的主要關懷，在於強調個人在基督裡的新身分，路德由此修正了中世紀晚期的神學觀點，也就是基督的代理權，以及教會作為基督中保的事工。路德將基督和教會區分開來，藉此批判將人類良心束縛於教會權勢的神學立場。然而，作為天主教會的改革者，路德還是致力於將教會定位為基督在禮儀和聖事上合一的場域。雖然只有基督才能稱義，但基督需要**透過**教會，也**在**教會中動工，透過個人與集體這兩種方式完成這個目的。因此路德的神學改革核心，堅持基督在稱義中的首要地位，但同時也為教會在基督事工中的地位留下餘地和空間。

路德的稱義觀念，還包含他當時的中世紀晚期基督宗教社會，或說當時整個基督宗教世界的影響。根據路德的世界觀，神學修正也與改革世界有關。正是因為這種世界觀，韋伯對於路德重新詮釋聖召的重要見解應該受到重視。韋伯認為職業觀是路德思想的核心，表達了基督徒在不同關係中展現自由的方式，包括家庭、社會和政治等等。[34]每一個關係，都呈現出職業的不同面向；而多樣化的職業，是基督徒表現出上帝保守和關懷社會的方式。

親密關係與家庭關係，像是合作夥伴和養育子女，賦予人謙卑自我和關心他人的機會。這種相互交流的關係，填滿社會對於友誼和肯定、友誼和合作關係的需求。在社會中，人們得以從事自己的職業；基督徒藉由自己的職業實踐為鄰舍服務，進而為鄰舍和社會的福祉服事。經濟交流是這類互惠的必然面向，因為個人職涯會保障個人生計。最終，無論從社會面向或政治面向來看，職業都成了人們為社群福祉服務的方式。[35]路德在一五四年〈為設立並維持基督宗教學校致德意志各城參議員書〉（To the Councilmen of all Cities in Germany That They Establish and Maintain Christian Schools）一文中，就堅持人們受教育的必要性，因為唯有教育能將青年培養為社群的領袖。路德勸告說：

> 親愛的議員先生們，如果我們為了城市短暫的和平與繁榮，每年都要將鉅額開銷用在軍火、道路、橋梁、水壩和不計其數這類支出項目上，為什麼不肯花費一點在遭人忽視的青年身上呢？至少應當聘請一兩位合格又有能力的人來學校教書吧？那才是最好的投資。……現在……單單這項考量，就足以成為支持在各地建立學校供男女就讀的最佳理由。光是為了維護這些地上的屬世產業，世界必須要有優秀能幹的男女，男人要能管理國家和人

34 路德的職業觀奠基於〈哥林多前書〉七章二十節：「各人蒙召的時候是甚麼身分，仍要守住這身分。」KJV 以「calling」這個字翻譯希臘字「*klesis*」，比 NRSV 版本用「condition」的翻譯更準確。因此作者引用的聖經是 KJV 版本。

35 有關職業帶來的複雜概念，包括家庭、經濟、社會和政治面向，詳見 Grenholm, "Doctrine of Vocation."

們，女人則要訓練子女和僕人正確處理家務。36

從改革中世紀晚期天主教會的角度重新檢視路德對稱義的理解時，我們可能會開始看見，路德以特定社會關係來建構個人的神學觀點。作為天主教改革者的路德，首先堅持透過基督的動工來稱義，使個人擺脫罪惡。稱義強調的是個人在基督裡自由的價值。然而，路德隨即在教會現實的語境中呈現了基督和基督徒的關係。教會的任務，是在禮拜儀式和聖事中充分傳達自由的福音。雖然路德區分了基督和教會，將使人稱義的權柄單單留給基督，但路德還是指出，這種權柄是藉由構成教會現實的人際關係實現的。路德委身於按立聖職的權柄，具有傳播福音的使命；但是互相服事的原則，會同時引導被按立的祭司和參與基督祭司職分之人的行動。

路德進而將基督徒的自由延伸至倫理活動的領域。路德所處的歷史情境，更早於把神聖和世俗區分為兩個社會領域的時代，路德是以相互服事的面向，來理解基督徒的社會活動。人們藉由自己的職業為鄰舍服事，而社會和政治關係的現實，確立了這種互惠行動能為社群帶來福祉的價值。一旦我們擺脫十九世紀末和二十世紀初的路德敘事，以及宗教改革突破的例外典範人物經驗——亦即路德獨自在風雨交加中面對上帝的這種敘事的綑綁，這所有一切就有可能到來。

路德作為天主教改革者的敘事，從神學改革的角度重新檢視了稱義敘事。藉由這個視角，稱義能呈現出身為群體當中的個人有什麼價值。無論是在教會中還是在這個世上，被基督釋放的個人，都會被新的關係給定位；那是不以利己為中心，而是以他者需要為中心的關係。雖然稱義對人格的理解，建立在個人與基督的關係中，但也以奠基在人際關係、責任和職業的社會倫理，呈現個人在群體中得以興盛繁榮的價值。成為人的意義，不再只是由個人自由來解釋，而是在群體中實現。路德對聖召的理解提供了一種語言，通過這種語言，個人在群體中的關係得以在倫理上被概念化。那麼，以個人在群體的價值作為基礎的神學，會讓現代社會和世界變成什麼樣子，這仍是當代社會、倫理和政治要反思的問題。在重建改革者路德敘事的更大工作中，我們要注意到，路德的倫理學根本不是例外論；相反地，路德對稱義神學的理性解釋，與路德特別關懷人群繁榮的關係倫理，呈現出以神學論證為基礎的立場，這些都為身為一個人代表了什麼的探求，帶來了深刻的共鳴。天主教路德可以提供我們一條超越現代精神矛盾的途徑。

---

36 LW 45:350,368; *AL* 5:249,268-69.

06 修正

神學，是生產人類與上帝有關知識的智力活動。神學的任務，是要更好地瞭解人類的宗教面向與更多其他面向；正是在這世界培養出這種存在的特殊方式，人類得以成為主體互動和對話，做出特定的道德承諾。所謂作為天主教改革者的路德這麼做了：他邀請我們對宗教改革進行神學重估，在對現代性起源修正的論述光照下，重新檢視被判定為現代性的主要價值。

作為一個思想實驗，想像一下被稱為「宗教」的那些現象——關於這種現象的敘事，像是倫理學、神學、歷史和生活經驗——如果沒有過民族主義浪潮、反天主教和反猶太偏見的世界又該是什麼樣子？二十世紀初德國路德文藝復興時期的現代宗教觀念中，世界會是什麼樣子呢？讀者應該還記得，對路德生平的特定詮釋，成為神學家、社會學家和歷史學家用來對現代宗教和現代性做標準描述的樣本。他們運用路德的生平，試圖解決那些並非我們今日面對的宗教和政治問題，結果帶來悲慘的後果。現在我們遇到了新的問題、新的挑戰，因此本書就是要處理二十世紀初德國的遺產，包括那些沒被承認的矛盾，還有未被解決的問題、矛盾和仇恨。這些都是我們回應當代挑戰時的障礙。

所以這裡會是一個思想實驗：如果宗教改革突破的路德，被天主教改革者的路德所取代，那我們的世界會變成什麼樣子？首先，這將破壞與舊敘事相關的史學斷裂，取而代之的，會是回到十六世紀特定脈絡下，以更勤奮和開放的態度，尋找歷史連續性和創新之間相互作用的史學方法。事實上，稱義的問題一直都在持續演變中，而非藉由路德的「高塔經驗」被一勞永逸地解決。作為現代宗教的基本面向，路德敘事中的「取代論」（supersessionism）也將一去不復返，無論是以基督宗教取代猶太教，還是以佛教取代印度教（以路德宗敘事為模型），或是「文明化」宗教取代「原始」宗教；取而代之的，將是本體論和當代的多元主義。

對孤立個體的過度強調，以及對她進行道德自由和宗教自由上的譴責，都將一去不復返。取而代之的是天主教改革者路德所相信的，互相作用的宗教主體將是所有在基督裡稱義的人的命運。這就帶來了宗教和社群關係間的新關懷（其中一個受歡迎的副產品，是終結了施萊爾馬赫和巴特那種毫無根據且帶有特定傾向的比較，因為這代表了兩種完全相反的基督徒生活觀點，一種重視內在和個人觀點，另一個則強調外在關係和教會）。一旦特殊性和典範性的宗教主體霸權，讓位給被恩典救贖的群體，包括神學家、宗教學者和宗教實踐者（這並不是說他們是互不相關的類別！），便會開始豐富他們互為主體作用下的概念語言。舉例來說，在天主教徒拉岡（Jacques-Marie-Émile Lacan，1901-1981）或猶太人弗洛伊德（Sigmund Freud，1856-1939）和克萊恩（Melanie Klein，1882-1960）當中，就可以找到探索宗教時不可避免的互為主體面向的資源。對這些內容的肯認，將成為重要的神學主題。

隨著路德被重新定義為天主教改革者，將宗教從特定機構中解放的最終目的（telos），原本是宗教現代性的決定因素，也將一去不復返；此外，「所有社群生活都是對個人自由的侵犯」這種對社會有害的幼稚觀點，也將隨之消散。相反地，這將恢復（天主教背景）傅柯（Michel Foucault，1926-1984）的洞見：規訓總是一方面賦予權力、一方面又給予約束。現代宗教在定義上朝向例外、朝向沒有宗教的宗教靠近，這類觀念也將不復存在。過去這些觀念都為世俗的美好想像付出了「代價」，因為在現代中明明任何事物都可能是屬於宗教的；可是只有在傳統、系譜中或不同主體交互下互動傳承而來的，卻會被定義為非現代或反現代的。我們可能會從持續復興的宗教權利中，看到強大的自由主義基督徒公眾聲音得到恢復，宣揚基督教的自由不僅是「免於××」（*from*）的自由，也是「去做且為了○○而做」（*to and for*）的自由。

如果人類要繼續生存，就必須探索新的存在方式和思維方式。我們必須想方設法，開創關於個人和社群、傳統和自由間更廣闊、更永續的想法。舊的路德敘事使天主教成為過去，並威脅毀滅猶太教會；至於當代的普世主義，則標誌了宗教多元主義的復興，同時承認並支持當代現實中這些社群的多樣性，以及社群關係當中蘊含的深層神學傳統。在現代神話的另一端，興起的全球宗教多元化，也會帶來對歷史和正義問題的神學回應。

我剛剛寫下的任何東西，都不需要線性進展的敘述。正如哲學家賴特（Michelle Wright）所說：「西方知識和知識生產」的現代組織，需要進行重大修正。[37]如同賴特所建議的，這需要將宗教現象視為一種副現象（偶發現象）的表達。存在對它有一個深層維度，即使它在特定的地點和時間佔據一個位置。這是去檢測賴特所謂「副現象時間」的容納能力。也就是說，這個點不是由線性敘事中的前一刻所引起。在這個存在空間中，有個深層維度。它可以沿著時間連續體、按時間順序被識別出來，但它的實體在空間中是延伸的，藉由個人經驗的複雜性、對現實的不同看法，以及對現實的多種價值判斷來展現。賴特提倡對特定事物的關注，可能有助於神學家評估不被歸入歷史範疇的現實。歷史無法窮盡現實，作為替代的敘述更需要經驗的輔助，以允許探索一系列人類的經驗和存在。

現代的人權觀念深植在這種敘述當中。身而為人究竟意味著什麼？現代自我具有什麼屬性？以及如何將理性、權利和自由定義為現代人類的本質？這些都是哲學和法律的關鍵問題。當然，這當中也隱含了政治問題，特別像是社會自由與最好的政治控制之間的平衡，以允許個人權利與整體利益保持一致。現在的風險甚至比二十世紀初的德國還要高得多，

37 Wright, *Physics of Blackness*, 16.

當時改革者路德的敘事，為了能回應快速變化的世界進行了演化。對於新敘事來說，那些都已成過去。

第七章　改革

我們向自己講述自己的故事，這些敘事就成為我們的人格和命運。但這不是一件簡單的事，因為講述故事始終是互為主體的，這意味著它總是在現實和想像的關係中聯繫著，如此建構了生產這些故事和講述它們的特定環境。我們也講別人的故事。有時，我們將其他人框限在我們自己想像的放映室裡，從而剝奪了他們改變我們講述他們故事的能力。正如女權主義哲學家所堅持的，在互為主體環境下說故事，涉及全方位的傾聽，這樣我們講述的故事才能同時被我們所談論的人糾正和表達。借用身心障礙研究的一句話，我們不該假設性地談論他人，卻不讓這些人以某種方式對我們表達他的心聲。我們在講故事時，有可能富有想像力，也可能心胸狹窄；我們講述的故事可能是自由的，也可能是束縛的。講故事的建設性力量和人際倫理的面向，還可以延伸到關於死者和不在場者的故事，也許正因如此，在本書結尾的回顧格外重要。敘事有形塑現實的力量，有時是如此強大，以至於即使提出相反的證據，也無法推翻它們。

「路德如何成為宗教改革者」的敘事，就是這樣一個強有力、具建構性的故事。它極有力地形塑現代男女將自己準確理解為現代人的方式。一位奧古斯丁修會的修道士對上帝的獨特經驗，將他當時所處的世界弄得天翻地覆，並永遠改變了世界歷史。經歷了基督把自己從罪中拯救出來的恩賜後，路德教導世人，對永恆地獄和死亡的恐懼不再擁有力量，無論是對路德自己而言，還是對整個世界來說都是如此。基督的公義，將路德從中世紀晚期天主教徒講述靈魂困在煉獄的故事中解放出來，也從教宗和神職人員在地上和天上捆綁和釋放罪惡的權力中解放出來，還有人類意志影響上帝施行憐憫的能力中解放出來。路德文藝復興時期的作者們堅信，路德個人被拯救的經驗，也成為了全球歷史的解放時刻。

當被告知教會作為基督的代表有能力分賜寬恕時，路德的敘事為自己和其他人提供了一個非中心式的替代方案。思考一下當代羅馬天主教出現了對兒童、年輕人和脆弱成年人性侵的全球性危機，以及告解聖事在當前這些悲劇進行式中的位置，就可以瞭解。天主教徒相信，是由神父決定告解之人是否可以被赦免，由此將神父提升到高於其他所有人的地位，並為濫用聖體打開大門。就在這個時候，路德引入了在教宗和基督、教會和上帝神之間的新的區別，這些現實之前被混淆了。路德對基督寬恕恩典的經驗，讓他在神學上將基督當作寬恕的源頭，讓我們懂得區分基督和作為中介工具的教會兩者的不同。教會的任務，是將恩典作為「**基督的禮物，而非教會的財產**」（Christ's gift, not as the church's possession）。路德提倡一種神學身分，將基督的恩賜定位成是「為你」（for you）而給的。神父的赦免以及承諾赦罪的言語，實際上是基督赦罪的動工。當路德開始講述基督拯救的新敘事時，路德將聖經研究、自己遭遇的苦難和從一般基督徒處聽到的痛苦，以及他的學術才華和公開辯論，全都整合進這個敘事當中。路德創造了新「語法」，也就是聖靈的語法，正如路德常說的那樣，以新的方式結合了神學思想。這個語法的目的是要安慰受苦的靈魂，同時也挑戰了教會。

路德的一生，全神貫注於上帝對人類和世界真實意向的真理。路德的敘事帶入了對真理的辯論。這個有關上帝的改革真理，使新教徒與特倫特大公會議（Council of Trent，1545-1563）的天主教改革者對立，也導致了西方的分裂。隨著整個歐洲基督宗教世界的分裂，帶來了自相殘殺的戰爭，這個真理敘事也決定人們是生是死，這取決於他們對事實和經驗進行複述或否認時，本身具有危險、有時甚至是背叛的力量。敘事是講述真理的關鍵面向，這並非因為真理不客觀——路德對真理的追求，仍預設真理是外在於自我的——而是因為敘事同時是人們感知意義，並將事實和經驗與總體敘事框架連結起來的方法。透過一遍又一遍地講述，敘事就成為尋求和提供真相的手段。

馬丁路德的形象在西方歷史上確實非常重要。幾個世紀以來，路德的戲劇性敘事始終迴盪著。雖然這個敘事在現代歷史的不同時期經歷了不同版本，但還是非常有一致性；正如我們所看到的，這個敘事甚至證明了它自己卓越的適應力，但這其實很危險。路德將宗教改革概念化，然後一體適用於其他生活領域。路德的自由觀念，在自由主義的教育目標中成為一種價值，也就是要為自己思考；路德的勇氣和大膽，在政治領域被用於反對不公正的制度；路德要在基督裡建立新社群的想法，被轉化為志同道合的成熟人士共同努力實現公正社會和政治秩序的倫理方案。

在這本書中，我呈現了路德敘事並不是由他生命中的簡單事實按時間順序排列的，而是二十世紀之交德國學術工作和國家利益的產物，這些都創造於德國歷史上危急存亡的關鍵時期。這當中傳達了一次大戰戰場上的創傷、神聖憤怒的恐怖，以及德國面臨毀滅時英勇的自我犧牲理想。反映在路德宗教經驗中的，則是精神上的破裂和政治上的毀滅。路德宗神學家將路德的神聖審判經驗，納入稱義的教義中；宗教學者則將這個經驗應用在與可畏神聖相遇的現象上；至於思想史家，則將這經驗視為現代精神的基礎。現代文化的所有領域，無論是從神學到宗教，還是從社會學到政治學，都融入在路德如何成為宗教改革者的敘事中。

這個敘事之所以如此強大，正是因為它被重複講述，已成為現代想像的核心。它這形塑並奠定了我們對現代世界、現代價值觀，以及對現代反感的描述。這個敘事將新教神學定位為罪與恩典的辯證法，同時也支持現代的宗教概念，將各個宗教傳統安排在一個會被取代的等級制度中——作為福音宗教的基督宗教，已完全取代作為律法宗教的猶太教；新教作為無形教會的宗教，已取代與物質現實連結的天主教。新教具有和現代精神認同的特權地位，反天主教和反猶太教的思想因而伴隨著這種分類出現。

現代性之所以被認為能表現出獨特的價值觀，是因為它的起源敘事。當路德宣布「這是我的立場」時，他有力地為現代世界宣告，個人有表達自己良心的自由價值，這將在路德文藝復興時期被定位成最有力且最有效的宣告。這些話語在千百年來持續迴盪，一路走來形塑出決定性的力量，引導著我們的方向。信仰被置於人類的進步之中、希望被寄託在人類的自由之上，被解放的集體聚集起來，推動人類的歷史向前發展。個人自由和線性進步之間雖有微妙的平衡，但對歷史主體而言，現代的關鍵就是主體性和時間感。現代性的歷史講述了線性的進步。傳記呈現了個人的成長。心理學解釋了人類如何藉由自我意識和對象意識而有了階段性的發展。個人選擇和無限進步，始終是敘事中暗示的寓意。哲學從虛假的意識，轉向更真實的自我意識。政治使人權和自由成為了法律現實。宗教從物質文化發展到精神文化。這種目的論確保了現代性的勝利。

但是二十世紀上半葉的事件，將這個敘事引向了另一個方向。這是路德追隨者的要求，他們急切地選擇為民族主義的目的重新建構敘事。現代時分就從路德「這是我的立場」那一刻開始；他的追隨者，無論是學術上的還是教會的，開始充滿了希望。脆弱的威瑪民主，在巨大的創造力和藝術自由、還有民族主義的崛起之際，產生了兩極分化。法西斯主義利用工人、失業者和身受重傷的士兵引起的騷亂，滿足了資產階級對秩序和恢復的渴望。國家社會主義的罪惡——種族主義、反猶太主義、對酷兒（queer people）和身心障礙者、工會領袖的仇恨，成為了新的現實。不可思議的是，這個本應預示現代性黎明的敘事，卻預示著現代性在自己核心中破裂。宗教變成了政治。正如路德生平中所記錄的，上帝在一次可怕的遭遇中對個人的審判，居然肯認了新的恐懼政權。這個政權要求人們進行英勇的自我犧牲，最終將數百萬人的生命供奉在其偶像崇拜的祭壇上。

正如路德文藝復興時期的思想家所發明的那樣，路德的故事與德國的命運交織在一起。然而，這個故事遠遠超出第三帝國的垮台，仍繼續掩蓋住現代性的失敗，以及現代性本身的內在缺陷。這種敘事是有彈性的，因為故事很強大。在他們的重複講述中，這個敘事吸取經驗和事實，用來繼續理解並詮釋現實，尤其是那些被事件打破的現實。但隨後發生的極端事件，打破了它的基本原則。邪惡是一種非理性元素，想要被整合進敘事當中，但這敘事軟弱乏力，根本不敢將之納入；邪惡的現實被拒納入線性進展的敘述中。路德的反猶主義，仍然被解釋為一個英雄人物的寓言式暴躁，他晚年被敵對他的邪惡強大力量所困擾。大屠殺事件，以及路德宗神學家對其概念化和正當化的影響，並不像人們想像的那樣，在這種否認歷史的危險當中被終結。另一種世界觀創造了自己的敘事；它掩蓋事實，否認合理的話語，使仇恨變得合法化。

然而，現實卻像一個世紀前一樣，在今日滲入了自滿情緒。德國還沒有準備好要抵抗那些企圖摧毀威瑪民主的人。裂痕迅速爆發，被承諾要再次偉大的民眾捲入其中，血價想要更換土壤。我們今日面臨相似的現實，是否蓄勢待發，準備好去挑戰那些寫在自滿和勝利主義現代性描述中、試圖否認過去的內容呢？知識份子在共謀對現代世界起源的描述，在現代世界的中心刻入一種悖論，在慶賀自由和擁有選擇權的同時，卻無法阻止種族滅絕。不斷發展的進步敘事的最新倡導者，是哈佛大學的平克（Steven Pinker）教授，他嘗試在他的周圍看到樂觀的理由，這些理由，與十六世紀以來熟悉的現代性崛起敘事相仿，不斷持續並延伸開來。[1]

然而，每天都還是發生著挑戰自由進步的故事。對羅興亞人來說，自由是什麼呢？對被賣去當奴隸的婦女和女孩來說，又是什麼呢？或者，自由為全球氣候變遷這個近乎確定來到的災難，做出了什麼貢獻呢？自由一直存在於它自己辯證的現實中。今天，少數天選之人可以自由選擇，但在全球生產過程中，數百萬人遭到剝削。女人從來沒有男人擁有的

1 Pinker, *Enlightenment Now.*

自由，她們的思想和成就都被貶低了，她們的工資從沒接近過平等，她們的身體一直是被征服的地方。在美國，非裔美國人受到監管和毀謗；很多人仍遭受貧困的暴力，正義沒有獲得充分的實現。階級主義、性別歧視和種族主義的罪惡，始終都是現代敘事的一部分——甚至還更多：作為敘事不可或缺的部分——[2]在在宣告一個抵制過度樂觀主義的真理。

換句話說，就像一個世紀前一樣，今天的現代性敘事仍包含著自我毀滅的暗示。德國和世界在兩次戰爭和一場全球冷戰後，再次重述了這個敘事，就像之前敘述的那樣。只要問問來自世界各地的企業家——他們在新興的商學院中佔據了主導地位，而這些商學院現在也主導著新自由主義大學——你就會聽到無限的機會和繁榮的視野。然而事實恰恰相反；大學現在似乎屬於他們的商學院，這些學校和看似是大學轄下的宣傳網站，難道會去挑戰他們的學生，要懂得直面隱含在進步敘事下的危機？

他們當然不會。反之，他們繼續對發展、發現和突破等價值不斷吹捧，說現在世界已擺脫了戰爭和種族滅絕大屠殺；於此同時，也繼續為二十世紀初現代性的價值觀鼓掌。過去一個世紀，我們以人類形塑大自然的力量為中心，但我們今日生活的現實是，人類發明的工具不僅會摧毀人類，還會摧毀地球上的生命。現代敘事能否繼續迴避、找藉口，把正在摧毀人類和地球生命的邪惡，故意說成是一種寓言？路德在這方面的敘事，就是問題的一部分。

今日我們需要的，是改正路德在現代起源中地位的敘事。路德不知道他在這故事中的角色。路德並不熟悉那些據說是他實踐過的價值觀。但這其實並非不重要，要對路德的敘事進行改革，我們需要更謙虛地承認路德是天主教基督徒的改革者。這意味著，要承認路德是位神學家，是個沉浸在中世紀晚期基督宗教神學、哲學和禮儀中的人，而不是政治家。這要求我們用路德所承繼並改編的神學範疇來看待他的改革，有時這甚至會超出人們熟悉的範圍。

路德向中世紀晚期的基督徒教授了神學概念的新含義，像是罪和恩典、上帝和教會、上帝面前的個人、教會與世界。這些話語一直是基督信仰神學的主旋律，但在十六世紀初的社會動盪中，它們失去了應對現實的能力。路德教導他的教區教友，當神父說「我原諒你」時，說話者就是基督。路德傳揚極其豐富的恩典是上帝會慷慨地使人稱義，因為基督為人們穿上了自己的公義。路德強調，上帝已將無誤的恩典託付給會犯錯的教會，這是教會領袖必須始終為之負責的恩典。路德在基督裡教導希望，唯有基督是世界的未來。路德以那些從他時代的世界中解放出來的熟悉話語，再次指稱現實。

當路德的敘事被視為他對中世紀晚期天主教神學的貢獻和修正時，改革就被啟動了。

2 Beckert, *Empire of Cotton*; Baptist, *Half Has Never Been Told*.

路德並不代表黑暗時代和啟蒙世界的黎明之間的斷裂。相反地，路德的故事將成為改革的連續性敘事，是在繼承天主教的過程中發現的新可能性。路德不該被當成第一位新教徒，路德是天主教神父和神學家，藉由區分拯救的神聖代理人和接受方，來表達他對教會興旺的牧靈關懷。路德不是體現個性和進步價值的現代人；相反地，他是中世紀晚期的人物，堅持認為社會的整體需求也是人類繁榮的組成部分，並宣揚無怨無悔的恩典神學，對即將到來的世界末日有著生動的感受。

最重要的是，路德的敘事能讓宗教獲得正當性，特別是藉由更密切關注路德所生活的時代，以及路德的歷史和神學。這樣的努力將為正確處理現代宗教的問題開闢出道路。「路德如何成為宗教改革者」的舊敘事，將現代性條件下的天主教當作核心主題，結果建立了一種現代精神，使中世紀的天主教基督宗教和猶太教成為受辱的他者。但是，修正後的敘事講述了路德如何改革天主教，由此當代世界的宗教問題也可能得到糾正，不再只是宗教被現代條件改變的敘事；相反地，同樣重要的是，宗教現實也能在個人的、精神的，以及團體和組織中存在，對當代世界的形成做出貢獻。

修正後的敘事將提出以下問題：在歷史性的宗教條件下，在複雜的文化、社會、經濟和政治因素中，該如何描述、批判和分析當代世界？「路德如何成為天主教改革者」的敘事，傳達了特別的基督信條，藉以思考當前問題的重要性，同時傳達了當代可怕的苦難。

有數以千計的男性、女性和兒童，正受到男性神父的暴力剝削，然而教會當局和教會法卻對此否認，給予的保護也很缺乏——這一切都證明了「路德作為天主教改革者」敘事的重要性和必要性。路德敘事的修正，也批評了路德惡毒而根深蒂固的反猶主義，因為作為陰險反猶太主義的檢視案例，顯示了反猶太主義和基督宗教彼此如何交織而幾乎難以自拔。按照我的建議修改路德的敘事，同時也是將人們從西方現代性的勝利主義敘事當中喚醒，之後的神學家和宗教學者，才能建設性地確立一個屬於基督教的、但又普遍讚賞猶太教的空間，肯定猶太教對人類生命的見證，以及對世界和上帝的希望。在修正後的模式中，路德與以往一樣重要，甚至還更重要。

我一開始寫作這本書的目的，是探索人們何以對路德宗教改革突破的敘事如此著迷。這個敘事在歷史上還更模糊，而且其中一些廣為接受的招牌形象（像是釘錘子）完全是虛構的，但它仍吸引了全球各地的人們；其中有許多人甚至不熟悉以路德名字命名的特定新教教會。在挖掘過去的過程中，我意識到，當代許多政治和宗教的討論，都涉及路德文藝復興時期思想家所講述的路德敘事。改革者路德，在西方基督宗教的歷史上留下了決定性的——對某些人來說是痛苦的——分裂。過去三十年來，普世主義的苦心造詣，不得不將天主教路德從歷史的否認當中拯救出來，以便開啟對話的可能性。宗教改革者路德的敘事，是基督宗教反猶太教式的敘事，無論是路德本人採用的惡毒形式，還是德國路德宗神學家在納粹德國採用的現代反猶太主義，都是如此。路德文藝復興時期對路德的描述，表明歷史性的宗教團體可能會被這種版本的現代精神抹去，取而代之的，是滲透到現代生活中的特定價值觀。二十世紀初，路德的故事被證明是西方史學和宗教研究、神學和思想史的強大而有影響力的來源。它擁有當代對歷史和現在想像的形塑力量。

然而就像我所發現的，這當中的矛盾才更引人注目。這些內容也引導我們要講述新的敘事。我所倡議的路德修正敘事，致力於表達這段歷史的神學術語。神學術語特別適用於命名那些被自滿的敘事所否認、取代和邊緣化的現實。實際上從長遠來看，這些現實都確實存在。邪惡和上帝的現實、人類的狀況，以及上帝創造的各種互動中的主體，都是神學家關注的真理，也是挑戰、威脅、鼓勵、支持和破壞人類生活的現實。因此，對他們的識別和分析是項重要工作。我們擁有希望，但不是樂觀和保證的膚淺安慰，尤其是當可能沒有希望的時候。雖然神學無疑是一門充滿爭論和爭議的學科，但它擁有數百年來經過哲學嚴謹推理和歷史變革檢驗的工具，可以引導當代對真理和現實的討論。神學工具已透過詮釋、定義和概念化的傳統得到磨練，因此可以更準確地指出使我們成為我們，以及我們可以成為誰的現實。他們仍能以當代世界所要求的方式，識別邪惡和不公正、上帝和希望。

我寫這本書想要邀請人們一起討論改革、宗教改革和改革者路德的問題。改革促進了個人、文化和制度上的發展和變革。我們應當謹記「教會必須始終進行改革」這句話。換句話說，在改革的條件之下我們才能存在。如果我們要繼續以個人身分、社群一員的身分，以及星球一員的身分而存在，那麼重要的是，我們所講述的關於我們自己、關於他人，以及關於在這世界共存的故事應該要是真實的。當這些故事否認、辯解或歪曲現實時，現實最終將挑戰這些敘事。因為現代性的敘事和「路德如何成為宗教改革者」的敘事密切相關，所以這兩個故事總是緊緊綁在一起。天主教改革者路德開始相信，上帝的存在需要更真實的溝通，至於那是如何發生的，就是另一個故事了。

仔細思考路德敘事的變形，可以讓我們解決我們這時代一些最深刻和緊迫的問題：不憑善功或財富的恩典問題，甚至是在現實邪惡當中的恩典；人的脆弱性和權力意志的問題；以及在世界未來絕望的邊緣，如何與上帝同行的挑戰。這就是路德的立場！路德點出了上帝在創造中永恆存在的故事。這個敘事將如何繼續，以及我們將如何準確地將上帝的存在傳達給我們，還有待觀察。

2016. . *Schleiermacher: A Guide for the Perplexed.* London: Bloomsbury T&T Clark, 2013.

Walther, C. F. W. *The Proper Distinction between Law and Gospel.* St. Louis: Concordia Pub. House, 1928.

Weber, Max. Max *Weber-Gesamtausgabe.* Vol. 1/18, *Die protestantische Ethik und der Geist des Kapitalismus; Die protestantischen Sekten und der Geist des Kapitalismus; Schriften 1904-1920.* Edited by Wolfgang Schluchter in collaboration with Ursula Bube. Tubingen: Mohr Siebeck, 2016.

______. *The Protestant Ethic and the Spirit of Capitalism.* Translated by Talcott Parsons. London: G. Allen & Unwin, 1930. Reprint, Routledge Classics. London: Rout-ledge, 1992.

______. *The Protestant Ethic and the Spirit of Capitalism.* 3rd Oxford edition from the expanded 1920 version. New introduction and translation by Stephen Kalberg. New York: Oxford University Press, 2002.

Wendebourg, Dorothea. "Jews Commemorating Luther in the Nineteenth Century." *Lutheran Quarterly* 26 (2012): 249-70.

White, Graham. *Luther as Nominalist: A Study of the Logical Methods Used in Martin Luther's Disputations in the Light of Their Medieval Background.* Schriften der Luther-Agricola Gesellschaft 30. Helsinki: Luther-Agricola Society, 1994.

Wilson, Jeffrey K. *The German Forest: Nature, Identity, and the Contestation of a National Symbol, 1871-1914.* Toronto: University of Toronto Press, 2012.

Wright, Michelle M. *Physics of Blackness: Beyond the Middle Passage Epistemology.* Min-neapolis: University of Minnesota Press, 2015.

Yeago, David S. "The Catholic Luther." *First Things* 61 (March 1996): 37-41.

______. "Gnosticism, Antinomianism, and Reformation Theology: Reflections on the Costs of a Construal." *Pro Ecclesia* 2, no 1 (Winter 1993): 37-49.

Zemmin, Florian, Colin. Jager, and Guido Vanheeswijck, eds. *Working with a Secular Age: Interdisciplinary Perspectives on Charles Taylor's Master Narrative.* Religion and Its Others 3. Berlin: de Gruyter, 2017.

Ziemann, Benjamin. "Max Weber and the Protestant Ethic: Twin. Histories." *German History* 35, no. 2 (June 2017): 304-9.

and Robert Forkel, 210-30. Stuttgart: J. B. Metzler Verlag, 2016.

Soulen, R. Kendall. *The Divine Name(s) and the Holy Trinity*. Louisville, KY: Westmin-ster John Knox Press, 2011.

Spengler, Oswald. *The Decline of the West. Vol. 1, Form and Actuality.* Translated by Charles Francis Atkinson. New York: Alfred A. Knopf, 1926.

Spenkuch, Jörg L., and Philipp Tillmann. "Elite Influence? Religion and the Electoral Success of the Nazis." *American Journal of Political Science* 62, no. 1 (January 2018): 19-36.

Stayer, James M. *Martin Luther, German Saviour: German Evangelical Theological Fac-tions and the Interpretation of Luther, 1917-1933.* McGill-Queen's Studies in the History of Religion. Montreal and Kingston: McGill-Queen's University Press, 2000.

Stjerna, Kirsi. *Women and the Reformation*. Malden, MA: Blackwell, 2009.

Stoetzler, Marcel. *The State, the Nation, and the Jews: Liberalism and the Antisemitisin Dispute in Bismarck's Germany.* Lincoln: University of Nebraska Press, 2008.

Suri, Jeremy, ed. *The Global Revolutions of 1968: A Norton Casebook in History.* New York: W. W. Norton, 2007.

Taylor, Charles. *A Secular Age.* Cambridge, MA: Belknap Imprint of Harvard University Press, 2010.

Trelstad, Marit. "Charity Terror Begins at Home: Luther and the 'Terrifying and Killing' Law." In *Lutherrenaissance: Past and Present,* edited by Christine Helmer and Bo Kristian Holm, 209-23. Forschungen zur Kirchen- und Dogmengeschichte 106. Gottingen: Vandenhoeck & Ruprecht, 2015.

Troeltsch, Ernst. "Die Krisis des Historismus," *Die Neue Rundschau* 33 (June 1922): 572-90.

______. *Protestantism and Progress: A Historical Study of the Relation of Protestantism to the Modern World.* Translated by W. Montgomery. [19121 Boston: Beacon, 1958. Reprint, Eugene, OR: Wipf & Stock, 1999.

"Uberall Luthers Worte . . .": Martin Luther im Nationalsozialismus /"Luther's Words Are Everywhere . .": Martin Luther in Nazi Germany. Berlin: Stiftung Topographie des Terrors, 2017.

Vial, Theodore. *Modern Religion, Modern Race. Oxford: Oxford University Press,*

Europäische Geschichte Mainz 137. Stuttgart: Steiner Verlag Wiesbaden, 1989.
Schleiermacher, Friedrich. *The Christian Faith* [1830/31]. Edited by H. R. Mackintosh and I. S. Stewart. Translated by D. M. Baillie et al. Edinburgh: T&T Clark, 1999.
______. *Christian Faith.* Translated by Terrence N. Tice, Catherine L. Kelsey, and Edwina Lawler. 2 vols. Louisville, KY: Westminster John Knox Press, 2017.
______. *On Religion: Speeches to Its Cultured Despisers.* [1926.] Translated by John Oman. New York: Harper & Row, 1958.
______. *On Religion: Speeches to Its Cultured Despisers.* [1799.] Edited and translated by Richard Crouter. [1988.] Cambridge: Cambridge University Press, 2000.
Schramm, Brooks. "*Luther's Schem Hamphoras.*" *Dialog: A Journal of Theology* 56, no. 2 (June 2017): 151-55.
______. "Martin Luther, the Bible, and the Jewish People." In *Luther, the Bible, and the Jewish People: A Reader*, edited by Brooks Schramm and Kirsi I. Stjerna, 3-16. Minneapolis: Fortress Press, 2012.
Schramm, Brooks, and Kirsi I. Stjerna, eds. *Luther, the Bible, and the Jewish People: A Reader.* Minneapolis: Fortress Press, 2012.
Schüiz, Peter. *Mysterium tremendum: Zum Verhaltnis von Angst and Religion nach Rudolf Otto*. Beiträge zur historischen Theologie 178. Tübingen: Mohr Siebeck, 2016.
Senn, Frank. *Christian Liturgy: Catholic and Evangelical.* Minneapolis: Augsburg For-tress, 1997.
Shear, Adam, ed. *The Historical Writings of Joseph of Rosheim: Leader of Jewry in Early Modern Germany.* Translated by Chava Fraenkel-Goldschmidt and Naomi Schen.- dowich. Leiden: Brill, 2006.
Slotemaker, John T. "The Trinitarian House of David: Martin Luther's Anti-Jewish Exegesis of 2 Samuel 23:1-7." *Harvard Theological Review* 104, no. 2 (2001): 233-54.
Smith, Helmut Walser. *German Nationalism and Religious Conflict: Culture, Ideology, Politics, 1870-1914.* Princeton, NJ: Princeton University Press, 2014.
Sockness, Brent W. "Historicism and Its Unresolved Problems: Ernst Troeltsch's Last Word." In *Historisierung: Begriff-Methode-Praxis*, edited by Moritz Baumstark

Past and Present, edited by Christine Helmer and Bo Kristian Holm, 54-73. Forschungen zur Kirchen- und Dogmen.geschichte 106. Gottingen: Vandenhoeck & Ruprecht, 2015.

——. "Die Lutherrenaissance im Kontext des Reformationsjubilaums: Gericht und Rechtfertigung bei Karl Holl, 1917-1921." *Kirchliche Zeitgeschichte 26, no. 2, "Befreier der deutschen Seek": Politische Inszenierung und Instrumentalisierung von Reformationsjubilaen im 20. Jahrhundert* (2013}:191-200.

Poma, Andrea. "Hermann Cohen's Response to Anti-Judaism." In *Yearning for Form and Other Essays on Hermann Cohen's Thought*, 1-20. Studies in German. Idealism 5. Dordrecht: Springer, 2006.

Price, David H. *Johannes Reuchlin and the Campaign to Destroy Jewish Books.* New York: Oxford University Press, 2011.

Radkau, Joachim. *Max Weber: A Biography.* Translated by Patrick Camiller. Cambridge: Polity Press, 2009.

Ritschl, Albrecht. *The Christian Doctrine of Justification and Reconciliation. Vol. 3, The Positive Development of the Doctrine.* Translated and edited by H. R. Mackintosh and A. B. Macauley, Edinburgh: T&T Clark, 1900.

——. *Die christliche Lehre von der Rechtfertigung und Versohnung.* 3rd ed. Bonn: Adolph Marcus, 1889.

——. "Festival Address on the Four-Hundredth Anniversary of the Birth of Mar-tin Luther." Translated by David W. Lotz. In *Ritschl and Luther: A Fresh Perspective on Albrecht Ritschl's Theology in the Light of His Luther Study*, by David W. Lotz, 187-202. Nashville: Abingdon, 1974.

——. "Festrede am vierten Seculartage der Geburt Martin Luthers." In *Drei akade-mische Reden am vierten Seculartage der Geburt Martin Luthers*, 5-29. Bonn: Adolph Marcus, 1887.

Roper, Lyndal. *Martin Luther: Renegade and Prophet.* New York: Random House, 2016. Rubenstein., Richard L., and John Roth. *Approaches to Auschwitz: The Holocaust and Its Legacy. Rev.* ed. Louisville, KY: Westminster John Knox Press, 2003.

Saarinen, Risto. *Gottes Wirken auf uns: Die transzendentale Deutung des Gegenwart-Christi-Motivs in der Lutherforschung.* Veröffentlichungen des Instituts fur

University Press, 2015.

Osten-Sacken, Peter von der. *Martin Luther und die Juden: Neu untersucht anhand von Anton Margarithas "Der gantze Judisch glaub" [1530/31]*. Stuttgart: Kohlhammer, 2002.

Otto, Rudolf. *Die Anschauung von Heiligen Geiste bei Luther: Eine historisch-dogmatische Untersuchung*. Gottingen: Vandenhoeck & Ruprecht, 1898.

______. *Das Heilige: Clber das Irrationale in der Idee des Göttlichen und rein Verhtiltnis zum Rationalen*. New ed. by Hans Joas. Munich: C. H. Beck, 2014.

______. *The Idea of the Holy: An Inquiry into the Non-rational Factor in the Idea of the Divine and Its Relation to the Rational*. Translated by John W. Harvey. (19231 Oxford: Oxford University Press, 1958.

Pauck, Wilhelm. *Harnack and Troeltsch: Two Historical Theologians*. New York: Oxford University Press, 1968.

______. Introduction. In Karl Holl, *The Cultural Significance of the Reformation*, trans-lated by Karl and Barbara Hertz and John Ii. Lichtblau, 7-22. New York: Merid-ian Books, 1959.

Pedersen, Else Marie Wiberg. "Mysticism in the Lutherrenaissance." In *Lutherrenaissance: Past and Present*, edited by Christine Helmer and Bo Kristian Holm, 87-105. Forschungen zur Kirchen and Dogmengeschichte 106. Gottingen: Vandenhoeck & Ruprecht, 2015.

Pesch, Otto Hermann. *Theologie der Rechtfertigung bei Martin Luther und Thomas von Aquin: Versuch eines systematisch-theologischen Dialogs*. Walberger Studien / Theologische Reihe 4. Mainz: Matthias-Griinewald, 1967.

Pettegree, Andrew. *Brand Luther: How an Unheralded Monk Turned His Small Town into a Center of Publishing, Made Himself the Most Famous Man in Europe—and Started the Protestant Reformation*. New York: Penguin, 2016.

Peukert, Detlev J. K. *The Weimar Republic: The Crisis of Classical Modernity*. Translated by Richard Deveson. New York: Hill & Wang, 1993.

Pinker, Steven. *Enlightenment Now: The Case for Reason, Science, Humanism, and Progress*. New York: Penguin Random House, 2018.

Poder, Christine Svinth-Vrge. "Gewissen oder Gebet: Die Rezeption der Romerbriefvorlesung Luthers bei Karl Holl und Rudolf Hermann." In *Lutherrenaissance:*

Metaxas, Eric. *Martin Luther: The Man Who Rediscovered God and Changed the World.* New York: Viking, 2017.

Murray, Michele. "Judaizing." In *Encyclopedia of Bible and Its Reception*, edited by Christine Helmer et al., 14:932-34. 16 vols. Berlin: de Gruyter, 2009-.

Nelson, Derek R. "Portrayals of Luther in Print, Stage, and Film." In *The Oxford Encyclopedia of Martin Luther*, edited by Derek R. Nelson and Paul R. Hinlicky, 141-56. New York: Oxford University Press, 2017.

Newman, Amy. "The Death of Judaism in German Protestant Thought from Luther to Hegel." *Journal of the American Academy of Religion* 61, no. 3 (Autumn 1993): 455-84.

Nostra Aetate (October 28, 1965), online at http://www.vatican.va/archive/hist councils /ii_vatican_council/documents /vat-ii_decl_19651028_nostra-aetate _ en.html.

Oberman, Heiko A. *The Harvest of Medieval Theology: Gabriel Biel and Late Medieval Nominalism.* Cambridge, MA: Harvard University Press, 1963. Reprint, Grand Rapids: Baker Academic, 2000.

______ . *The Roots of Anti-Semitism in the Age of Renaissance and Reformation.* Translated by James I. Porter. Philadelphia: Fortress Press, 1981.

Ocker, Christopher. "Martin Luther and Anti-Judaism and Anti-Semitism." In *Oxford Research Encyclopedia of Religion* (November 2016). Online at http:/ / religion .oxfordre.com /view /10.1093 /acrefore /9780199340378.001.0001 / acrefore -9780199340378-e-312.

Oelke, Harry, Wolfgang Kraus, Gury Schneider-Ludorff, Anseim Schubert, and Axel Töllner. *Martin Luthers "Judenschriften": Die Rezeption im 19. und 20. Jahrhundert.* Arbeiten zur Kirchlichen Zeitgeschichte 64. Göttingen: Vandenhoeck & Ruprecht, 2016.

O'Loughlin, John, Colin Flint, and Luc Anselin. "The Geography of the Nazi Vote: Context, Confession, and Class in the Reichstag Election of 1930." *Annals of the Association of American Geographers* 84, no. 3 (September 1994): 351-80.

O'Malley, John W. *What Happened at Vatican II.* Cambridge, MA: Harvard University Press, 2008.

Orsi, Robert A. *History and Presence.* Cambridge, MA: Belknap Imprint of Harvard

Manifesto of the Ninety-Three German Intellectuals (October 4, 1914), online at https: /wwi.lib.byu.edu/index.php/Manifesto_of_the_Ninety-Three_German _ Intellectuals.

Manns, Peter, ed. *Martin Luther: "Reformator and Vater im Glauben": Referate aus der Vortragsreihe des Instituts für Europäische Geschichte Mainz.* Veröffentlic-hungen des Instituts für Europäische Geschichte 18. Stuttgart: Steiner Verlag, 1995.

Marina, Jacqueline. "Friedrich Sdileiermacher and Rudolf Otto." In *The Oxford Handbook of Religion and Emotion*, edited by John Corrigan, 457-73. Oxford Hand-books. Oxford: Oxford University Press, 2016.

Marshall, Bruce D. "Faith and Reason Reconsidered: Aquinas and Luther on Deciding What Is True." *The Thomist* 63, no. 1 (1999): 1-48.

Mater et Magistra (May 15, 1961), online at http://wIvatican.va/content/john-xxiii / en/encyclicals /documents/hf j-x)dii_enc_15051961_mater.html.

Martin Luther. Directed by Irving Pichel. West Germany: Lutheran Church Productions, 1953.

Massing, Michael. *Fatal Discord: Erasmus, Luther, and the Fight for the Western Mind.* New York: HarperOne, 2018.

Matheson, Peter. *Argula von Grumbach, 1492-1554/7: A Woman before Her Time.* Eugene, OR: Cascade Books, 2013.

McDannell, Colleen. *The Spirit of Vatican II: A History of Catholic Reform in America.* New York: Basic Books, 2011.

McKee, Elsie Anne, ed. and trans. *Katharina Schutz Zell: Church Mother; The Writings of a Protestant Reformer in Sixteenth-Century Germany.* Chicago: University of Chicago Press, 2006.

______. *Katharina Schutz Zell. Vol. 1, The Life and Thought of a Sixteenth-Century Reformer.* Studies in Medieval and Reformation Thought 69/1. Leiden: Brill, 1999.

______. *Katharina Schatz Zell.* Vol. 2, *The Writings: A Critical Edition.* Studies in Medieval and Reformation Thought 69/2. Leiden: Brill, 1999.

McLeod, Roy. "The Mobilisation of Minds and the Crisis in International Science: *The Krieg der Geister and the Manifesto of the 93.*" *Journal of War and Culture Studies* 11, no. 1 (2018): 58-78.

Sujin Pak, Stephen Burnett, and Kirsi Stjerna, "Martin Luther." In *Encyclopedia of the Bible and Its Reception*. Vol. 16. Edited by Hans-Josef Klauck et al. Berlin: de Gruyter, 2009-, Vol. 17 forthcoming.

Lindbeck, George A. *The Nature of Doctrine: Religion and Theology in a Postliberal Age*. Philadelphia: Westmin.ster Press, 1984. 25th Anniversary Edition. Louisville, KY: Westminster John Knox Press, 2009.

Linden, Ian. *Global Catholicism: Diversity and Change since Vatican II*. London: Hurst & Co., 2009.

Lotz, David W. "Albrecht Ritschl and the Unfinished Reformation." *Harvard Theological Review* 73, nos. 3-4 (July-October 1980): 337-72.

Lumen Gentium (November 21, 1964), online at http:/ /www.vatican.va/archive / hist_councils /ii_vatican_council/documents/vat-ii_const_19641121_1umen -gentium_en.html.

Lund, Eric, and Mark Grandquist, eds. *A Documentary History of Lutheranism*. Vol. 2, From the Enlightenment to the Present. Minneapolis: Fortress Press, 2017.

Luther. Directed by Eric Till. Germany: Eikon Film, 2003.

Luther, Martin. *The Annotated Luther*. Edited by Kirsi I. Stjerna et al. 6 vols. Minneapolis: Fortress Press, 2015-17.

______. *D. Martin Luthers Werke: Kritische Gesamtausgabe*. Edited by J. K. F. Knaake et al. 67 vols. Weimar: H. Bohlau, 1883-1997.

______. *D. Martin Luthers Werke: Kritische Gesamtausgabe; Tischreden*. 6 vols. Edited by K. Drescher et al. Weimar: H. Bohlau, 1912-21.

______. *Lectures on Romans*. Newly translated and edited by Wilhelm Pauck. Library of Christian Classics 15. Philadelphia: Westminster, 1961.

______. *Luther's Works: American Edition*. 55 vols. Vols. 1-30 edited by Jaroslav Pelikan. Vols. 31-55 edited by Helmut T. Lehmann. Philadelphia: Fortress Press; Saint Louis: Concordia Pub. House, 1958-86.

Lutheran World Federation and the Roman Catholic Church. *Joint Declaration on the Doctrine of Justification*. English-language ed. Grand Rapids: Win. 13. Eerdmans Publishing Co., 2000. Online at http: / /www.vatican.vairoman_curia/ pontifical _councils / chrstuni/ documents /rc_pc_chrstuni_doc_31101999_ cath-luth-joint -declaration_en.html.

———. *A Short Life of Martin Luther*. Translated by Philip D. S. Frey, Grand Rapids: Wm. B. Eerdmans Publishing Co., 2016.

Kirn, Hans-Martin. *Das Bild vom Juden im Deutschland des frühen 16. Jahrhunderts.* Texts and Studies in Medieval and Early Modern Judaism 13. Tubingen: Mohr Siebeck, 1989.

Kittel, Gerhard. "Krisis." In *Theological Dictionary of the New Testament*, by Gerhard Kittel and Gerhard Friedrich, translated by Geoffrey W. Bromiley, 3:941-42. 10 vols. Grand Rapids: Wm. B. Eerdmans Publishing Co., 1964.

Kohli, Candace. "Help for the Good: Human Agency and the Indwelling Spirit in Martin Luther's Antinomian Disputations (1537-40)." PhD diss. Northwestern University, 2017.

Kupisch, Karl. "The 'Luther Renaissance.' *Journal of Contemporary History* 2, no. 4 (October 1967): 39-49.

Lamm, Julia A. "Schleiermacher on 'The Roman Church': Anti-Catholic Polemics, Ideology, and the Future of Historical-Empirical Dogmatics." In *Schleiermacher, the Study of Religion, and the Future of Theology: A Transatlantic Dialogue,* edited by Brent W. Sockness and Wilhelm Grab, 243-56. Theologische Bibliothek Topel-mann 148. Berlin: de Gruyter, 2010.

Latour, Bruno. *We Have Never Been Modern*. Translated by Catherine Porter. [1991.] Cambridge, MA: Harvard University Press, 1993.

Lauster, Jörg. "Luther-Apostle of Freedom? Liberal Protestant Interpretations of Luther." In *Lutherrenaissance: Past and Present,* edited by Christine Helmer and Bo Kristian. Holm, 144-55. Forschungen zur Kirchen- und. Dogmengeschichte 106. Gottingen: Vandenhoeck & Ruprecht, 2015.

Lehmann, Hartmut. *Martin Luther in the American Imagination*. American Studies: A Monograph Series 63. Munich: Wilhelm Fink Verlag, 1988.

Leppin, Volker. "God in Luther's Life and Thought: The Lasting Ambivalence." In *The Global Luther: A Theologian for Modern Times,* edited by Christine Helmer, 82-95. Minneapolis: Fortress Press, 2009.

———. *Martin Luther: A Late Medieval Life*. Translated by Rhys Bezzant and Karen Roe. Grand Rapids: Baker Academic, 2017.

Leppin, Volker, Christine Helmer, Aaron Moldenhauer, Hans-Peter Grosshans, G.

F. Bense. Translated by Fred W. Meuser land Walter R. Wietzke. Minneapolis: Augsburg, 1979.

______. "Was Verstand Luther unter Religion?" In *Gesammelte Aufsätze zur Kirchengeschichte*. Vol. 1, Luther, 1-110. 2nd and 3rd eds. Tübingen: J. C. B. Mohr (Paul Siebeck), 1923.

______. *What Did Luther Understand by Religion?* Edited by James Luther Adams and Walter F. Bense. Translated by Fred W. Meuser and Walter R. Wietzke. Philadel-phia: Fortress Press, 1977.

Honneth, Axel. *The Critique of Power: Reflective Stages in a Critical Social Theory.* Trans-lated by Kenneth Baynes. Cambridge, MA: MIT Press, 1991.

Howard, Thomas Albert. *Remembering the Reformation: An Inquiry into the Meanings of Protestantism.* Oxford: Oxford University Press, 2017.

Jüngel, Eberhard. "Quae supra nos, nihil ad nos: Eine Kurzformel der Lehre vom verborgenen Gott-im Anscliluβ an Luther interpretiert." In *Entsprechungen: Gott-Wahrheit-Mensch: Theologische Erörterungen*, 202-20. Beitrage zur evange-lischen Theologie: Theologische Abhandlungen 88. Munich: Kaiser, 1980.

Kamphoefner, Walter, and Wolfgang Helbich, eds. *German-American Immigration and Ethnicity in Comparative Perspective.* Madison, WI: Max Kade Institute for German-American Studies, 2005.

Kant, Immanuel. "An Answer to the Question: What Is Enlightenment? (1784)." In *Practical Philosophy*, translated and edited by Mary J. Gregor, 11-22. Cambridge Edition of the Works of Immanuel Kant. 15 vols. Cambridge: Cambridge Univer-sity Press, 1996. Online at https:/ /www.marxists.org/reference /subject/ ethics /ka.nt/enlightenment.htm.

Karpp, Heinrich, ed. Karl *Holl: Briefwechsel mit Adolf von Harnack.* TUbinge.n: J. C. B. Mohr (Paul Siebeck), 1966.

Kaufmann, Thomas. *Luther's Jews: A Journey into Anti-Semitism.* Translated by Lesley Sharpe and Jeremy Noakes. New York: Oxford University Press, 2017.

______. *Luthers Juden.* Stuttgart: Philipp Reclam, 2014.

______. "Martin Luther as a Polemicist." In *Oxford Research Encyclopedia of Religion.* March 2017. Online at http: /religion. oxfordre.com/view /10.1093/ acrefore /9780199340378.001.0001 /acrefore-9780199340378-e-291.

Helmer, Christine, et al., eds. *Encyclopedia of Bible and Its Reception.* 16 vols. Berlin: de Gruyter, 2009-.

Heschel, Susannah. *The Aryan Jesus: Christian Theologians and the Bible in Nazi Germany.* Princeton, NJ: Princeton University Press, 2010.

Hodgson, Peter C. "Luther and Freedom." In *The Global Luther: A Theologian for Modem Times*, edited by Christine Helmer, 32-48. Minneapolis: Fortress Press, 2009.

Holl, Karl. *Die Bedeutung der groβen Kriege für das religiöse und kirchliche Leben inner-halb des deutschen Protestantismus.* Tübingen: J. C. B. Mohr (Paul Siebeck), 1917.

______. *The Cultural Significance of the Reformation.* Translated by Karl and Barbara Hertz and John H. Lichtblau. [1911.] New -York: Meridian Books, 1959.

______. *Gesammelte Aufsätze zur Kirchengeschichte.* 3 vols. 2nd and 3rd rev. eds. Tubingen: J. C. B. Mohr (Paul. Siebeck), 1923-28,

______. "Die Kulturbedeutung der Reformation.." In *Gesammelte Aufsätze zur Kirchen-geschichte.* Vol. 1, Luther, 468-543. Tubingen: J. C. B. Mohr (Paul Siebeck), 1923.

______. "Luther und Calvin," In *Kleine Schriften,* edited by Robert Stupperich, 67-81. Tubingen: J. C. B. Mohr (Paul Siebeck), 1966.

______. "Neubau der Sittlichkeit." In *Gesammelte Aufsätze zur Kirchengeschichte.* Vol. 1, *Luther,* 155-287.2nd and 3rd eds. Tubingen: J. C. B. Mohr (Paul Siebeck), 1923.

______. *Die Rechtfertigungslehre im Licht der Geschichte des Protestantismus.* Tübingen: J. C. B. Mohr (Paul Siebeck), 1906.

______. "Die Rüchtfertigungslehre in Luthers Vorlesungaber den Romerbrief mit besonderer RUcksicht auf die Frage der Heilsgewiβheit." In *Gesammelte Aufsätze zur Kirchengeschichte.* Vol. 1, Luther, 111-54. Tübingen: J. C. B. Mohr (Paul Siebeck), 1923.

______. "Die Rechtfertigungslehre in Luthers Vorlesung über den Römerbrief mit besonderer Rucksicht auf die Frage der Heilsgewiβheit." *Zeitschrift für Theologie und Kirche* 20 (1910): 245-91.

______. *The Reconstruction of Morality.* Edited by James Luther Adams and Walter

Göttingen: Vandenhoeck & Ruprecht, 2015.

Guesnet, François. "The Politics of Precariousness: Jose' of Rosheim and Jewish Intercession in the Holy Roman Empire in the 16th Century." *Jewish Culture and History* 19, no. 1 (2018): 8-22.

Habermas, Jürgen. *The Philosophical Discourse of Modernity: Twelve Lectures.* Translated by Frederick G. Lawrence. Studies in Contemporary German Social Thought. Cambridge, MA: MIT Press, 1987.

Harnack, Adolf von. *History of Dogma.* Translated by Neil Buchanan. Vol. 7. Boston: Little, Brown & Co., 1905.

———. *Martin Luther und die Grundlegung der Reformation.* Berlin: Wiedrnannsche Buchhandlung, 1917.

———. *Das Wesen des Christentums.* Leipzig: J, C. Hinrichs'sche Buchhandlung, 1900.

———. *What Is Christianity?* Translated by Thomas Bailey Saunders. London: Williams & Norgate, 1901; Philadelphia: Fortress Press, 1986.

Helmer, Christine. "Die Erfahrung der Rechtfertigung." *Jahrbuch Sozialer Protestantismus.* Special Edition: *Reformation-Folenlos?* , edited by Gerhard Wegner, 21-38.10 vols. Leipzig: Evangelische Verlagsanstalt, 2017.

———. "The Experience of Justification." In *Justification in a Post-Christian Society,* edited by Carl-Henric Grertholrn and Goran Gunner, 36-56. Church of Sweden Research Series 8. Eugene, OR: Pickwick Publications, 2014.

———. "Luther and the West." MOOC [Massive open Online Coursesl, Coursera. Online at www.coursera.org/leam/luther-an.d-the-west. {Current.]

———. "Luther in America." In *Martin Luther: A Christian between Reforms and Modernity (1517-2017)*, edited by Alberto Melloni, 3:1277-95. Berlin: de Gruyter, 2017.

———. "Luther's Trinitarian Hermeneutic ofthe Old Testament." *Modern Theology* 18, no. 1 (2002): 49-73.

———. *Theology and the End of Doctrine.* Louisville, KY: Westminster John Knox Press, 2014.

———. *The Trinity and Martin Luther.* 2nd rev. ed. Studies in Historical and Systematic Theology. Bellingham, WA: Lexham Press, 2017.

Geyer, Michael, and Hartmut Lehmann, eds. *Religion. und Nation / Nation und Religion: Beitrage zu einer unbewältigten Geschichte.* Bausteine zu einer europäischen Religionsgeschichte im Zeitalter der Sakulariseriung 3. Gottingen: Wallstein Verlag, 2004.

Ghosh, Peter. Max Weber in *Context: Essays in the History of German Ideas c.* 1870-1930. Harrassowitz: Wiesbaden, 2016.

Gillespie, Michael Allen. *The Theological Origins of Modernity.* Chicago: University of Chicago Press, 2008.

Gordon, Peter E. "Weimar Theology: From Historicism to Crisis." In *Weimar Thought: A Contested Legacy*, edited by Peter E. Gordon and John P. McCormick, 150-78. Princeton, NJ: Princeton University Press, 2013.

Goshen-Gottstein, Alon. *Anti-Semite: A Contemporary Jewish Perspective.* Minneapolis: Fortress Press, 2018.

Graf, Friedrich Wilhelm. *Fachmenschenfreundschaft: Studien zu Troeltsch und Weber.* Troeltsch Studien, Neue Folge 3. Berlin: de Gruyter, 2014.

Gregory, Brad S. *Rebel in the Ranks: Martin Luther, the Reformation, and the Conflicts That Continue to Shape Our World.* New York: HarperOne, 2017.

Grenholm, Carl-Henric. "The Doctrine of Vocation and Protestant Theology." In *Protestant Work Ethics: A Study of Work Ethical Theories in Contemporary Protestant Theology*, translated by Craig Graham McKay, 33-58. Uppsala Studies in Social Ethics 15. Uppsala: Acta Universitatis Upsaliensis, 1993.

Grisar, Hartmann. *Luther.* 3 vols. Freiburg im Breisgau: Herder, 1911-12.

———. *Martin Luther: Sein Leben und sein Werk.* Freibmig im Breisgau: Herder, 1926.

———. *Martin Luther.* Translated by E. M. Lamond. Edited by Luigi Cappadelta. London: Kegan, Paul, Trench, Triibner & Co., 1913-17. Online at http:/ /www .gutenberg.orgiebooks/48995.

Gritsch, Eric. *Martin Luther's Anti-Semitism: Against His Better Judgment.* Grand Rapids: Wm. B. Eerdmans Publishing Co., 2012.

Grove, Peter. "Adolf von Harnack and Karl Holl on Luther at the Origins of Modernity." In *Lutherrenaissance: Past and Present,* edited by Christine Helmer and Bo Kristian Holm, 106-24. Forschungen zur Kirchen- und Dogmengeschichte 106.

2 vols. Vol. 1/Fart 2, expanded and edited by Albert Maria Weiss. Vol. 2, with Albert Maria Weiss. Mainz: Kirchheim, 1904-9.

Denifle, Heinrich, and Albert Maria Weiss. *Ergänzungen zu Denifles Luther und Luthertum.* 2 vols. Mainz: Kirchheim, 1905-6.

Deutsche Reichstagsakten, jüngere Reihe, under Kaiser Karl V: Historische Kommission bei der Königlichen Akademie der Wissenschaften. Edited by Adolf Wrede. Gotha: F. A. Perthes, 1896.

Dieter, Theodor. *Der junge Luther und Aristoteles: Eine historisch-systematische Untersuchung zum Verhältnis von Theologie und Philosophie.* Theologische Bibliothek Topeh-nann 105. Berlin: de Gruyter, 2001.

Drummond, Andrew Landale. *German Protestantism since Luther.* London: Epworth Press, 1951.

Ebel, Jonathan. *Faith in the Fight: Religion and the American Soldier in the Great War.* Princeton, NJ: Princeton University Press, 2011.

Edwards, Mark U. *Luther's Last Battles: Politics and Polemics, 1531-46.* [1983.] Minneapolis: Fortress Press, 2005.

Eire, Carlos M. N. "The Reformation." In *The Blackwell Companion to Catholicism,* edited by James J. Buckley, Frederick Christian Bauerschmidt, and Trent Pomplun, 63-80. Malden, MA: Blackwell, 2007.

Erickson, Robert. *Theologians under Hitler (Gerhard Kittel, Paul Althaus, and Emanuel Hirsch).* New Haven, CT: Yale University Press, 1985.

Falk, Gerhard. *The Jew in Christian Theology: Martin Luther's Anti-Jewish Vom Schem Hamphoras, Previously Unpublished in English, and Other Milestones in Church Doctrine concerning Judaism.* Jefferson, NC: McFarland, 1992.

Ficker, Johannes. *Luthers Vorlesung über den Römerbrief 1515/16.* Anfänge reformatorischer Bibelauslegung. Leipzig: Dieterichische Verlagsbuchhan.dlung/Theodor Weicher, 1908.

From Conflict to Communion: Lutheran-Catholic Common Commemoration of the Refor-mation in 2017. 3rd ed. Grand Rapids: Wm. B. Eerdmans Publishing Co., 2017.

Gerrish, B[rian] A[lbert]. *The Old Protestantism and the New: Essays on the Reformation Heritage.* London: T&T Clark, 1982.

Bornkamm, Heinrich. *Luther and the Old Testament.* Translated by Eric W. and Ruth C. Gritsch. Philadelphia: Fortress Press, 1969.

Boym, Svetlana. *The Off-Modern.* New York: Bloomsbury, 2017.

Burnett, Stephen G. *Christian Hebraism in the Reformation Era (1500-1660): Authors, Books, and the Transmission of Jewish Learning.* Leiden: Brill, 2012.

———. "Martin Luther and Christian Hebraism." In *Oxford Research Encyclopedia of Religion* (March 2017). Online at http: / ireligion.oxfordre.com/view/10.1093 /acrefore/9780199340378.001.0001/acrefore-9780199340378-e-274.

Chapman, Mark D. *Theology at War and Peace: English Theology and Germany in the First World War.* New York: Routledge, 2016.

Clark, Christopher. "Confessional Policy and the Limits of State Action: Frederick William HI and the Prussian Church Union, 1817-40." *Historical Journal* 39, no. 4 (1996): 985-1004.

Cohen, Hermann. "Zu Martin Luthers Gedachtnis." *Neue Judische Monatshefte* 2 (1917/18): 45-49.

Columbia University "The Age of the Individ-ual: 500 Years Ago Today." The Center on Capitalism and Society at Columbia University, October 31, 2017. Online at http: / /capitalism. columbia.e du/working-papers

Crawley, Ashon T. *Blackpentecostal Breath.* New York: Fordham University Press, 2017.

Cummings, Kathleen Sprows, Timothy Matovina, and Robert A. Orsi, eds. *Catholics in the Vatican II Era: Local Histories of a Global Event.* Cambridge: Cambridge University Press, 2017.

Daughrity, Dyron B. *Martin Luther, A Biography for the People.* Abilene, TX: Abilene Christian University Press, 2017.

Delgado, Mariano, and Volker Leppin, eds. *Luther: Zankapfel zwischen den Konfessionen und "Vater im Glauben"? Historische, systematische und ökumenische Zugänge.* Studien zur christlichen Religions- und Kulturgeschichte 21. Freiburg, Switzer-land: Academic Press, 2016.

Denifle, Heinrich. *Luther and Lutherdom: From Original Sources.* Translated from 2nd rev. ed. by Raymund Volz. Somerset, OH: Torch Press, 1917.

———. *Luther und Luthertum in der ersten Entwicklung quellenmäßig dargestellt.*

Batnitzky, Leora. *How Judaism Became a Religion: An Introduction to Modern Jewish Thought*. Princeton, NJ: Princeton University Press, 2013.

Bayer, Oswald. *Martin Luther: A Contemporary Interpretation*. Translated by Thomas H. Trapp. Grand Rapids: Wm. B. Eerdmans Publishing Co., 2008.

Becker, Matthew. "Werner Elert (1885-1954)." In *Twentieth-Century Lutheran Theologians*, edited by Mark Mattes, 95-135. Refo500 Academic Studies. Göttingen: Vandenhoeck & Ruprecht, 2013.

Beckert, Sven. *Empire of Cotton: A New History of Global Capitalism*. New York: Penguin Books, 2015.

Beiser, Frederick C. *The Genesis of Neo-Kantianism*, 1796-1880. Oxford: Oxford Uni-versity Press, 2014.

Bell, Dean Phillip. "Early Modern Jews and Judaism." In *The Bloomsbury Companion to Jewish Studies*, edited by Dean Phillip Bell, 147-80. Bloomsbury Compard. ons. London: Bloomsbury, 2013.

______. *Jews in the Early Modern World*. Lanham, MD: Rowman & Littlefield, 2008.

______, ed. *Plague in the Early Modern World: A Documentary History*. New York: Routledge, 2019.

Bell, Dean Phillip, and Stephen G. Burnett, eds. *Jews, Judaism, and the Reformation in Sixteenth-Century Germany*. Leiden: Brill, 2016.

Benjamin, Walter. *Illuminations: Essays and Reflections*. [1955.] Edited by Hannah Arendt. New York: Harcourt, Brace & World, 1968.

Besier, Gerhard. "The Great War and Religion in Comparative Perspective: Why the Christian Culture of War Prevailed over Religiously-Motivated Pacifism in 1914." *Kirchliche Zeitgeschichte 28, no. 1, Der Gra* Krieg und Glaubensformen / The Great War and Beliefs* (2015): 21-62.

______. "Human Images, Myth Creation and Projections: From the Luther Myth to the Luther Campaign." *Kirchliche Zeitgeschichte 26, no. 2: "Befreier der deutschen Seele": Politische Inszenierung und Instrumentalisierung von Reformationsjubilaen im 20. fahrhundert* (2013): 422-36.

Blackbourn, David. *History of Germany, 1780-1918: The Long Nineteenth Century*. 2nd ed. Blackwell Classic Histories of Europe. Malden, MA: Blackwell, 2003.

———. "The Luther Renaissance." In *The Oxford Encyclopedia of Martin Luther*, edited by Derek R. Nelson and Paul R. Hinlicky, 2:373-96. 3 vols. New York: Oxford University Press, 2017.

———. "Die Lutherrenaissance in Deutschland von 1900 bis 1960: Herausforderung und Inspiration." In *Lutherrenaissance: Past and Present*, edited by Christine Helmer and Bo Kristian Holm, 23-53. Forschungen zur Kirchen-und Dogmengeschichte 106. Göttingen: Vandenhoeck & Ruprecht, 2015.

———. "Luther und das Dritte Reich: Konsens und Bekenninis," In *Uaberall Luthers Worte . .": Martin Luther im Nationalsozialismus*, compiled by Stiftung Topogra-phie des Terrors, 60-80. Berlin: Stiftung Topographie des Terrors and Gedenk-state Deutscher Widerstand, 2017.

———. "'Man stellt es iiberall mit Freude fest, daß der Krieg das Beste aus uns hervorgeholt hat' (Karl Hon, 1914): Lutherrenaissance im Krieg und Nachkrieg." In *Kirche und Krieg: Ambivalenzen in der Theologie*, edited by Friedemann Stengel and Jorg Ulrich, 119-38. Leipzig: EVA-Leipzig, 2015.

———. "Vom Nebo ins gelobte Land: Erfahrene Rechtfertigung-von Karl Holl zu Rudolf Hermann." *Neue Zeitschrift far Religionsphilosophie und systematische Theologie* 39 (1997): 248-69.

Bainton, Roland H. *Here I Stand: A Life of Martin Luther.* New York: Meridian Books, 1955.

Bambach, Charles R. *Heidegger, Dilthey, and the Crisis of Historicism*. Ithaca, NY: Cor-nell University Press, 1995.

———. "Weimar Philosophy and the Crisis of Historical Thinking." In *Weimar Thought: A Contested Legacy*, edited by Peter E. Gordon and John P. McCormick, 133-49. Princeton, NJ: Princeton University Press, 2013.

Baptist, Edward. *The Half Has Never Been Told: Slavery and the Making of American Capitalism*. New York: Basic Books, 2015.

Barth, Karl. *The Epistle to the Romans*. Translated by Edwyn C. Hoskyns. 6th ed. Lon-don: Oxford University Press, 1968.

———. "The Word in Theology from Schleiermacher to Ritschl." In *Theology and Church: Shorter Writings (1920-1928)*, 136-58. Translated by Louise Pettibone Smith. New York: Harper & Row, 1962.

參考書目

Abrams, Ray. *Preachers Present Arms: The Role of the American Churches and Clergy in World Wars I and II, with Some Observations on the War in Vietnam.* Scottdale, PA: Herald Press, 1969.

Adair-Toteff, Christopher, ed. *The Anthem Companion to Ernst Troeltsch.* London: Anthem Press, 2017.

______. *Max Weber's Sociology of Religion.* Tubingen: Mohr Siebeck, 2016.

Adams, Marilyn McCord. *William Ockham.* 2 vols. Publications in Medieval Studies 26/1-2. Notre Dame, IN: University of Notre Dame Press, 1989.

Archdeacon, Thomas J. *Becoming American: An Ethnic History.* New York: Free Press, 1984.

Asad, Talal. *Formations of the Secular: Christianity, Islam, Modernity.* Stanford, CA: Stanford University Press, 2003.

Assel, Heinrich. *Der andere Au ruch: Die Lutherrenaissance—Ursprünge, Aporien und Wege; Karl Holl, Emanuel Hirsch, Rudolf Hermann (1910-1935).* Forschungen zur systematischen und okumenischen Theologie 72. Gottingen: Vandenhoeck & Ruprecht, 1994.

______. "'Barth ist entlassen . . .1: Emanuel Hirschs Rolle im Fall Barth und seine Briefe an Wilhelm Stapel." *Zeitschrift far Theologie und Kirche* 91 (1994): 445-75.

______. "Gewissensreligion—Volkskirche—*simui iustus et peccato*r: Innovationen in Lutherrenaissance und Erlanger Theologie." In *Luther: Zankapfel zwischen den Konfessionen und "Vater im Glauben"? Historische, systematische und Olcumenische Zuglinge*, edited by Mariano Delgado and Volker Leppin, 378-95. Studien zur christlichen Religions- und Kulturgeschichte 21. Freiburg, Switzerland: Academic Press, 2016.

______. "Karl Holl als Zeitgenosse Max Webers und Ernst Troeltschs: Ethikhistorische Grundprobleme einer prominenten Reformationstheorie." *Zeitschrift für Kirchengeschichte* 127, no. 2 (2016): 211-48.

鷹之魂 02

路德神話：

德國如何發明新教改革者？

How Luther Became the Reformer

作　　著　克莉斯汀・海默　Christine Helmer
譯　　者　蔡至哲

副總編輯　成怡夏
責任編輯　成怡夏
行銷企劃　蔡慧華
封面設計　莊謹銘
內頁排版　宸遠彩藝

社　　長　郭重興
發行人暨出版總監　曾大福
出　　版　遠足文化事業股份有限公司 鷹出版
發　　行　遠足文化事業股份有限公司
231 新北市新店區民權路 108 之 2 號 9 樓
電話　02-22181417
傳真　02-86611891
客服專線　0800-221029

法律顧問　華洋法律事務所 蘇文生律師
印　　刷　成陽印刷股份有限公司

初版一刷　2022 年 9 月
定　　價　450 元
I S B N　9786269613700（平裝）
9786269613724（ePub）
9786269613717（PDF）

國家圖書館出版品預行編目 (CIP) 資料

路德神話 : 德國如何發明新教改革者？ / 克莉斯汀 . 海默 (Christine Helmer) 作 ; 蔡至哲譯 . -- 初版 . -- 新北市 : 遠足文化事業股份有限公司鷹出版 : 遠足文化事業股份有限公司發行 , 2022.09
面； 公分
譯自 : How Luther became the reformer.
ISBN 978-626-96137-0-0(平裝)
1. 路德 (Luther, Martin, 1483-1546)　2. 天主教傳記

249.943　111009634